सृष्टि का मुकुट

कैलास
मानसरोवर

सृष्टि का मुकुट

कैलास मानसरोवर

वाणी पृथ्वी

हरिवंश

वाणी प्रकाशन

प्रकाशन के उत्कृष्टतम 63 वर्ष

vaniprakashan.com

सजिल्द पहला संस्करण : 2022
सजिल्द दूसरा संस्करण : 2026

वाणी प्रकाशन

4695, 21-ए, दरियागंज, नयी दिल्ली-110 002
फ़ोन : + 91 11 23273167, 23275710

शाखाएँ

अशोक राजपथ, पटना-800 004, बिहार
कॉफ़ी हाउस कैम्पस, महात्मा गांधी मार्ग, प्रयागराज-211 001, उत्तर प्रदेश
महात्मा गांधी अन्तरराष्ट्रीय हिन्दी विश्वविद्यालय, वर्धा-442 001, महाराष्ट्र
sales@vaniprakashan.in
vaniprakashan@gmail.com

Srishti Ka Mukut : Kailash-Mansarover
by Harivansh

ISBN : 978-93-5518-591-4
Travelogue

मूल्य : ₹ 695

जी.एस. ऑफ़सेट, दिल्ली-110 095 में मुद्रित

वाणी प्रकाशन का लोगो मक़बूल फ़िदा हुसैन की कूची से

कृतज्ञ हूँ,

- जहाँ जन्मा, गाँव सिताबदियारा (दलजीत टोला) के प्रति।
- जो गंगा–घाघरा के बीच बसा है।
- जो तीन ज़िलों बलिया, छपरा और आरा (दो राज्यों) में बँटा है।
- जिसका भविष्य व भूगोल नदियों का कटाव तय करता है।

51 वर्ष पहले (1970) जिन्हें गाँव में छोड़ कर आया। पर, वे अपढ़ बड़े–बुजुर्ग, भाई–बन्धु, गँवई, जिन्हें जन्मते ही प्रकृति सौगात में देती थी, कठिन आर्थिक जीवन। पर, उनमें संयम, संवेदना, उदारता, नैतिकता, करुणा, विवेक व संस्कार समृद्ध थे। उस गाँव (गंगा–घाघरा का संगम था) से प्रायः गुज़रने वाले वे सन्त, साधना और तप ही जिनकी नियति थी, रमता योगी, बहता पानी ही जिनका दर्शन था, जिनकी यादें, अब भी सम्बल हैं।

पीठिका

शिव हमारी आस्था के सबसे पूजनीय देवता हैं। उनका वास सबमें है। 'शिव' में से 'इ' निकाल दीजिए, तो कुछ नहीं रह जाता है। वह 'शव' कहलाता है। अतः शिव प्राणों के प्रतीक माने गये हैं। जब तक वह शरीर में हैं, तब तक वह हमारे प्राणरक्षक हैं। हमारे प्रमुख देवता हैं—राम और कृष्ण। उनमें से वनवासी राम को छोड़ दीजिए, तो सभी ने बहुत साज—शृंगार और भव्य पोशाकें पहनी हुई हैं। केवल शिव ही ऐसे देवता हैं, जिनका रहन—सहन, वेशभूषा एकदम अलग है। उनमें आम आदमी तो दिखता ही है, वह सभी दबे—कुचले—वंचित और पिछड़ों को अपने गले लगाये हुए हैं। यह अद्भुत है। जननेता की थ्योरी हमारे यहाँ ख्यात है। उसके प्रखर प्रवक्ता, तो जनदेवता शिव हैं। यह बात उतनी ही प्राचीन है, जितनी कि भारतीय संस्कृति। ऐसा करने, रहने और विचरने के लिए उन्हें किसने प्रेरित किया होगा? क्या वह जानते थे कि भारतीय मानस जातिवादी सोच को अडॉप्ट करने के मामले में तंगदिल और ख़ुदगर्ज़ है। बावजूद इसके सृष्टि के सृजनकर्ता और संहारक ने इस नीति को अपनी जीवन—शैली क्यों बनायी? यह पूरी—की—पूरी फ़िलॉसफ़ी शिवोपासना के विहंगम स्वरूप को प्रस्तुत करती है।

गले में विषैले सर्प की माला। शीश के निकट अर्धचन्द्र। हाथ में त्रिशूल। त्रिशूल पर लगा डमरू। वस्त्र के रूप में बाघाम्बर धारण किये हुए। बैल उनका वाहन। भक्तों की भक्ति की जल्द पहुँच में होने के कारण वह भक्तवत्सल कहलाते हैं। उनके आचरणगत सन्देश

ऐसे क्यों हैं? इस पर कई बार सोचा! क्या वह हमारे समझौतावादी कैरेक्टर को भाँप चुके थे? इस सृष्टि के देवाधिदेव महादेव इस रूप को लिए, क्या यह मैसेज हमें हर क्षण नहीं देते हैं कि जीवन का परिपाक केवल भस्म से बढ़कर कुछ नहीं है। फ़िर भी ऐसी अकड़, दिखावा और छद्म व्यवहार क्या हम पर हावी नहीं है? शिव ने गंगा को धरती पर उतारा। समुद्र मन्थन से निकले विष को स्वयं कण्ठ में धारण किया। शिव को नृत्य का सम्राट माना जाता है। मान्यता है कि उन्होंने 108 प्रकार के नृत्यों की रचना की, जिसमें ताण्डव नृत्य विशेष कहलाया। शिव के वाद्य, डमरू से ही 'ॐ' की उत्पत्ति हुई। इसी डमरू से पाणिनि के चौदह सूत्रों का सूत्रपात हुआ। इससे व्याकरण की उत्पत्ति हुई। वास्तव में शिव लोकहित के देवता हैं। उनकी हर लीला में लोकमानस और लोक कल्याण प्रदर्शित होता है। 'सृष्टि का मुकुट : कैलास–मानसरोवर' यात्रा–वृत्तान्त को लोकप्रिय पत्रकार हरिवंश ने बहुत डूबकर लिखा है। बचपन में होश सँभालने से लेकर उम्र का अधिकांश वक़्त बिताने तक, वह इस यात्रा की अभिलाषा में रहे कि इस यात्रा को करना है। इसके लिए इस विषय पर छपी बहुतेरी पुस्तकें (अंग्रेज़ी–हिन्दी) पढ़ते रहे। पक्का होमवर्क और भावों में इस यात्रा के सपने को लेकर जीते रहे। साफ़गोई इतनी कि जेब ख़ाली होने का कारण बताते हैं, एक बार किसी अपने आलेख के मानदेय ने उत्साहित किया, तो चटपट 'ॐ नमः शिवाय' का मन्त्र जपते हुए निकल लिए। यह यात्रा उन्होंने वर्ष 2011 में की। जब इस यात्रा को उन्होंने किया, तब यह विश्व की सबसे दुर्गम तीर्थयात्राओं में मानी जाती थी। सन्देह, तो यहाँ तक कि इससे बच कर लौटेंगे भी या नहीं। यात्रा के दौरान की हर बारीक से बारीक बात को जिस अन्दाज में हरिवंश ने लिखा है, वह साहित्य में यात्रा–संस्मरणों का दिलचस्प और कलेक्टिव डॉक्यूमेंट है।

दरअसल, हमारे यहाँ लेखन में कई विधाएँ फल–फूल नहीं पायीं। इसका कारण हमारी उदासीनता का भाव है। यात्रा लेखक अपने साथ पाठकों को एक गाइड की तरह बताते चलते हैं। फ़िर मौक़ा मिले

न मिले इसलिए वह हर तरह के शारीरिक, मानसिक और जोखिम भरे स्थानों पर भी जाते हैं, जहाँ कोई भी जान का जोखिम नहीं लेना चाहता। यह उनकी पचास सालों की तपस्या थी। कैलास–मानसरोवर के हिमयुक्त नयनाभिराम दृश्यों को अपने शब्दों में प्रतिकूल समय में भी प्रतिदिन लिखा। यह बहुत बड़ी चुनौती थी फिर भी जुनून सवार था। इस यात्रा की पिछले लम्बे समय से जुड़ी साध थी। अदम्य संकल्प और कमिटमेंट के साथ यात्रा के लिए निकले। घर से चलने लगे, तो पत्नी ने कहा, 'जीवन के अभी कई कार्य करने बाक़ी हैं, बच्चों की शादियाँ वग़ैरह।' लेकिन, दीवानापरस्ती ने आशिक़ों से ही नहीं फ़ितूरी मतवालों के साथ भी याराना रिश्ता रखा है। जो होगा देखा जायेगा के भाव से चल दिये। यह लाइफ में इम्पॉसिबल को पॉसिबल बनाने का आख्यान भी है।

पुस्तक में कई थ्रिलिंग संस्मरण हैं, जो दृष्टि को हटने नहीं देते। शिवोपासना का एक रूप है कि वह कठिन डगरों को पार करते हुए चलना सिखलाती है। विशेषकर कैलास–मानसरोवर यात्रा। यही जीवन का दर्शन भी है। पुस्तक में कई महान चिन्तकों, लेखकों और राजनेताओं के विचारों को भी लेखक ने उद्धृत किया है, जो इस यात्रा–वृत्तान्त का डबल बोनस है। इनमें स्वामी प्रणवानन्द, काका साहब कालेलकर, राहुल सांकृत्यायन, बिमल दे, पॉल ब्रंटन, प्रो. कृष्णनाथ, स्वामी राम, डॉ. राममनोहर लोहिया, स्वामी सत्यदेव परिव्राजक, शान्तिलाल त्रिवेदी, विद्यानिवास मिश्र, भगवत शरण उपाध्याय, प्रो. शुकदेव सिंह, बल्लभ डोभाल, शेखर पाठक, केटीएस सराओ, रामचन्द्र छारिया, गगन गिल, तिमेरी एन मुरारी, रमेश चन्द्र द्विवेदी, चितरंजन कुमार खेतान, केरी मारान, लामा अंगारिका और वी. शर्मा सहित अन्य विद्वानों के विचार कैलास और जीवन को नयी आभा देते हैं।

इस यात्रा–वृत्तान्त के लेखक का विचार है– *'क्यों हम पुराने मन्दिरों या अपने पवित्र स्थलों पर जाते हैं? मान्यता है चित्त शुद्धि, भाव शुद्धि और आत्मरूप देखने। तीर्थ दर्शन, तीर्थ पान और तीर्थ स्नान की चर्चा होती है। मन्दिरों–तीर्थों में भीड़ बढ़ी है। पर, इन जगहों पर जाकर सात्विक*

होने, शुद्ध होने (भाव, विचार, नित्य जीवनचर्या में) की प्रवृत्ति बढ़ी है या घटी? भीड़ में इसका व्यवहार देखकर लगता है, आध्यात्मिक–सात्विक भाव घटा है। दिखावा बढ़ा है–रस्म अदायगी–सी... ।'

यह वृत्तान्त कैलास–मानसरोवर के जर्रे–जर्रे से आपका परिचय कराते हुए शब्दरूपी डॉक्यूमेंट्री का अनूठा काम करता है। भगवान शंकर की महिमा अनन्त है। इसे जानने में बड़े–बड़े विद्वान भी असमर्थ हैं। लेकिन, कुछ भक्त उनकी कृपा से और अपनी निष्ठा से उसके अंशों को पा लेते हैं, क्योंकि उनमें वास है–सत्यम् शिवम् सुन्दरम् का!

अन्त में, वाणी प्रकाशन के अरुण महेश्वरी जी, उनकी पुत्री अदिति महेश्वरी जी के प्रति विशेष आभार, जिनके सहयोग, धैर्य और उद्यम से यह पुस्तक आप पाठकों के हाथ में है। साथ–साथ उन साथियों को विशेष धन्यवाद जिन्होंने इस पुस्तक को मूर्त रूप देने में अहम भूमिका निभायी। इसके लिए श्री निराला, श्री दीपक और श्री देवेन्द्र के प्रति लेखकीय आभार।

नवम्बर, 2022, हैदराबाद **–अतुल कुमार**

अनुक्रम

यात्रा में रहीम स्मृति!

(दिल्ली एयरपोर्ट से काठमाण्डू, गुरुवार, 09.06.2011)

इस यात्रा के लिए उत्सुकता थी। कई कारणों से। पहली, हिमालय देखने की कामना, शायद बचपन से ही रही है। पर, हरिद्वार–ऋषिकेश से आगे जाना न हुआ। बस! ढूँढ़कर यात्रा–वृत्तान्त पढ़े। अंग्रेज़ी में अनेक। हिन्दी में राहुल जी से कृष्णनाथ जी तक। हिमालय, और पहाड़ों से भिन्न है। पहाड़, समुद्र, नदी, झील मानव के लिए स्वाभाविक आकर्षण हैं। पर हिमालय तो महज़ पहाड़ के रूप में ही मन में नहीं बसा है, बल्कि उसका आध्यात्मिक चेहरा भी है। सन्तों, साधुओं और योगियों का तपस्थल। मानव सृष्टि के रहस्यों से जुडा। इसलिए हिमालय की पुकार अन्दर से आती रही है। पर, जीवन का व्यापार निराला है। जीने का संघर्ष, वजूद–अस्तित्व के लिए कोल्हू के बैल की तरह निश्चित दायरे में ही सिमट जाना। शायद यही संसार चक्र है। लीक छोड़ने वाले ही इसे तोड़ते हैं। कहावत है, शायर, सिंह, सपूत, नया रास्ता बनाते हैं या फ़िर कोई बुद्ध, योगी, सूफी। शेष संसार इस भवचक्र में है। यही हाल अपना रहा। इसलिए बँधी–बँधायी लीक का संसार छोड़ने और हिमालय जाने की उत्सुकता थी।

एस.के. चाँद साहब (चाँद साहब से परिचय हुआ, तब वह रिटायर जीवन जी रहे थे। आईएएस रहे। वैसे ईमानदार, सरल और दूसरों के मददगार कम लोग होते हैं) की एक बात याद रहती है। वर्ष 2000 के आसपास एक बार कहा (काम से निरन्तर होने वाली मेरी यात्राओं

को देखकर) कि आपके पैर में शनिचक्र है। निरन्तर घूमना, यात्रा, आना–जाना, तो जीवन का हिस्सा बन गया है। पर, अब यात्राएँ काम से, मक़सद से, उद्देश्य से थकाती हैं। तनाव देती हैं। बढ़ती उम्र के कारण असहज बनाती हैं। पर, यह यात्रा भिन्न थी। न काम, न समयबद्ध मक़सद। भटकाव, घुमक्कड़ी जैसा। न सम्पर्क, न मोबाइल। इस कारण भी आकर्षण था।

22 वर्ष में दफ़्तर से इतनी लम्बी छुट्टी, शायद इसके पहले कभी नहीं ली। माँ–बाप नहीं रहे, तो सप्ताह–दो सप्ताह की छुट्टी ली थी। एक बार घरेलू शादी में पाँच दिनों की। 2008 में। 2004–05 में केरल गया था, तो एक सप्ताह की छुट्टी ली। इस बार 2011 में 17–18 दिनों की छुट्टी ली है। पहले कितनी छुट्टियाँ लैप्स हुईं, न याद रखा, न हिसाब। इतने वर्षों से उसी रुटीन से बँधे रहने से निकलकर भटकने की उत्सुकता भी थी।

पढ़ने के क्रम में यात्रा–वृत्तान्त पढ़ा। अज्ञेय, राहुल जी, कृष्णनाथ जी, वग़ैरह की। ख़्वाहिश हुई कि यात्री बनूँ। 'प्रभात ख़बर' आने के पहले कितना घूमा? बस से, सेकेंड क्लास ट्रेन से। पैदल। आर्थिक रूप से थोड़ी क्षमता ऐसी हुई कि यात्रा ठीक–ठाक तौर से कर सकूँ, मामूली साफ़–सुथरे होटलों में ठहर सकूँ, तब से यात्रा की फुरसत नहीं। जब ठीक–ठाक होटलों में खाने की क्षमता नहीं थी, तब भूख थी। आज क्षमता है, तो भूख नहीं है। यही प्रकृति है। यह अन्तर्विरोध ही जीवन है।

यात्री इब्न बतूता प्रेरक नायक है। युवा दिनों में मोरक्को के अपने घर तंगीयर से 21 वर्ष की उम्र में मोहम्मद इब्न बतूता निकल पड़े। पवित्र यात्रा के संकल्प के साथ वह निकले। बाद में बताया मेरा संकल्प पूरा हुआ। अपने प्रियजनों को दुनिया–संसार के अनुभव देना। औरत–मर्द सभी को। अपने घर छोड़ने के बारे में इब्न बतूता ने बताया है–उसी तरह अपने घर से विदा लिया, जैसे चिड़िया अपने घोंसले से विदा लेती है।

इब्न बतूता ने 30 वर्षों तक घुमक्कड़ी की। एक लाख किलोमीटर से अधिक। तंगीयर लौटने तक वह पैदल, खच्चर, ऊँट, नाव से हर

मुस्लिम देश घूमे। इसके बाद अनुभव ज्ञान की खोज में अन्यत्र भी गये। चीन भी। इब्न बतूता की यात्रा, उनके अनुभव ने देशों को जोड़ा। आज जैसे सेटेलाइट, टेलीविज़न, सोशल मीडिया और इंटरनेट ने संसार को जोड़ा है। एक ताना–बाना में बाँधा है, उसी तरह पहले के अनुभवों ने बाँधा।

तिब्बत गये यात्रियों के ऐसे ही यात्रा–वृत्तान्तों के अनुभवों ने हमें जोड़ा। उस प्रकृति, परिवेश और जगह से। सैकड़ों वर्ष पहले अविकसित भाषा, संस्कृति और अजनबी परिवेश भी प्रकृति के सौन्दर्य से मोहित होने में कहाँ रोक पाते थे?

'टाइम्स' पत्रिका के 'समर जर्नी' (1 अगस्त, 2011) का पढ़ा एक प्रसंग याद आया। चीन के एक शहर 'हाँगझोऊ' का यात्रा–वृत्तान्त। इस शहर में सैकड़ों–हज़ारों वर्ष पहले तीन यात्री आये। इब्न बतूता, तंगीयर (मोरक्को) से। वह जूरिस्टर थे। दूसरे हूनान, सैनिक। दस हज़ार किमी की यात्रा कर यहाँ आये–पहुँचे थे। दोनों मुसलमान। दोनों एक ही संस्कृति–अल्लाह के अनुयायी। इससे भी पहले मार्कोपोलो आये। अलग धर्म, परिवेश, पृष्ठभूमि से। तीनों की भाषाएँ अलग–अलग। हरेक, एक–दूसरे से काफ़ी लम्बे अन्तराल पर यहाँ आये। सौ वर्ष के अन्तर से तीनों हाँगझोऊ की मशहूर झील में गये। पूर्णिमा की चाँदनी रात में नौका यात्रा की। तीनों ने प्रकृति का वह अनुपम सौन्दर्य देखा। आकाश निहारा। अपने मूल के बारे में सोचा। सृष्टि की झलक पायी और पाया कि संसार तो एक है। विश्व का ताना–बाना एक है। वही जो हज़ारों–हज़ारों वर्ष पहले भारत के ऋषियों ने कहा, पूरा विश्व ही एक कुटुम्ब है। आज जब इकोनॉमिक्स, बिज़नेस और फाइनेंस ने संसार जोड़ा है, ग्लोबलाइजेशन ने बाँधा है, तो हम याद नहीं रखते कि बहुत पहले प्रकृति ने हमें बाँध कर एक किया है।

इस यात्रा में अक्सर रातों में तारे निहारता, आसमान देखता, ख़ामोश परिवेश महसूसता। ऐसे ही क्षणों में कई प्रसंग याद आये। एक था बहुत पहले पढ़ा काका साहब कालेलकर का प्रसंग–'सच्चा कवि कौन?' यह पहली बार श्री एली रेमंड गड़कर के सम्पादन में, मुम्बई से

प्रकाशित मासिक 'शान्ति सेवक' में छपा था। काका साहब कालेलकर एक बच्चे से जुड़े प्रसंग की चर्चा करते हैं। वह आदिवासी बच्चा उनके साथ (दिल्ली में) रहता है। पन्द्रह दिन उनके साथ रहने के बाद वह वापस अपने गाँव जाने की बात कहता है।

बच्चा कहता है–'मुझे यहाँ नहीं रहना है। मुझे गाँव जाने दो।'

'क्यों? किसी ने कुछ कहा? क्या यहाँ का खाना पसन्द नहीं आता?'

'ना, ना, ऐसी बात नहीं है। यहाँ सब कुछ अच्छा है, लेकिन गाय–बछड़ों के पीछे दौड़ने का मज़ा यहाँ कहाँ है? और रोज़ रात को सोता हूँ, तो माथे पर सितारे कहाँ दिखते हैं।'

'अरे, तुम्हीं ने तो कहा था कि गरदन घुमा–घुमा कर सितारों को देखने की क्या गरज़ है?'

'हाँ, यह तो ठीक है, लेकिन सिर के ऊपर तारे तो होने चाहिए न! उनके बिना मन नहीं लगता।' ...फ़िर आँख नचाते हुए कहने लगा। 'तम्बूरे के बिना जैसे गाना नहीं होता, वैसे सोते समय माथे पर सितारों का चँदोवा (छतरी) न हो, तो नींद कैसे आयेगी? रोज़ देखता हूँ कि रात को जब जाग (नींद) आती है, तब ऊपर तारे दीखते नहीं और मन को अच्छा नहीं लगता। इतने दिन तो किसी तरह निकाल दिये, अब तो मुझे अपने गाँव भेज दो।'

'मुझे तो ऐसा कभी महसूस नहीं हुआ! मैं प्रतिदिन तारों को देखता हूँ, उनके उदय–अस्त की नोंध (जानकारी) रखता हूँ। दूसरों को इनके बारे में सिखाता हूँ। फ़िर भी वह तारा दर्शन मेरे लिए हवा पानी, आहार–निद्रा जैसे जीवन का आधार नहीं है! लेकिन इस अबोध किशोर के मन में तारों के लिए जो भक्ति है, वह कुछ वैसी है जैसे बच्चों की माँ के प्रति होती हैं। माँ तो है ही, उसकी पूजा थोड़ी करनी होती है। लेकिन कहीं अगर माँ नहीं दिखे, तो जाने सारा ब्रह्माण्ड सूना–सूना हो जायेगा! मैंने सोचा, कौन सच्चा कवि? मैं या वह अनाड़ी बच्चा?'

(साभार : 'सच्चा कवि कौन?' 'शान्ति सेवक', मुम्बई)

नेपाल होकर मानसरोवर (तिब्बत–चीन) की यात्रा में पड़ाव था, काठमाण्डू। जहाँ पहली बार 1980 में जाना हुआ। पुरानी सड़क और पुराने क़िस्म की बस से। ऊपर पहाड़ों पर कभी बादलों के बीच से, कभी जंगल हो कर, लकड़ी के पुल से गुज़रते हुए। तब 'टाइम्स ऑफ़ इंडिया समूह' (मुम्बई), 'धर्मयुग' में कार्यरत था। नेपाल की उस यात्रा–वृत्तान्त की कवर स्टोरी छपी। दो क़िस्तों में। 'धर्मयुग' में। लम्बी रपटें। नेपाल से जुड़े अनेक लोगों को जानता था। बी.पी. कोईराला से पढ़ते हुए, सारनाथ में मिला था। नेपाल से अनेक साथी हमारे विश्वविद्यालय में थे। उनमें से कुछेक से आज भी सम्बन्ध हैं। शैलजा जी (नेपाल की पूर्व उपप्रधानमन्त्री) को जानता था। फ़िर 1987 में काठमाण्डू जाना हुआ। तब तक चीन के सहयोग से दूसरी सड़क (बीरगंज–काठमाण्डू सड़क) बन चुकी थी। मुम्बई कस्टम के एक मित्र से भारत के एक बड़े औद्योगिक घराने की गम्भीर गड़बड़ियों पर 'एक्सक्लूसिव रिपोर्ट' मिली। तब उस घराने के ख़िलाफ़ रिपोर्ट शायद ही कहीं छपती थी। पर, वह रिपोर्ट एम.जे. अकबर ने तीन क़िन्तों में छापी। 'द टेलीग्राफ़' में। अच्छा मानदेय मिला। वह राशि लेकर फ़िर हम काठमाण्डू आये। दूसरी बार। फ़िर इतने लम्बे अन्तराल के बाद अब कैलास–मानसरोवर यात्रा में वही पड़ाव दशकों पूर्व गुज़रे हुए जगहों से गुज़रना, फ़िर उन्हीं स्मृतियों–पुराने दिनों में लौटने की कोशिश। जो हैं नहीं, जो दोबारा होने वाले नहीं हैं, उनकी स्मृति एक अजीब पुनर्यात्रा होती है। आज भी काठमाण्डू में कुछेक आत्मीय हैं। पर, सनय कहाँ है?

हिमालय भले जाना न हुआ पर, हिमालय तो मन में अटका है। जब भी राँची से दिल्ली जाना होता है, तो उड़ान में ख़ास क़तार की सीटें ही चाहता हूँ। हिमालय पर्वत श्रृंखलाएँ देखने के लिए। दिल्ली से गुवाहाटी, दिल्ली से कोलकाता, दिल्ली से पटना या राँची या इन जगहों से दिल्ली की प्लेन यात्रा में हिमालय दिखता है। जाड़ों में, जब आसमान साफ़ हो, तो कश्मीर से अरुणाचल तक फैली इस

पहाड़ श्रृंखला पर पड़ती धूप की किरणों या सुबह की सूर्य रोशनी या मध्याह्न की या डूबते सूरज की किरणों का अलग–अलग शेड्स और अलग–अलग रंग, दृश्य। प्रकृति विराट, विहंगम और अद्‌भुत है।

नेपाल एयरलाइंस (विमान करनाली, बोइंग–757) से दिल्ली से काठमाण्डू के लिए बोर्डिंग पास लेता हूँ। कहता हूँ, सम्भव है, तो वह सीट दीजिए, जिससे जी भर कर हिमालय निहारूँ–परखूँ। कम्प्यूटर पर बैठी लड़की देखती है, हँसती है। ख़ुशी–ख़ुशी सीट देती है, 9ए। दिल्ली से काठमाण्डू की उड़ान एक घण्टे 10 मिनट की है। दिल्ली–राँची से भी कम। हम उत्तर–पूर्व जा रहे हैं। इसलिए समय खिसक रहा है। भारत से नेपाल 20 मिनट आगे है। तिब्बत (चीन) पहुँचते–पहुँचते यह फ़र्क़ ढाई घण्टे का हो जायेगा। दिल्ली में 40 डिग्री के आसपास तापमान है। दिल्ली में ताप है। शायद सत्ता का अहं और ताप भी इसमें घुला–मिला है। काठमाण्डू उतरने पर 25 डिग्री तापमान। शीतल है, काठमाण्डू। हिमालय शायद इसका ताप हरता है।

कई दशकों बाद काठमाण्डू आया। पुरानी स्मृतियाँ उभरती हैं। तब शाही नेपाल था। हिन्दू नेपाल था। अब जनवादी नेपाल है, धर्म निरपेक्ष नेपाल है। माओवादियों का बोलबाला है। बस गाइड अनमोल से पूछता हूँ, 20 वर्ष का युवा है, क्या फ़र्क़ है? एक लाइन का जवाब है, 'फ़र्क़ शासकों के लिए है। वे बदल गये हैं। हम कॉमन लोग (आम आदमी) तब भी कमाते थे, तो खाते थे। आज भी यही हाल है।'

काठमाण्डू उतरने के पहले, हिमालय श्रृंखला के शुरुआती पहाड़ दिखते हैं। शाम के चार बजे हैं। पर, धूप तेज़ है। मटमैले बादल, पीली घटाएँ और ऊपर से पड़ती सूर्य की रोशनी। नीचे नदियों के जाल हैं। पर, अधिकतर सूखी लगती हैं। काठमाण्डू, हरे–भरे पहाड़ों की तलहटी में है। नदियों से घिरा। पर, कुछेक छोड़ अधिकांश सूखी लगती हैं। पहाड़ों पर भी घर बन रहे हैं। सीढ़ीनुमा खेत भी। पहाड़, सीढ़ियों में बदल रहे हैं। ज़मीन माफ़िया हर शहर में हैं। यहाँ भी। काठमाण्डू के पुराने वाशिन्दे बताते हैं, पहले का मौसम नहीं रहा। पर्यावरण संकट में है। गरमी बढ़ी है।

दिल्ली में नये अन्तर्राष्ट्रीय एयरपोर्ट से हम उड़े। भव्य दुकानें। देख कर याद आया, पहली बार विदेश जाना हुआ, तो यूरोप–अमेरिका के

हवाई अड्डों पर भव्य–बड़ी दुकानें देखकर दंग रह गया था। गाँव के आदमी की निगाह में इतनी बड़ी दुकानें, मॉल, वह जगमगाहट, चीज़ों के प्रकार देखकर तब लगा, शायद इन्द्र का स्वर्ग ऐसा ही हो। पर, दो दशकों में कितनी बदल गयी है, मेरी दुनिया। लोगों को ख़रीदारी के लिए उन्मत्त देख मन ही मन हँसी आती है। चीज़ों का अन्त है? पर, साधन (धन) अनन्त नहीं। बहुतों के पास अनन्त है। पर, रखने की जगह (भण्डारण) की भी सीमा है। भोग की भी सीमा है। एक ही कपड़ा, एक समय। एक चीज़ का भोग ही एक बार में। ऐसा ही प्रकृति ने बनाया है। कितना चाहिए? चीज़ों का भी क्षय है। देह क्षय की तरह। इसलिए बाज़ार के मोहपाश से उबर रहा हूँ। किताब की दुकानें छोड़, चमकती भव्य दुकानों पर नज़र भी नहीं जाती। अब पारम्परिक, अपनी जड़–संस्कृति से जुड़े शहरों को छोड़कर अन्य शहरों को देखने की इच्छा भी नहीं होती। 'लुक', 'आर्किटेक्ट', 'पहनावा' और 'संस्कृति' में, तो सब पश्चिम की राह है। अमेरिकीकरण की बाढ़ में। सब कमोबेश एक समान। बदहवास भागती भीड़। सब ओर यही दृश्य। पहली बार अमेरिका ही गया। पहली विदेश यात्रा। वही दुनिया का आदर्श–पाथेय है। फ़िर नक़ली क्या देखना? असली अमेरिका ही देख लिया है। बड़ी, ऊँची, भव्य बहुमंज़िली बिल्डिगें, चौड़ी पर, जाम सड़कें।

नेपाल एअरलाइंस से हम दिल्ली से काठमाण्डू पहुँचे। एयरपोर्ट पुराना है। यात्रा की बड़ी टोली और पहली टोली सुबह पहुँच गयी थी। हम छह लोग बचे थे। दो राँची से। अन्य महाराष्ट्र–उड़ीसा से। एयरपोर्ट पर ही हम लोग मिले। परिचय हुआ। फ़िर हमारी टोली पार्क विलेज होटल प्राइवेट लिमिटेड पहुँची। राँची के लोग मिले। चिन्मय मिशन के स्वामी माधवानन्द जी भी। दूर से ही वह दिखाई पड़े। भीड़ में थे, गेरुआ पहने। उनकी पहल–सौजन्य से आया। सो उन्हें देख मन ख़ुश हुआ। उन्होंने तुरन्त कमरे की चाबी दी। कहा, जल्दी आइए सामान रखकर। ब्रीफिंग है भावी यात्रा की।

सामान रखकर पहुँचता हूँ। जल्दी से। ब्रीफिंग चल रही है। स्वामी जी, स्वर्णा और गौतम सामने हैं। स्वर्णा, श्रेष्ठा टूर ट्रेवल्स से हैं। स्वामी जी के नेतृत्व में यह यात्रा हो रही है। वह राँची रहते हैं। चिन्मय मिशन

प्रमुख। अत्यन्त सक्रिय, ऊर्जावान और गतिशील। गौतम नेपाल से हैं। काठमाण्डू–कैलास–मानसरोवर यात्रा टीम के गाइड, टीम लीडर। श्रेष्ठा के नेपाल चैप्टर के प्रमुख। पहली नज़र में धैर्यवान, सुलझे और धैर्य से बात करने वाले लगे।

यात्रा में भारत की झलक है। झारखण्ड, राँची से लोग। शेष उड़ीसा, आन्ध्र प्रदेश, राजस्थान, चण्डीगढ़, दिल्ली और महाराष्ट्र से। पढ़े–लिखे। डॉक्टर। धनवान, नौकरीपेशा व सामान्य। युवा, अधेड़ और 60 के पार भी। पुरी से एक स्वामी जी भी हैं। होटल ब्रीफिंग में पूरा हाल भरा था। पर, अशान्त। ब्रीफ करने वाले को कोई पूरी बात बोलने नहीं देता। हर पंक्ति में सवाल। शायद पूरी बात सुन लें, तो अनेक प्रश्न उठते ही नहीं। पर, सुनने का धैर्य नहीं। मछली बाज़ार की स्थिति। न स्वअनुशासन, न संयम। पता नहीं लगता, लोग पिकनिक पर आये हैं या आध्यात्मिक यात्रा पर? स्वामी जी, शालीनता से नाराज़गी भरे स्वर में अनुशासनहीनता की बात करते हैं। यात्रा के ध्येय–मक़सद पर चर्चा करते हैं। परिचय का दौर शुरू होता है। इस यात्रा में कुल 66 लोग हैं। 64 आ गये हैं। इनमें से 40 को स्वामी जी निजी तौर पर जानते हैं। 24 सम्पर्क या फ़ोन से आये हैं। परिचय का दौर पूरा नहीं होता, अधूरा ही ख़त्म। झारखण्ड के ही कुछेक लोगों की बातों से आरोप–प्रत्यारोप का दौर शुरू होता है। सोचता हूँ, यही यात्रा ध्येय है, तो भगवान रक्षा करें। अन्य राज्यों से आये लोग अधिक शालीन, शिष्ट और मर्यादित दिखते हैं। कई बार लगता है, क्या इस देश की समस्या हिन्दी राज्य ही हैं? यह फ़र्क़ कर पाना कि पिकनिक और कैलास–मानसरोवर की यात्रा में फ़र्क़ है, सहज नहीं है। पैसा, साधन हो जाने से विवेक आ जाये, ज़रूरी नहीं। 'इगो' और पैसे का संयोग–साथ हो, तो फ़िर पूछना ही क्या? मैदान से, दूर–दराज से हम काठमाण्डू आ गये हैं। हमारा एक नया परिवार समूह बन गया है। पर, उसमें समरसता हो, इसके पहले ही लय टूटती है। वही मैदानी इलाक़े से, अपने–अपने पुराने रुझान, स्वभाव, अधिकार, तिक्तता, श्रेष्ठता बोध की गठरी पीठ पर लादे हम आ पहुँचे हैं। वही संसारी दुख, निराशा, हताशा या अहं का बोध उठाये।

यहाँ भी पहले सुख–सुविधा चाहिए। विनोबा ने '60 की बाद वाली पीढ़ियों को विषयभोगी या इन्द्रियजीवी कहा था। आज हम सब उस पैमाने या विनोबा के मापदण्ड पर कहाँ पहुँच गये हैं? बैठे–बैठे सोचता हूँ। काठमाण्डू के पार्क विलेज होटल में। रिखिया आश्रम (देवघर) के भव्य यादगार आयोजन और योगदा (राँची) के विलक्षण शरद संगम की याद आती है। हज़ार–दो हज़ार लोग। रिखिया में तो दस–पन्द्रह हज़ार लोग। दोनों जगह भारी संख्या में विदेशी, अत्यन्त सम्भ्रान्त और अपने–अपने क्षेत्र में दुनिया के मशहूर लोग भी आते हैं। पर, अद्भुत संयम, अनुशासन और गरिमा। न शोर, न हंगामा। भीड़ में ख़ामोशी या स्वअनुशासन। उन जगहों पर आध्यात्मिक जिज्ञासा की ललक है। धरती पर बैठे, विदेशों की तुलना में अत्यन्त असुविधा में, फ़िर भी एक शिकायत नहीं। हर संकट या समस्या का पॉजिटिव समाधान। दक्षिण भारत के जीवन व समाज में आज भी अनुशासन है। मर्यादा है। ट्रेनों के आरक्षित क्षेत्रों में कोई भी आपकी सीट पर नहीं बैठता। मन्दिरों में भी नियम–प्रबन्धन है। उत्तर की तरह अराजकता नहीं। विशेषज्ञ कहते हैं, यह धर्म और संस्कृति का असर है। फ़िर कैलास–मानसरोवर यात्रा में आये लोगों में धैर्य–संयम क्यों नहीं?

याद आते हैं, अनेक पुराने साधु–सन्तों के संस्मरण, जो सौ–डेढ़ सौ वर्ष पहले कैलास–मानसरोवर गये। जब ये यात्राएँ ख़तरनाक और जोखिम भरी थीं। जीवन दाँव पर लगा कर। भूखे रह कर। पल–पल मौत के बीच। उनमें कौन–सी उत्कण्ठा, बैचेनी रही होगी, ईश्वर दर्शन के लिए। पर, क्या महज़ हिमालय देखने के सुख पाने के लिए लोगों ने जीवन दाँव पर लगाये? नहीं पता। कमरे में लौटता हूँ। तिक्तता का बोध लेकर।

टीवी खोलता हूँ। भारतीय चैनल है। सूर्य पर सुनानी की चर्चा सुनता हूँ। ख़बरों को चटपटा, बढ़ा–चढ़ा कर बेचने में हम कितने आगे निकल आये हैं। रोज़ ही प्रलय एवं सृष्टि के ऊपर मँडराते ख़तरों की ख़बर हम सुनते हैं। दशकों से। मीडिया में अब तक न जाने कितनी बार सृष्टि ख़त्म हुई, प्रलय आये। पर, यथार्थ में पृथ्वी बची है। जीवन बचा है, प्रलय नहीं आया।

मोबाइल से दूर हूँ। तय करता हूँ कि टीवी चैनल भी नहीं देखना है, इस यात्रा में। न अख़बार पलटने हैं और न फ़ोन आते हैं। शरद संगम (योगदा) या आध्यात्मिक रिट्रीट (कृष्णमूर्ति फाउंडेशन या अन्य में भी) एकान्तवास में या आध्यात्मिक आयोजनों में सेक्यूलर लिटरेचर (अख़बार वग़ैरह भी) पढ़ने से बरजते हैं। पूर्ण एकान्त—मौन। अपने लय में होना। ख़ुद के साथ होना। अपने को निहारना, निरखना—परखना।

काठमाण्डू के इस एकान्त होटल में रात उतरती है। साफ़ आसमान। ख़ूब चमकते तारे। शुक्ल पक्ष दशमी का चाँद। थोड़ी देर पहले ही बरसात हुई। पर, अब आसमान साफ़, खुला हुआ। धुला। हवा में ठण्डी। अकेले बैठे सोचता हूँ कि गुज़रे 22 वर्षों में क्या किया? 'प्रभात ख़बर' एक प्रयोग था। अपने स्तर पर। ख़ुद को परखने का। कुछेक साथी—सहयोगी मिले, जिनसे अटूट सम्बन्ध बन गया। 'प्रभात ख़बर' को साधने, बाँधने और फैलाने में। इसके लिए बड़े—बड़े अवसर और पैकेज छोड़ा। इस प्रयोग के लिए या उन मित्रों—साथियों के साहचर्य के लिए, जो हर प्रलोभन के बावजूद अडिग रहे। नहीं पता। हाँ, इन दो दशकों में कामकाज के सिलसिले में घूमना हुआ। वह पेशेगत विवशता रही या माँ—बाप नहीं रहे, तो दस—पन्द्रह दिन छुट्टी पर रहा। अन्यथा घूमना, भ्रमण करना सब छूट गया। याद आते हैं पुराने यायावरी के दिन—रुझान। मुम्बई की घोर बरसात में लोनावला से खण्डाला भींगते पैदल यात्रा। वह अक्षत सौन्दर्य। पहाड़ी झरने। पहाड़ की चोटी से खाई में गिर कर झरनों में धारा प्रवाह जल। वह गति। तेज़ी। हाहाकार। ख़तरनाक भी, पर वह सौन्दर्य शब्दों में कहाँ बँध पायेगा? माथेरान पहाड़ पर अकेले चढ़ना—रात में उतरना। लुंगी—शर्ट पहनकर दक्षिण भ्रमण। चेन्नई, कन्याकुमारी, रामेश्वरम, पांडिचेरी (पुडुचेरी) और बाबा आमटे के साथ पूर्वोत्तर यात्रा। ये सब 'प्रभात ख़बर' से पहले के दिनों का भ्रमण रहा। यात्रा जीवन का हिस्सा थी। पर, वह तान टूट गया। यायावारी छूट गयी।

नेपाल के इस एकान्त में सुकून है। कहा भी जाता है कि आज भी दुनिया के कोने—कोने से थके—हारे, परेशान लोग नेपाल आते हैं। पहाड़ों में भटकते हैं। नेपाल के दूर—दूर इलाक़ों में जाते हैं। तनाव, निराशा, उदासी से मुक्ति के लिए। इस अर्थ में नेपाल आज भी 'स्ट्रेस

बस्टर' (तनाव भंजक) है। आबोहवा, माहौल और वातावरण में भागमभाग नहीं है। बुद्ध का साया है। बौद्ध धर्म की करुणा और मैत्री भाव है।

याद आयी जॉन वुड की पुस्तक 'लिविंग माइक्रोसॉफ्ट टू चेंज द वर्ल्ड–एन इंटरप्रेन्योर्स ओडिसी टू एडूकेट द वर्ल्ड्स चिल्ड्रेन।' शीर्षक से ही स्पष्ट है कि जॉन वुड ने माइक्रोसॉफ्ट को छोड़ दिया। दुनिया बदलने के लिए। उन्होंने 'रूम टू रीड' (पढ़ने के लिए कमरा) आन्दोलन की शुरुआत की। इसी नेपाल की धरती से। यह बदलाव कैसे हुआ? 1998 में जॉन वुड माइक्रोसॉफ्ट के उभरते सितारे थे। अत्यन्त व्यस्त। भागमभाग। इस माहौल से निकल फुरसत के कुछ क्षण–पल जीने, जीवन के नज़दीक होने के लिए वुड ने छुट्टी ली। नेपाल गये। ट्रैकिंग पर निकले। अद्भुत प्रकृति, परिवेश और मौन के क्षण ने उन्हें बदल दिया। एक होटल (ढाबे) में एक आठ वर्षीय किशोर मिला। तेज़–तर्रार पर, अपढ़। और इस मुलाक़ात व यात्रा ने जॉन वुड की ज़िन्दगी बदल दी। उन्हें लगा वह क्या कर रहे हैं? प्रबन्धन की दृष्टि से दुनिया की शिखर संस्था 'केलॉग स्कूल ऑफ़ मैनेजमेंट' से जॉन ने एमबीए (प्रबन्धन) किया। 1991 में माइक्रोसॉफ्ट में नौकरी शुरू की। अत्यन्त परिश्रमी, मेधावी और दृढ़निश्चयी जॉन, माइक्रोसॉफ्ट में डायरेक्टर पद पर पहुँच गये। वह चीन क्षेत्र के बिज़नेस डेवलपमेंट डायरेक्टर (माइक्रोसॉफ्ट) बन गये। फ़िर नेपाल यात्रा के अनुभव, प्रेरणा और बदलाव से उन्होंने 'रूम टू रीड' नामक 'नॉन प्रॉफिट' (अलाभकारी) संस्था शुरू की। यह संस्था विकासशील देशों में साक्षरता को बढ़ावा देती है। नेपाल की यात्रा और अनुभव से प्रेरित होकर जॉन वुड ने छह वर्षों में दो हज़ार स्कूल और लाइब्रेरी स्थापित कराये। इफिशियेंसी और मदर टेरेसा की करुणा के सम्मिश्रण से 'रूम टू रीड' अभियान का संचालन किया।

वह 21 दिनों की ट्रेकिंग के लिए नेपाल आये थे। नौ वर्षों में सबसे लम्बी छुट्टी ली थी। वह कहते हैं '90 के दशक में यह अवकाश 'ट्रेड मिल लाइफ' (रोज़ कसरत) और माइक्रोसॉफ्ट के तनावों से दूर रहने का प्रयास था। तीन सप्ताह बिना ईमेल, फ़ोन, मीटिंग या काम से होने

वाली यात्रा से विराम। 200 मील पैदल चलना था। ख़ुद अपनी पीठ पर सामान ढोना था। 18,000 हज़ार फ़ीट की ऊँचाई पर यह यात्रा थी। वुड ने लिखा है कि जीवन में सबसे अधिक ऊँचाई पर चढ़ने जा रहे हैं। इसी रास्ते उनकी पशुपति नामक एक इनसान से मुलाक़ात हुई। काठमाण्डू के बाबा पशुपतिनाथ नहीं। पर, उनकी ही कृपा का क्षण रहा होगा। पशुपति अपनी उम्र के पाँचवें दशक में रहे होंगे। वह पहाड़ी, ग़रीब नेपाली आँखों में शिक्षा का अलख जगा रहे थे। उन्होंने वुड को नेपाल की ग़रीबी बतायी, टूटे–फूटे स्कूलों को दिखाया। उसी क्षण वुड में कुछ घटित हुआ और जीवन बदल गया।

क्या बदलाव के ऐसे क्षण हम जैसे सामान्य लोगों के जीवन में भी कभी घटित होंगे? कोई पशुपति मिलेगा? दिन में ही पशुपतिनाथ का दर्शन किया हूँ, और अब कैलास–मानसरोवर की यात्रा पर हूँ। यही सोचते–सोचते आँख लग जाती है। देर रात आँख खुलती है। खिड़की खुली है।

इस प्रयोग ('प्रभात ख़बर') के पहले घुमक्कड़ी, भटकने के वे दिन हमेशा सजीव रहे। यात्रा–वृत्तान्त की पुस्तकें–लेख बार–बार बेचैन करते रहे कि अचानक एक दिन कैलास–मानसरोवर का प्रोग्राम बन गया। चिन्मय आश्रम के स्वामी माधवानन्द जी की प्रेरणा से। डीएवी (श्यामली) के प्राचार्य डी. आर. सिंह से सुने संस्मरणों से। वह कैलास–मानसरोवर, जो पैदाइश से ही स्मृति–मन में बैठा है। बड़ा हुआ, तो सुना कि हमारी सृष्टि उत्पत्ति का आदि स्थान भी यही है। मेरे मित्र सुरेन्द्र बिष्ट ने कैलास–मानसरोवर के बारे में ईमेल से जो सूचना दी, वह यह है–

> *'हिन्दुओं के धर्मग्रन्थ पुराणों के अनुसार ईश्वर को जगत रचने की इच्छा हुई। उन्होंने ब्रह्मा के रूप में मानसरोवर में अवतार लिया। इस तरह इस सृष्टि का आदि उत्पत्ति स्थान मानसरोवर है। यह वही मानसरोवर है, जिसके पास ही भगवान शिव का निवास स्थान कैलास है। ये दोनों स्थल तिब्बत में हैं। वेदों के महान विद्वान, महर्षि दयानन्द सरस्वती लिखते हैं कि ईश्वर ने मानवता का सृजन तिब्बत में ही किया। आर्य तिब्बत से ही भारतभूमि पर उतरे।'*

मानसरोवर पर रहीम के लिखे दोहे याद आते हैं–

मानसरोवर ही मिले, हंसनि मुक्ता भोग।
सफरिन भरे 'रहीम' सर, बक–बालक नहिं जोग।।

मानसरोवर, सृष्टि का अकेला, अनोखा सरोवर। फ़िर रहीम ही याद आते हैं–

यद्यपि अवनि अनेक है, कूप सरित सरिताल।
'रहिमन' मानसरोवरहिं, मनसा करत मराल।।

अकेले कमरे में, देर रात पड़े–पड़े रहीम का स्मरण मानसरोवर के सन्दर्भ में ही नहीं होता। जीवन सूत्र के अनोखे भारतीय मनीषी–चिन्तक के रूप में भी वह याद आते हैं। पग–पग पर। लोक सीख के अद्भुत भाष्यकार। व्यावहारिक जीवन के रहीम के कई सूक्त याद आते हैं–

एकै साधे सब सधै, सब साधै सब जाय।
'रहिमन' मूलहिं सींचिबों, फूलै फले अघाय।।

जीवन लक्ष्य के बारे में इस कहावत से श्रेष्ठ क्या दूसरा वक्तव्य हो सकता है? अन्तिम दिनों की अपनी दशा पर वह खुद कह गये। अद्भुत आत्मपीड़ा का बयान। चन्द्रशेखर जी बार–बार रहीम का यह उद्धरण अपने अन्तिम वर्षों में सुनाते थे। सुन कर मन हिल जाता था।

ए 'रहीम' दर–दर फिरहिं, माँगि मधुकरी खाहिं।
यारों यारी छोड़ि दो, वे 'रहीम' अब नाहिं।।

गाँवों में अपढ़ लोगों से भी रहीम की सीख सुनी–

ख़ैर, ख़ून, खाँसी, ख़ुशी, बैर, प्रीति, मदपान।
'रहिमन' दाबे ना दबै, जानत सकल ज़हान।।

रहीम, चन्द्रशेखर जी के अत्यन्त प्रिय कवियों में से थे। जेपी आन्दोलन के सवाल पर, वह इन्दिरा जी के ख़िलाफ़ कांग्रेस में खड़े थे। तब कांग्रेस के चाणक्य कहे जाने वाले द्वारिका प्रसाद मिश्र ने कार्यसमिति की एक तूफ़ानी बैठक (1974) में चन्द्रशेखर जी के बारे में कहा–

चाह गयी चिन्ता मिटी, मनुआ बे परवाह।
जिनको कछु न चाहिए, वे साहन के साह।।

जीवन दर्शन की बातें भी रहीम से बेहतर कौन कह सका है? इतने सुलझे–साफ़ ढंग से या आसान भाषा में सीधी बातें दिल–दिमाग़ को भेदती हैं–

पावस देखि 'रहीम' मन, कोइल साधे मौन।
अब दादुर वक्ता भए, हम को पूछत कौन।।
'रहिमन' ओछे नरन सों, बैर भले ना प्रीति।
काटे चाटै स्वान के, दो भाँति विपरीत।।

दुर्दिन के बारे में रहीम की अद्‌भुत बातें–

'रहिमन' दुरदिन के परे, बड़ेन किए घटि काज।
पाँच रूप पाण्डव भए, रथ वाहक नलराज।।

रिश्तों पर रहीम कह गये–

'रहिमन' धागा प्रेम का, मत तोड़ो चटकाय।
टूटे से फ़िर ना मिले, मिलै गाँठ परि जाय।।

मेरा प्रिय उद्धरण। मन की बात मन में रखने का दर्शन, रहीम के ही शब्दों में–

'रहिमन' निज मन की बिथा, मनही राखो गोय।
सुनि अठिलैहें लोग सब, बाँटि न लैहे कोय।।

इस रहीम को नयी पीढ़ी कितनी जानती है? यह बदलता समाज, अपने ऐसे नर रत्नों से कितना वाकिफ़ है? भारत के मनीषियों–दार्शनिक राजनेताओं ने इस देश को जिस मिली–जुली संस्कृति, सेक्युलरिज़्म या गंगा–जमुनी तहज़ीब की बात की थी, उसके मूल में रहीम जैसे लोग ही हैं। पर, रहीम या उनकी बातें सत्ताभोगियों ने कहाँ तक याद रखी हैं? सेक्युलरिज़्म को वोट बैंक बना देनेवालों ने कहाँ पहुँचा दिया समाज को, देश को? यहाँ तक कि वणिक होते समाज में लोग आत्मसम्मान भी भूल गये हैं। निजी प्रतिष्ठा की सौदेबाज़ी पर भी पद–प्रतिष्ठा की चाहत–

'रहिमन' निज सम्पत्ति बिना, कोउ न बिपति सहाय।
बिनु पानी ज्यों जलज को, रहिं रवि सकै बचाय।।

'रहिमन' पानी राखिए, बिन पानी सब सून।
पानी गये न उबरहिं, मोती मानुष चून।।

विपत्ति भी जीवन में आती है, तो कैसे–

'रहिमन' बिपदा हू भली, जो थोरे दिन होय।
हित अनहित या जगत में, जानि परत सब कोय।।

आत्म स्वाभिमान से जीवन जीने की राह पर रहीम की यह बात भी कभी भूला नहीं–

'रहिमन' वे नर मर चुके, जो कछु माँगन जाहिं।
उन ते पहिले वे मुए, जिन मुख निकसत नाहिं।।

जीवन सदा एक सा नहीं रहता। उतार–चढ़ाव तो सृष्टि का फेर है। समय चक्र–

समय पात फल होत है, समय पाय झरि जाय।
सदा रहे नहीं एक सी, का 'रहीम' पछिताय।।

जीवन, समय, संसार, सृष्टि, जीवन चक्र की कितनी बातें याद आ रही हैं। इस यात्रा के प्रयोजन–निमित्त पर भी सोचता हूँ। धीरे–धीरे नींद में यह सब भूल जाता हूँ। निद्रा, नहीं होती, तो जीवन एकरसा और उबाऊ ही होता न!

कैलास दर्शन के पहले कोशिश करता हूँ, कैलास–मानसरोवर को जानूँ। इसी क्रम में गाँधीवादी काका साहब कालेलकर को पढ़ा। मानसरोवर का मर्म जानने के लिए। यह मर्म बिना डूबे नहीं जान सकते। फ़िर भी सवाल है कि डूब कर भी कैलास–मानसरोवर को जाना जा सकता है क्या? पहले काका साहब की दृष्टि से कैलास–मानसरोवर को समझ–जान लें। उन्होंने दुनिया के अगम्य क्षेत्रों में यायावरी की। अपने संस्मरण लिखे। मानसरोवर पर उनका शब्दचित्र अनमोल है।

इतिहास, भूगोल, अध्यात्म, वेद, पुराण से सम्पन्न तथ्य। भाव प्रमुख। मानसरोवर–कैलास को जाननेवाले हर जिज्ञासु को वह पूरा लेख आनन्द में सराबोर करता है। लेख का शीर्षक है 'भारतीय भक्ति मानस का सनातन केन्द्र मानस–सरोवर।' छोटा पर अत्यन्त प्रभावी। उनके लिखे का सम्पादित अंश है–

> *'हिमालय के उस पार त्रिविष्टप, यानी तिब्बत में हमारी देवभूमि है। वहाँ दुनिया के सबसे ऊँचे, सबसे सुन्दर और सबसे प्रभावी तीन सरोवर हैं। एक है, पैंसठ मील घेरेवाला मानस–सरोवर, उससे कुछ छोटा उसी के पड़ोस में है, रावन–ह्रद या राकसताल और उसके उत्तर–पूर्व के कैलास के नज़दीक है तथा इन दोनों से छोटा, लेकिन इन दोनों से भी ऊँचा गौरीकुण्ड। इनके आसपास, हर दिशा में पहाड़ ही पहाड़ फैले हुए हैं, जो चीर हिम के श्वेत मुकुट पहनकर ध्यानी मुनि जैसे बैठे रहते हैं। इन पहाड़ों में भी अपनी ऊँचाई से अलग दिखने वाले दो भव्यतम पहाड़ हैं–कैलास और गुर्ला। मानस–सरोवर और राकसताल के उत्तर में, समस्त जम्बूद्वीप या एशिया–खण्ड के बिल्कुल केन्द्र में विराजमान हैं, कैलास शिखर। जिस पर महायोगीश्वर, देवाधिदेव शंकर भगवान, पार्वती के साथ रहते हैं। और दक्षिण में है मान्धाता पर्वत, जो प्राचीन काल के एक विश्वविजेता भारतीय सम्राट का नाम धारण किये हुए है। सम्राट मान्धाता और सम्राट रावण दोनों का इसी स्थान पर युद्ध हुआ था। कवियों ने राम का यश बढ़ाया और रावण का हटाया। लेकिन, रावण कुछ कम नहीं था। कुबेर का भाई, दुनिया का सम्राट था। भाई से लड़ने के बाद समझौते के तौर पर हिमालय छोड़ कर लंका में जा बसा। वहाँ के राक्षस लोगों की प्रीति उसने हासिल की। उसने कुबेर के पुष्पक विमान को छीन लिया। ऐसा यह बड़ा सम्राट, मान्धाता का प्रतिस्पर्धी, इन सरोवरों में नहाता था और एकाग्रता से शिव–पार्वती की उपासना करता था।*
>
> *लोग कहते हैं, मानस–सरोवर, हिमालय के उस पार कैलास और मान्धाता पहाड़ के बीच है। बात सही है। लेकिन हमारा*

मानस–सरोवर भारतवर्ष के भूत, वर्तमान और भविष्य–सभी भारतवासियों के हृदय में है। भारत के ऋषि–मुनि, सन्त–महन्त, तपस्वी, योगी, कवि और दार्शनिक सब–के–सब इस मानस का ही ध्यान–चिन्तन करते आये हैं। तुलसीदास ने रामचरित लिखा, किन्तु अपने महान काव्य को 'मानस' कहे बिना कविवर को सन्तोष नहीं हुआ। भारत के समस्त कवियों के सुवर्ण–वर्ण कल्पना कमल इस मानस में ही उगते हैं। नवखण्ड पृथ्वी की व्योमयात्रा करने वाले राजहंस भी इस मानस का ही आश्रय लेते हैं। प्राचीन काल से आज तक भारत के उग्र तपस्वी कैलास और मानस की परिक्रमा करते आये हैं। बौद्ध धर्म और उसके महायान–सम्प्रदाय की योगविद्या इसी मानस–सरोवर के आस–पास जो आठ या अधिक बौद्धमठ हैं, उन्हीं के द्वारा संगृहीत है।

...यह मानस–सरोवर वैदिक और बौद्ध आध्यत्मिकता की जीवनराशि है। भारत की चार प्रधान नदियाँ, मानस–सरोवर के परिसर से ही निकलती हैं। पूर्वगामी ब्रह्मपुत्र और पश्चिमगामी सिन्धु, ये दोनों महानद हिमालय का उस पार का सारा पानी इकट्ठा कर इस ओर लाते हैं और सतलज तो हिमालय को बींधकर रावणह्रद का पानी सिन्धु तक पहुँचाती है। इधर, छोटी करनाली नदी मानस के पवित्र जल को लेकर सरयू को देती है और सरयू प्रभु रामचन्द्र के अश्रु से मिला हुआ वह पानी गंगा को दे देती है।

...इस तरह भारतीय मानस का केन्द्र बना हुआ यह मानस–सरोवर, सनातन काल से एक बड़े विश्व की सेवा करता आया है।

...सनातन साधु हों या बौद्धभिक्षु, कुदरत प्रेमी तो होते ही हैं। वे ऐसे स्थान पर अपने मठ खड़े कर देते हैं, जहाँ से प्रकृति का भव्य से भव्य दृश्य एक ही नज़र में पीया जा सके। ऐसे भी स्थान हैं, जहाँ मानस–सरोवर और राकसताल, दोनों का विस्तार एक साथ दिख पड़े और मान्धाता और कैलास दोनों शिखरो का एक साथ दर्शन हो सके। इतना भव्य, इतना पावन और इतना शान्तिदायक स्थान न यूरोप में कहीं है, न अमेरिका में, न अफ्रीका में और

न ऑस्ट्रेलिया में। जहाँ हरेक मनुष्य भक्तिनम्र और योगाग्र हो सकता है। ऐसा सारी पृथ्वी का गौरव–स्थान, अगर है, तो वह मानस और उसके आसपास का प्रदेश।

...भारत और तिब्बत के कवियों ने इस प्रदेश का काल्पनिक काव्यमय वर्णन किया है। यहाँ से बहनेवाली नदियों में से एक का उद्‌गम सिंहमुख से होता है, दूसरी का उद्‌गम गोमुख से। तीसरी का उद्‌गम अश्वमुख से और चौथी का गजराजमुख से होता है। कैलास की चार बाजू पर बुद्ध भगवान के चार पदचिह्न हैं। कैलास के शिखर पर, जहाँ हमारे शिवजी रहते हैं, वहाँ उनके धर्मनाल रहते हैं इत्यादि।

...कितना उचित था कि महात्मा गाँधी के बलिदान के बाद उनकी अस्थियों का विसर्जन, भारत के लिए जो अनेकानेक पवित्र स्थान हैं, वहाँ किया गया। गंगा, यमुना और मध्येगुप्ता सरस्वती के त्रिवेणी–संगम में उनकी अस्थियों का प्रधान हिस्सा विसर्जन करने के बाद, बाक़ी के अवशेष और चिता भस्म भक्त भारतीय अनेक जगह पर ले गये। थोड़ा हिस्सा गोवा के किनारे समुद्र में विसर्जन किया। थोड़ा हिस्सा वर्धा के पास पवनार नदी में, जहाँ अब परमधाम आश्रम हैं। कुछ अवशेष साबरमती नदी में विसर्जन किया, जहाँ गाँधी जी ने सत्याग्रह आश्रम खोलकर हिन्द स्वराज की और विश्व–सर्वोदय की साधना की थी। अफ्रीका तो सत्याग्रह की जन्मभूमि है। उसका महत्त्व स्वीकार कर कुछ अवशेष, जिंजा के पास नील नदी में बहाये गये। पता नहीं भारत में लोग इस तरह कहाँ–कहाँ उनके अवशेष ले गये। लेकिन भारतीय मानस को पूरा सन्तोष तो तब हुआ, जब कुछ लोग हिमालय के उस पार गये और मानस–सरोवर के दक्षिण किनारे, मोमोडुंगु अथवा मोमोटुकु के स्थान पर वे पवित्रतम जल में समर्पित कर सके। मुझे विश्वास है कि भारत के लोग एवं युगावतार बुद्ध भगवान के तिब्बत–चीन के शिष्य मिलकर इस स्थान पर एक गाँधी स्मारक खड़ा कर देंगे, जो हमारे लिए भारत भक्ति का नया और उत्कृष्ट आकर्षण होगा। क्योंकि भारतीय मानस में प्रकट हुए सब–के–सब

सर्वोच्च आदर्श का केन्द्र स्थान यह मानस–सरोवर ही हमेशा रहा है।

...उसका एक छोटा–सा स्तोत्र गाने का यह मौक़ा मिला, इसे मैं अपना अहोभाग्य समझता हूँ। जय कैलास! जय मानस–सरोवर! जय भारत की देवभूमि, पुण्यभूमि और ध्यानभूमि! जय–जय! जय–जय! जय–जय!!!'

(साभार : 'काका कालेलकर ग्रन्थावली', पहला खण्ड–प्रवास)

अब कैलास यात्रियों की संख्या बढ़ी है। बहुत वर्ष नहीं हुए आईएएस चितरंजन कुमार खेतान ने वहाँ की यात्रा की। सप्त्नीक। उनकी प्रकाशित पुस्तक 'कैलास–मानसरोवर : एक अनन्त यात्रा' में इस यात्रा के मर्म व सत्व का सुन्दर चित्रण किया गया है–

'कैलास–मानसरोवर की यात्रा एक जीवन अनुभव है। सूरदास के मुहावरों में कहें, तो गूँगे को गुड़ के स्वाद जैसा। कई जगह शब्द छूट जाते हैं, मौन को ही उस विराट का बोध होता है। कुछ ऐसा ही पढ़ा। मान्यता है कि यह यात्रा संयोग शिव की कृपा से ही सम्भव है। जिन्हें ईश्वर में विश्वास होता है और जिन्हें नहीं भी है, उन सबके लिए तो अपने अस्तित्व को सिद्ध करने का इससे उचित रास्ता दूसरा नहीं हो सकता। संसार के देवता और ईश्वरों के भी ईश्वर–महादेव माने जाने वाले शिव की यह तपस्या भूमि, जीवन से मोह और वैराग्य का एक अद्भुत संयोग है। यह रहस्य, तो ख़ैर कोई सुलझा नहीं सकता कि महादेव शिव किसकी आराधना और तपस्या कर रहे थे। उनका देवता कौन है? शिव ईश्वर भी हैं और नहीं भी। ईश तो सृष्टि के स्वामी को कहते हैं, किन्तु शिव को आप कहीं भी पा सकते हैं। भीड़ भरे पशुपतिनाथ मन्दिर में, स्तब्ध करने वाली वीरानी वाले गौरीशंकर में और जीते जी मोक्ष की प्रतीति करवा देने वाली कैलास–मानसरोवर की यात्रा अनन्त में भी। शिव स्मृति कब से हैं, नहीं पता?'

(साभार : 'कैलास–मानसरोवर : एक अनन्त यात्रा', चितरंजन कुमार खेतान)

शायद मेरे लिए, शिव स्मृति मेरी चेतना के साथ ही है। औघड़ देवता। भूत–प्रेत, पागल, वंचित, त्याज्यों के देवाधिदेव। संहार के देवता। ख़ुश होकर सब कुछ देने वाले। भस्मासुर और रावण जैसों के तप–त्याग में भी वही उदारता, जो राम के साथ। संसार के लिए कण्ठ में विष धारक। कितने रूप याद करूँ, उस अनन्त–विस्तार फलक में व्याप्त रूप का? क्या रूप, आकार और भाषा, भाव में वह अनन्त बँध सकता है? काशी पढ़ने गया। धारणा है कि त्रिशूल पर बसी नगरी है। वहाँ सुना कि काशी स्थित मणिकर्णिका की चिता सृष्टि के समय से ही बुझी नहीं। लाशों का निरन्तर आना और भस्म होना। चौबीस घण्टे चिता की धूनी प्रज्वलित रहना। यह ताप तो शिव की नगरी ही सह सकती है। औघड़ों के देव, कुष्ठ रोगियों के उद्धारक, उस शिव को कहाँ–कहाँ देखा? कई बार त्र्यम्बकेश्वर (नासिक) गया। ओंकारेश्वर भी। दो–तीन बार सोमनाथ के भव्य शिवलिंग से दरस–परस। रामेश्वरम, जहाँ के बारे में निराला की 'राम की शक्ति पूजा' से जाना, फ़िर देखा। काशी, तो बार–बार। काठमाण्डू भी तीन बार। फ़िर कैलास दर्शन यात्रा की इच्छा जगी।

फ़िर आईएएस चितरंजन कुमार खेतान के ही शब्दों में उस जगह की चर्चा, जहाँ सृष्टि के संहार करने वाले भोले बाबा बसते हैं–

> *'तिब्बत का जो बंजारापन है, उसमें शिव का अल्हड़ वैरागीपन छिपा है, आदमी इन सुख–सुविधाओं के बीच रहकर जो सांसारिक ताण्डव झेलता है, वह कैलास परिक्रमा में पहुँचकर भूल जाता है। अपने अन्तर्मन से सामना, अपने शरीर की नश्वरता को बूझने का अवसर इससे उचित और कोई नहीं। दुनिया के अद्‌भुत स्थानों में मैं, तिब्बत को भी मानता हूँ। आख़िर भगवान शिव ने तिब्बत को ही अपनी तपस्या का स्थान क्यों बनाया? ऐसा क्यों है कि विष्णु की सवारी समुद्र में विराजती है और शिव की कैलास पर? एक तरफ़ जल की गहराई, तो दूसरी तरफ़ पहाड़ की ऊँचाई। आप जितने ऊँचे होते हैं, उतने ही अकेले भी। भगवान शिव ने इस*

वीरानी को, ऊँचाई को इसलिए चुना, क्योंकि सृष्टि का विनाश करने का मुकुट अगर धारण करना पड़े, तो मन में तरलता और अकारण करुणा नहीं होनी चाहिए, बल्कि पहाड़ों की कठोरता होनी चाहिए।'

(साभार : 'कैलास मानसरोवर एक अनन्त यात्रा', चितरंजन कुमार खेतान)

गंगा–सरयू के बीच का हूँ। सरयू या घाघरा का उद्गम भी मानसरोवर ही है। वह घाघरा, जिसमें राम ने संसार से विदा के लिए शरण ली। वह गंगा, जिसके लिए शिव तैयार हुए, तब धरती पर उतरी। दोनों नदियों की गोद में ही अपनों का संसार, परिवार, सपने, पुरखों के भस्म, दुख–दर्द, विनाश (पुरखों के पाँच–पाँच बार घर गिरने), सृजन सब हैं। भला इन नदियों से मन के तार कैसे न बँधे? तिब्बत–हिमालय ही तो जीवनदायिनी नदियों के स्रोत हैं। इतना ही नहीं, अगर जल ही जीवन है, तो इस जीवन का स्रोत कैलास–मानसरोवर ही है। ऊपर से लोक मान्यता है कि शंकर का वास भी।

उस औघड़ संहारकर्ता और बमभोले शंकर का, जिनके बारे में फ़िराक़ के विचार पढ़े थे। सृष्टि और शंकर अगर वर्णनातीत हैं, तो भी उनकी कथा रूप का जीवन्त विवरण हर पाठक को बोधता है। फ़िराक़ के शिव वर्णन का रोचक उल्लेख रमेशचन्द्र द्विवेदी अपनी पुस्तक 'जिक्र–ए–फ़िराक़' में अत्यन्त सजीव, रोचक और बाँधने वाली शैली में करते हैं–

'...शिव विचित्र देवता हैं, जिनका रहन–सहन, जिनके जीने का ढंग सबसे जुदा और सबसे निराला है। उनकी वेश–भूषा सबसे अलग, उनका खान–पान भी निराले ढंग का, उनके साथी–संगी, उनके मुसाहिब भी निराले... इसलिए शिवरात्रि का समय भी शिव और उनके समाज के अनुरूप ही है।

शरीर में चिता की राख, हाथी और शेर की खाल का वस्त्र, गले में साँप और रुद्राक्ष की मालाएँ और बर्फ़ से ढकी कैलास

की चोटियों पर निवास व मस्तक पर आधा चाँद। हो सकता है, अर्धचन्द्रमा की रात्रि में शिवपर्व इसीलिए मनाया जाता हो। कहते हैं चन्द्रमा का ब्याह सत्ताईस नक्षत्रों के साथ हुआ था, मगर चन्द्रमा ने सबको त्याग कर रोहिणी को पसन्द किया। तिरस्कृत पत्नियों ने अपने पिता दक्ष से इसकी शिकायत की। दक्ष ने चन्द्रमा को बहुत समझाया, मगर चन्द्रमा ने एक न सुनी। इस पर क्रुद्ध होकर दक्ष ने चन्द्रमा को शाप दे डाला कि चन्द्रमा को क्षय रोग हो जाये। वक़्त के साथ चन्द्रमा की चमक और शोभा क्षीण होती चली गयी। परेशान होकर चन्द्रदेव ने शिव की शरण ताकी। शिव ने चन्द्रमा को अपने मस्तक पर धारण कर लिया। यहाँ दक्ष का कुछ वश नहीं चल सका। इस तरह शिव ने चन्द्रमा को विलुप्त होने से बचा लिया। शिव किसी तरह पार्वती से ब्याह करने पर राज़ी नहीं हो रहे थे। मगर विष्णु के कहने पर राज़ी हो गये। शायद इसीलिए मौसमे–बहार आने के क़ब्ल शिवरात्रि का पर्व मनाया जाता है। इसी के बाद होली आती है। शिवरात्रि में शिव और पार्वती के ब्याह की चर्चा होती है। यारो! नजीर अकबरावादी का 'महादेव जी का ब्याह' ज़रूर पढ़ना।'

(साभार : 'ज़िक्र–ए–फ़िराक़', रमेशचन्द्र द्विवेदी)

फ़िराक़ पर द्विवेदी जी की यह पुस्तक न जाने कितनी बार पढ़ी। पुस्तक मित्रों को भेंट की। बाँटी। पर, मन अघाता नहीं। भारतीय संस्कृति की उदारता, व्यापकता आदि अनेक विराट रूप–वैभव फ़िराक़ पहचानते–जानते थे। आत्मीय रूप में। मिट्टी से एकाकार हो कर। आज भारत, भारतीयता और देशज संस्कृति की समझ कितने लोगों को है? शिव, राम और कृष्ण की व्यापकता को तो डॉ. राममनोहर लोहिया ने महसूस कराया। भारत की मिट्टी–संस्कृति से उनके सरोकार, उनकी गन्ध और उनकी मौजूदगी का अहसास। मानसरोवर–कैलास की यात्रा की योजना अचानक नहीं बनी। काका साहब कालेलकर, फ़िराक़, डॉ. राममनोहर लोहिया या कृष्णनाथ जी जैसे लोगों के लेखन–विचार ने मानस में वे बीज डाले, जहाँ समष्टि, सृष्टि की छाँव में जाने की इच्छा जगी। हिन्दुस्तान के राजनेताओं में डॉ. लोहिया विलक्षण थे।

उन्होंने भारतीय संस्कृति, तीर्थों–पर्वों–पुराणों–उपनिषदों पर जो चर्चा की, वे नितान्त मौलिक, अनूठे और नयी दृष्टि देते हैं। शिव पर उनके विचार अत्यन्त पठनीय और स्मरण करने योग्य हैं। शिव पर उनके एक लम्बे आलेख का यह अंश उल्लेखनीय है–

> *'राम और कृष्ण ने मानवीय जीवन बिताया। लेकिन शिव बिना जन्म और बिना अन्त के हैं। ईश्वर की तरह अनन्त हैं लेकिन, ईश्वर के विपरीत। उनके जीवन की घटनाएँ समय क्रम में चलती हैं और विशेषताओं के साथ। इसलिए वह ईश्वर से भी अधिक असीमित हैं। शायद केवल उनकी ही एकमात्र किंवदन्ती है, जिसकी कोई सीमा नहीं है। इस मामले में उनका मुक़ाबला कोई और नहीं कर सकता। जब उन्होंने प्रेम के देवता, काम के ऊपर तृतीय नेत्र खोला और उसे राख कर दिया, तो कामदेव की धर्म–पत्नी और प्रेम की देवी, रति रोती हुई उनके पास गयी और अपने पति के पुनर्जीवन की याचना की। निस्सन्देह कामदेव ने एक गम्भीर अपराध किया था, क्योंकि उसने महादेव शिव को उद्विग्न करने की कोशिश की जो बिना नाम और रूप तथा तृष्णा के ही मन में स्थित होते हैं। कामदेव ने अपनी सीमा के बाहर प्रयास किया और उसका अन्त हुआ। लेकिन हमेशा चहकने वाली रति पहली बार विधवा रूप में होने के कारण उदास दिख पड़ी। दुनिया का भाग्य अधर में लटका था। रति क्रीड़ा अब के बाद बिना प्रेम के होनेवाली थी। शिव माफ़ नहीं कर सकते थे। उन्होंने सज़ा उचित दी, लेकिन रति परेशान थी। दुनिया के भाग्य के ऊपर करुणा या रति की उदासी ने शिव को डिगा दिया। उन्होंने कामदेव को जीवन तो दिया लेकिन बिना शरीर के, तब से कामदेव निराकार है। बिना शरीर के काम हर जगह पहुँच कर प्रभाव डाल सकता है और घुल–मिल सकता है। ऐसा लगता है कि यह खेल शिव के ऊँचे पहाड़ी वासस्थान कैलास पर हुआ होगा। मानसरोवर झील, जिसके पारदर्शी और निर्मल जल में हंस मोती चुगते हैं और उतने ही महत्त्वपूर्ण, अथाह गहराई और अपूर्व छवि वाले राकसताल से लगा अजेय कैलास, जहाँ बारहों महीने*

बर्फ़ जमी रहती है और जहाँ अखण्ड शान्ति का साम्राज्य छाया रहता है, हिन्दू कथाओं के अनुसार धरती का सबसे रमणीक स्थल और केन्द्रबिन्दु है।'

(साभार : हिन्दी समय डॉट कॉम)

जिस शिव के बारे में इतनी चीज़ें पढ़ीं, जहाँ कैलास के वर्णन पढ़े, उसे देखने की लालसा उपजनो स्वाभाविक थी। वर्षों की इसी लालसा का परिणाम थी, कैलास–मानसरोवर यात्रा। डॉ. लोहिया ने न सिर्फ़ शिव के उन्मुक्त व्यक्तित्व का सर्वश्रेष्ठ विश्लेषण किया, आम बोलचाल की भाषा में, भारतीय संस्कृति के प्रतीकों को माध्यम बना कर, बल्कि अज्ञेय कैलास और मानसरोवर की भी चर्चा की। हिमालय की मर्यादा को लेकर वह सबसे बेचैन और व्यथित राजनेता रहे। अनेक ऐसी चीज़ों को याद करने की कोशिश करता हूँ। थकान है। नींद आ जाती है। पर, इस यात्रा को लेकर बच्चों जैसी उत्सुकता है।

प्रस्थान से पहले

(काठमाण्डू, शुक्रवार, 10.06.2011)

सुबह उठा। हाल में ध्यान–उपनिषद् चर्चा के लिए मिलना था। पहले तल्ले पर हूँ। एकान्त है। रिसोर्ट है। सुबह–सुबह कमरे के दरवाज़े के सामने पहाड़ों की ऊँची चोटियाँ हैं। बालकनी खोलने पर (विपरीत दिशा में) पेड़ दिखते हैं। बरसों बाद पंडुक की आवाज़ सुनी। पूरे माहौल में मौन है। होटल आते समय घरों पर लिखा था, कुकुर से सावधान। कुकुर शब्द सुने भी न जाने कितने दशक हो गये। गाँव छूटा, यह शब्द या ऐसे शब्द (कुकुर, पंडुक), रीति–रिवाज़ ओझल होने लगे। पर, कहीं भी वे प्रतीक और संकेत मिलते ही स्मृति उभरती है।

समय से हाल पहुँचा। कम लोग थे। समय की पाबन्दी हमारी प्रकृति में नहीं है। ऐसी ग्रुप यात्रा का यह पहला अनुभव है। स्वामी माधवानन्द जी ने उपनिषद् चर्चा की। ध्यान लगवाने के बाद 'शिवोहम्' प्रार्थना हुई। स्वामी जी ने उपनिषदों का महत्त्व बताया। कहा, मैक्समूलर, इमर्सन, प्लेटो, अरस्तू ने इसका महत्त्व जाना। ऐसा कहा जाता है कि पढ़ने के बाद इमर्सन इसे सर पर रखकर गली–गली घूमने लगे। महत्त्व बताने के लिए। कुछ वैसे ही जैसे नयी खोज के बाद आर्कमिडीज यूरेका–यूरेका चिल्लाने लगे। इसलिए, क्योंकि उपनिषदों में जीवन तत्त्व है, आत्म तत्त्व है। यह जीने का विज्ञान (साइंस ऑफ़ लिविंग) है। अरण्य (जंगल) में ऋषियों ने ध्यान कर इसे पाया। स्वामी जी, ऋषि को परिभाषित करते हैं। 'ऋष्या क्रान्त द्रष्टा।' क्रान्त यानी

नयी चीज़, क्रान्ति। कवि भी एक अर्थ में क्रान्ति द्रष्टा ही माने जाते हैं। 'कवयः क्रान्त द्रष्टा'—नया दृश्य देखने वाले। उसी तरह मन्त्र द्रष्टा। मन्त्र देखने वाला, बनाने वाला नहीं। रचनाकार नहीं। माधवानन्द जी समझाते हैं। वेद चार हैं। वेदों में भी शाखाएँ हैं। जैसे विज्ञान की शाखाएँ हैं, फ़िजिक्स, केमेस्ट्री वग़ैरह उसी तरह। वेद विषय हैं। उसमें वर्गीकरण है। ऋग्वेद—पद्य प्रधान, यजुर्वेद—गद्य प्रधान, सामवेद—गान प्रधान, अथर्ववेद—पदार्थ प्रधान। हर वेद में चार भाग हैं। मन्त्र भाग (सिद्धान्त या थ्योरी)। ब्राह्मण भाग—व्यवहार पक्ष (अप्लाइड साइंस, जाति प्रतीक नहीं)। ये दोनों मिलाकर 80 फ़ीसदी हैं। लगभग 16 फ़ीसदी आरण्यक है। अरण्य, वन में रहकर साधना से निकली चीज़ें। चार फ़ीसदी में उपनिषद् हैं। 108 उपनिषद् हैं। पर, उपलब्ध 25 ही हैं। 11 पर शंकराचार्य ने भाष्य लिखा है।

उपनिषद् यानी ज्ञान। यह सुनते हुए स्मरण होता है कि दुनिया आज ज्ञानयुग में है। पर, उपनिषदों का ज्ञानयुग, कितना पहले रहा है। स्वामी जी बताते हैं, उपनिषद् यानी गुरु के पास बैठकर ज्ञान प्राप्त करना। उपनिषद् यानी ब्रह्म विद्या, अज्ञान नष्ट। अन्धकार नष्ट। परमात्मा प्राप्त। हम अन्धकार, अज्ञान नष्ट करने की यात्रा पर हैं। पर, हम क्या कर रहे हैं? व्यवहार में, जीने में भी कोई बदलाव या फ़र्क़ होगा? यह यात्रा भिन्न है, इसमें पवित्रता है, सात्विक बोध है, क्या हम यह अहसास भी करेंगे?

फ़िर हम काठमाण्डू में दर्शनीय मन्दिरों में जाते हैं। बूढ़ा नीलकण्ठ, देवी गुहेश्वरी और पशुपतिनाथ। गाइड अनमोल से पूछता हूँ, बूढ़ा नीलकण्ठ क्या हैं? बताता है, 'बुद्ध, शंकर और विष्णु के प्रतीक।' भव्य मूर्ति है। जैसे क्षीरसागर में भगवान विष्णु शेषनाग पर लेटे हैं। साथ में पुरी से एक स्वामी जी हैं। बताते हैं, नीलकण्ठेश्वर से नीलकण्ठ वाले शिव का आभास होता है। पर, यह विष्णु मन्दिर है। साथ में एक मित्र हैं। बताते हैं—भगवान शिव, कृष्ण की रासलीला देखने पहुँच गये। पर, भगवान कृष्ण ने पहचान लिया। इसलिए वहाँ गोपेश्वर महादेव के रूप में हैं। शिव के न जाने कितने रूप हैं।

इस मन्दिर की कथा नेपाली गाइड अनमोल बताता है। आठवीं सदी की बात है। नीलकण्ठ नामक व्यक्ति/किसान की यह ज़मीन

थी। रात में पशु चरते थे। सो, रतजगा किया। खेत में ही। सपने आये कि मिट्टी हटाओ। अनसुना किया। दूसरे दिन भी सपना आया, तो काम लगा दिया। खुदाई होने लगी। कहीं फावड़ा लगा, तो ख़ून निकला। फ़िर सावधानी से खुदाई होने लगी। यह भव्य मूर्ति निकली। मूर्ति की भव्यता को निहारता हूँ। मूर्ति पर जैसे आँख चिपक गयी है। कैसे कलाकार, मूर्तिकार और शिल्पी रहे होंगे। एक ही बड़े पत्थर से यह मूर्ति बनी होगी, तो यह पत्थर कहाँ से आया होगा? अगर कहीं और बनी होगी, तो क्रेनविहीन युग में यह मूर्ति कहाँ से यहाँ पहुँची होगी? फ़िर पुरी के स्वामी जी बताते हैं कि विष्णु भगवान का अनन्त शयन समुद्र में ही होता है। यहाँ भी मूर्ति मिलने के बाद अगल–बगल में तब जो गड्ढा हुआ, वह तालाब बन गया। सो, यहाँ भी मूर्ति के चारों ओर पानी है। इस तरह की दो मूर्तियाँ और हैं। स्वामी जी सूचित करते हैं कि एक त्रिवेन्द्रम में और दूसरा शिवम में। कला और सौन्दर्य की दृष्टि से बूढा नीलकण्ठ अप्रतिम हैं। भाव बिल्कुल जीवन्त, अत्यन्त बारीक़ और उत्कृष्ट काम। मूर्ति सजीव लग रही थी।

यहाँ से हम देवी गुहेश्वरी जाते हैं। शिवजी की पहली पत्नी पार्वती जब सती हुईं, तो वह उनका शव कन्धे पर ले कर निकल पड़े। उसका गुह्य भाग (अन्तरंग हिस्सा) यहाँ गिरा। ऐसी मान्यता है। मन्दिर पुराना है। पूजा–पाठ वग़ैरह चल रहा है।

अगला पड़ाव है, पशुपतिनाथ। अत्यन्त मशहूर। शिव के जो 12 ज्योतिर्लिंग माने जाते हैं, उनमें इसकी गणना है। लोक मान्यता है कि केदारनाथ दर्शन के बाद ही इस पशुपतिनाथ दर्शन का मूल माहात्म्य है। उनकी महिमा है। केदार दर्शन के बाद ही यहाँ का दर्शन व्रत पूर्ण होता है। कहते हैं, यह द्वापर युग की प्रतिमा है। कुछ ग्वाले, ब्रज की ओर से आये थे। उनके पास दो गायें थीं। एक खूब दूध देती थी। दूसरी नहीं। लोक कहावत या श्रुति परम्परा है कि दूध नहीं देने वाली वह गाय कामधेनु थी। वह एक जगह जाकर खूब दूध देती थी। स्वतः। यह कुछ लोगों ने देखा। फ़िर वहाँ खुदाई हुई, तो पशुपतिनाथ की यह प्रतिमा मिली। पशु से पता चला, इसलिए पशुपतिनाथ कहलाये।

यह भी श्रुति कथा है कि वनवास काल में जब पाण्डव विचर रहे थे, तब भगवान शंकर, कैलास से अन्तर्यान हो गये। पार्वती जी ढूँढ़ने लगीं। ध्यान में पाया भैंसें के रूप में यहाँ हैं। सिर अन्तर्यान है। इस तरह आगे और पीछे का भाग मिलकर पूर्णता हुई। इसलिए पशुपतिनाथ और केदारनाथ। दोनों के दर्शन के बाद ही यह दर्शन पूर्ण माना जाता है।

क्यों हम पुराने मन्दिरों–पवित्र स्थलों पर जाते हैं? मान्यता है चित्त शुद्धि, भाव शुद्धि और आत्मरूप देखने। तीर्थ दर्शन, तीर्थ पान और तीर्थ स्नान की चर्चा होती है। मन्दिरों–तीर्थों में भीड़ बढ़ी है। पर, इन जगहों पर जाकर सात्विक होने, शुद्ध होने (भाव, विचार, नित्य जीवनचर्या में) की प्रवृत्ति बढ़ी है या घटी? भीड़, इसका व्यवहार देखकर लगता है, आध्यात्मिकता–सात्विक भूख घटी है। दिखावा बढ़ा है। रस्म अदायगी–सी।

भेदती हवा में नायलम पहुँचना

(काठमाण्डू से नायलम, शनिवार, 11.06.2011)

काठमाण्डू–खागा–सिन्धुपालचोक–खाड़िचौर–कोदारी

- कोदारी–सिपिंग–चीन सीमा
- खासा–जांगमो–नायलम
- रास्ता : स्वर्गिक दृश्य
- नेपाल–चीन सीमा अनुभव नारकीय
- टूर एजेंट : ठग, पैसा कमाना धन्धा, झूठ बोलना (यह सामान्य पहचान है। अपवाद और बेहतर टूर एजेंट भी हैं)
- खासा (चीन)–जांगमो–नायलम रास्ता : अद्भुत–प्राकृतिक सौन्दर्य। बादल, ऊँची चोटियाँ, श्रेष्ठ सड़क
- नायलम होटल : नरक (कभी टूर आपरेटरों के कमिटमेंट पर भरोसा न करें)

सुबह छह बजे निकलना था। चार बजे उठा। तैयार हुआ। समय से अपनी उपस्थिति दर्ज करा दी। पता नहीं क्यों, समय से काम न करने या दिये वचन को पूरा न कर पाने से अपराध बोध से ग्रसित होता हूँ। अन्दर से हीनता बोध। पर, अब आसपास कम लोगों को देखता हूँ, जो समय पर काम न करने या बात पलटने पर ज़रा भी ग़लत महसूस करते हों। मान लेता हूँ, यह नयी दुनिया है। पीछे छूट रहा हूँ या छूट गया हूँ।

बहरहाल, लगभग 45 मिनट लेट तीन बसों में हम लोग निकलते हैं। बसों की हालत देख, काठमाण्डू एयरपोर्ट देख, मन्दिरों का रखरखाव

देख नेपाल की अर्थव्यवस्था–हालत की झलक मिलती है। पुरानी बसें। भारत में '70 के दशक में चलनेवाली बसों जैसी। पहली बार 1980 में वीरगंज से नेपाल आये थे, वह याद ताज़ा हो गयी। 1981 में विशाखापत्तनम से गुनपुर (उड़ीसा) नागभूषण पटनायक से मिलने गया था, तो ऐसी ही बस पर सवार होकर। जगह–जगह चैकिंग है। यह सख़्त और सुचारु प्रशासन का नमूना है या भारत की तरह वसूली का रास्ता? नहीं पता। परमिट, लाइसेंस कई जगह चैक हुए। गाड़ी का ड्राइवर हिन्दी गाना लगाता है–'तेरी खिड़की सेक्सी, तेरा चेहरा सेक्सी, तेरा चलना सेक्सी।' हम जा रहे हैं कैलास दर्शन के लिए, आत्मा, काया के दर्शन स्नान, विचार स्नान और जीवन–शैली स्नान के लिए। मैदान में गरमी है, ताप है। मौसम में ही नहीं, जीवन में भी। उससे भाग कर पूज्य कैलास (तिब्बत) दर्शन को जा रहे हैं। जहाँ ठण्ड है, कम ताप है, जो मैदानी इलाक़ों की तरह भोग–इच्छा और आकांक्षाओं की आग में नहीं जल या दहक रहा, वहाँ भी यही सेक्सी संगीत। पहाड़ों की ठण्ड, सात्विकता में मैदानी इलाक़ों की ईर्ष्या, जलन और भोग की आँधी भी हम साथ ले जा रहे हैं। 1987 में दार्शनिक, बौद्ध विचारक कृष्णनाथ जी से हुई लम्बी बातचीत याद आयी। वह समाजवादी रहे, चिन्तक रहे, राहुल सांकृत्यायन के बाद सबसे बड़े घुमक्कड़ या यात्री। संस्कृति के भी अध्येता। फ़िर विख्यात बौद्ध दार्शनिक। उनसे पूछा, दुनिया किधर जा रही है? उन्होंने सटीक जवाब दिया था, जो कभी भूला नहीं। वह पूरी बातचीत ही विचार, पतन, भारतीय राजनीति, आगत बदलावों के बारे में थी। 1987 में उनका कहना था, संस्कृति, भाषा, वेशभूषा के स्तर पर भिन्नता ख़त्म हो रही है। पश्चिमीकरण या अमेरिकीकरण ही एक मानक है। दुनिया उधर ही भाग रही है। फ़िर अमेरिकी संस्कृति के तीन प्रतीक बताये। पहला–यह युवा है, फास्ट है, इसमें गति है, इसलिए युवा 100–200 किमी की स्पीड देनेवाली मोटरसाइकिल पर चढ़ते हैं। दूसरा–कोका कोला, महज़ पेय नहीं, प्रतीक है, दुनिया के युवाओं–युवतियों में। तीसरा, इसमें सेक्स एक्सप्लोजन (सेक्स विस्फोट) है। दमित आकांक्षाओं का विस्फोट। जब मन हुआ, साथ रहे, वरना

कटिस (अलगाव)। यही संस्कृति भारत में दिखती है। यही नेपाल के बस में थी। साथ में बस चालक, उसके सहयोगी भी युवा ही हैं, जो अत्यन्त ख़तरनाक रास्तों पर भी गति में ही रहते हैं। चलते हैं। रास्ते में पहाड़ की चढ़ाई है। इसका नाम सागा है। पर, चीन का सागा नहीं। साथ का शेरपा बताता है। पहाड़ी की चोटी पर जो भव्य आदमक़द शिव प्रतिमा है, वह विश्व में सबसे ऊँची है। हरिद्वार की देखी शिव प्रतिमा याद आयी। जयपुर–सोहना रोड पर भी शंकर भगवान की बड़ी प्रतिमा है। रास्ते में ठीक–ठाक सड़क है। ख़तरनाक घाटियाँ हैं। घाटियों को निहारने पर भय लगता है। ज़रा–सा बस फिसल जाये, तो फ़िर पता नहीं? दोनों तरफ़ बड़े–बड़े पहाड़, ऊँचो चोटियाँ, बीच में सड़क। लैंड स्लाइड़ होने पर अत्यन्त ख़तरनाक। हम एक गंडकी नदी पार करते हैं। मालूम नहीं बिहार के गंडक और इस गंडकी में कोई रिश्ता है या नहीं? उसी गंडकी के किनारे–किनारे ऊपर चढ़ते हैं, नीचे उतरते हैं। कभी दायें, कभी बायें। सिन्धुपालचोक पहुँचते हैं। फ़िर खाड़िचौर। तब कोदारी। नेपाल–चीन बॉर्डर। यहाँ फ्रेंडशिप ब्रिज पार करना है। इमिग्रेशन है, फ़िर चीन में दाखिल होना है। पहला तिब्बती (चीनी) शहर है, जांगमो। उसके पहले नेपाल सीमा में स्थित होटल में भोजन होता है। वहाँ पूरा पता लिखा है–लिपिंग, चाइना बॉर्डर, कोदारी नेपाल। खाने के बाद भटकते हैं। ट्रेवल एजेंट की अधूरी सूचनाओं से अफरातफरी है। पासपोर्ट नहीं मिले हैं। बिना पासपोर्ट, चुनाव आयोग के परिचय–पत्र से नेपाल आया। एजेंसी के लोग, पासपोर्ट के बारे में बार–बार भ्रामक सूचनाएँ देते रहे। अन्ततः चीन बॉर्डर पहुँचा, बगैर पासपोर्ट। सब बेचैन हैं। अन्ततः पासपोर्ट मिलते हैं। लम्बी क़तारें हैं। क़तारबद्ध खड़े होते हैं। चुस्त मुस्तैद चीनी गार्ड, सूची–पासपोर्ट नम्बर देखकर अन्दर जाने देता है। फ़िर अन्य चीनी गार्ड दिखते हैं। बुत की तरह खड़े। ध्यान से न ग़ौर करें, तो प्रतिमा लगे। सख़्त, संवेदनहीन, भावहीन पत्थर की तरह। वहीं बड़े बोर्ड पर लिखा है–'खासापोर्ट, चीन वेल्कम।' इमिग्रेशन की लाइन में हम घण्टों खड़े रहते हैं। थके, परेशान। बीच–बीच में बूँदाबाँदी। चीनी गार्ड और कर्मचारी सख़्त,

कठोर और बिगड़ैल। एक क़तार से नेपाल से आने वाले यात्रियों के बड़े बैग वग़ैरह हैं, उन्हें लेकर जाने वाले शेरपा या मज़दूर हैं। उनकी अलग पंक्ति है। आश्चर्य होता है, युवतियों–महिलाओं की ताक़त–क्षमता देखकर। भारी–भारी बैग उठाये पार जाती हैं।

लम्बी प्रतीक्षा, ऊब, थकान और बेचैनी (किंचित असहाय) के बाद पट खुलता है। इमिग्रेशन प्रक्रिया पूरी होती है। सामान जाँच होता है। इसके बाद हम तिब्बत (चीन) में पाँव रखते हैं। तिब्बत की पवित्र धरती पर हम दाख़िल हैं। यहाँ से नायलम जाना है। लैंडक्रूजर गाड़ियाँ हैं। एक में चार–चार साथी। मज़बूत गाड़ी। हम एक गाड़ी में हैं, स्वामी माधवानन्द जी के साथ। ड्राइवर का नाम है, लोब्सा। गाड़ी नम्बर 0128। ड्राइवर तिब्बती/चीनी के अलावा कुछ नहीं जानता। भाव से ही सम्पर्क होना है। दस–बारह दिनों साथ रहना है। मानसरोवर तक की यात्रा, फ़िर पलट खासा पोर्ट (जहाँ से फ़िर नेपाल में जाना है) ड्रॉप (छोड़ना) करना है।

चीन में हर जगह सख़्त चैकिंग। इमिग्रेशन काउंटर पर एक–एक पासपोर्ट की आधुनिक तकनीक से जाँच। फ़िर सामानों की जाँच, तब प्रवेश अनुमति। पासपोर्ट मिलने पर खोल कर एक–एक पन्ना पलटता हूँ। तब रहस्य साफ़ होता है कि चीन या तिब्बत से किसी को व्यक्तिगत 'वीजा' नहीं मिला है। ट्रेवल एजेंट की सूची को तय दिनों के लिए सामूहिक परमिट है जिसकी सूची में हम दर्ज हैं। 12 या 14 दिनों में तिब्बत में प्रवेश से छोड़ने तक की अनुमति। काग़ज़ पर कुछ नहीं। अगर यात्रा में कुछ हो जाये, तो चीन के काग़ज़ातों में प्रमाण नहीं कि आप वहाँ गये हैं। पर, क़दम–क़दम पर जाँच। चैक पोस्टों पर जाँच। चीन की चौकसी, प्रशासन और तत्परता देखने लायक है। प्रशासन या राजसत्ता का ताप ख़ुद बोलता है। ट्रेवल एजेंट पहले ही बता देते हैं कि फ्रेंडशिप ब्रिज या चीनी चैक पोस्ट या सैनिकों की तस्वीरें नहीं लेनी हैं। देखता हूँ, वही भारतीय जो देश में नियम–क़ानून मानने को तैयार नहीं, ख़ासतौर से पढ़ा–लिखा सम्पन्न वर्ग, जो पग–पग पर क़ानून तोड़ता है, तिब्बत या चीन का हर क़ानून मान रहा है, महज़ एक बार

बता देने पर। मुझे तुलसीदास याद आते हैं–'भय बिनु होइ न प्रीति।' भारत में राजदण्ड का भय नहीं, सो अराजकता है। देश की इमरजेंसी का 'अनुशासन पर्व' भी याद आ गया।

खासा पोर्ट–जांगमो होते हुए हम नायलम रवाना होते हैं। सबको रवाना कर अन्त में, अफरा–तफरी ख़त्म होने पर। सुन्दर मज़बूत सड़कें। विशाल पर्वत। ख़तरनाक घाटियाँ। बादलों के बहुत ऊपर तक पहुँचती चोटियाँ। हम बादलों से गुज़रते हैं। बादलों के ऊपर भी जाते हैं। झरनों को देखते हैं। रोमांचक दृश्य हैं। नीचे झाँकने पर सिहरन होती है। घाटियों में महज़ बादल या धुआँ दिखते हैं। लगातार चढ़ाई है। हम लगातार ऊँचाई पर जा रहे हैं। गोलघर पटना की सीढ़ी की तरह। ख़तरनाक, सुन्दर, घुमावदार। नीचे नदी में जलप्रवाह का शोर सुनाई देता है। लैंड स्लाइड इधर भी होता है। पर, चीन ने उसे रोकने की कोशिश की है। सम्भव जगहों पर बड़े–बड़े मोटे तारों के जाल लगाकर। शुरू में पहाड़ हरे–भरे दीखते हैं। फ़िर पेड़ विहीन। मटमैले। बंजर।

अन्ततः अँधेरे में हम नायलम पहुँचते हैं। होटल व्यवस्था से साथियों में खीझ होती है। भयानक ठण्ड है। हवा भेदती है। हड्डी तक। एक–एक कमरे में छह–छह, आठ लोग ठहराये गये। बाथरूम कहीं दूर। अत्यन्त गन्दे। हम किसी तरह एक कमरे में एक बेड पर सामान डालते हैं। उसमें छह लोग आ गये हैं। और दो–चार लोग आ जाते हैं। उन्हें जगह नहीं मिली है। कुछेक बीमार हो गये हैं। हम चार दूसरी बिल्डिंग में जाते हैं। एक अत्यन्त गन्दा कमरा, चादर गन्दे। उस पर खाने के निशान, दाग। कमरे में सिगरेट बट, गन्दगियाँ। चादर बदलने–झाडू की बात करने पर पता चलता है, यहाँ ऐसे ही चलता है। धुलाई नहीं होती। पानी की कमी और ठण्ड से कभी–कभार ड्राइक्लीनिंग होती है। कमरा पहले तल्ले पर है। आने–जाने का रास्ता भी अँधेरा, गन्दा और बदबूदार। बाथरूम, नाम लेते ही सिहरन। गन्दगी फैली हुई। होटल के घुसने के रास्ते पर भी गन्दगी। मजबूरी है, खाने के लिए उतरते है। भयानक ठण्ड है। हड्डी काँपती है। लौट कर देखते हैं, ओढ़ने की

रज़ाई ग़ायब है। इस ठण्ड में बग़ैर रज़ाई? असम्भव। स्वामी जी साथ उतरते हैं। भाषा की समस्या है। साथ में एक और ग्रुप ठहरा है। शंका है, वही रज़ाई ले गये। किसी तरह काफ़ी प्रयास के बाद इन्तज़ाम होता है। लौट कर हम सोते हैं। नींद पूरी नहीं आती। बीच–बीच में खुलती है। गाइड ने हम सबको डायमाक्स की टेबलेट दी है। यह कहते हुए कि इस यात्रा में यह दवा नहीं, दुआ है। मानसरोवर–कैलास यात्रा के लिए। बाथरूम देखकर बेड से उतरने की हिम्मत नहीं होती। हालाँकि असुविधाओं में रहा हूँ। जाड़े की ठिठुरती रातों में प्लेटफ़ार्म पर सोया हूँ। पर, यह तिब्बती गन्दगी कल्पना से परे है।

एक वैज्ञानिक मित्र ने मज़ाक़ में ही कहा था कि तिब्बत दुनिया का या एशिया का वाटर टैंक है। वहीं से दक्षिणपूर्व एशिया के देशों को जल मिलता है। अगस्त (07.08.2011) के 'टाइम्स ऑफ़ इंडिया' में तिब्बती शरणार्थियों द्वारा चुने या नियुक्त प्रधानमन्त्री ने तिब्बत मामले पर एक लेख लिखा। उसमें हज़ारों हज़ार वर्षों से विश्व के सबसे ऊँचे और बड़े भूभाग पर पर्यावरण की रक्षा की चर्चा है। इस भूभाग से दुनिया की दस बड़ी नदियाँ निकलती हैं। इन दस नदियों से दो सौ करोड़ लोग पानी और जीवन पाते हैं। चीन आज इन नदियों से छेड़छाड़ कर रहा है। इसलिए करोड़ों–करोड़ लोगों का हित इसमें है कि दुनिया सुनिश्चित करे कि तिब्बत अपनी जगह अपने मूल रूप में बना रहे।

भारतीय मान्यता के अनुसार तिब्बत के कारण ही सृष्टि बनी। तिब्बत तबाह होगा, तो सृष्टि कैसे बचेगी? पुनः 7 अगस्त, 2011 के ही 'टाइम्स ऑफ़ इंडिया' में ब्रह्म चेल्लानी का महत्त्वपूर्ण लेख था। कैसे चीन अपने हित में अन्तरराष्ट्रीय महत्त्व की नदियों का उपयोग कर रहा है। मेकोन, साल्वीन, ब्रह्मपुत्र, अरुण, आरटीस इल्ली और आमूर नदियाँ अन्तरराष्ट्रीय नदियाँ हैं। पर, चीन इन पर अपने ढंग से काम कर रहा है। दुनिया में आज तक किसी देश ने चीन से अधिक बड़े और विशाल बाँध नहीं बनाये। पूरी दुनिया के बड़े बाँधों को जोड़ दें, तब भी चीन में बने या बन रहे सभी बड़े बाँधों से कम है। चीन नदियों

की धार मोड़ रहा है। बड़ी नदियों पर बड़े–बड़े और विशाल बाँध बना रहा है। मेकोन नदी पर 4,200 मेगावाट की क्षमता के साथ ऊँचा बाँध बना रहा है। पेरिस के आइफिल टावर से भी ऊँचा। मेकोन नदी अन्य देशों में बहती है। उन देशों में जितनी कुल बिजली उत्पादित होती है, उससे काफ़ी अधिक 5,850 मेगावाट न्यूओझाउ बिजली केन्द्र पैदा करेगा। ब्रह्मपुत्र पर भी वह 18,300 मेगावाट का प्लांट लगा रहा है। भारत के सबसे बड़े बाँध (टिहरी गढ़वाल) पर 2,000 मेगावाट बिजली का उत्पादन होता है।

तिब्बत में दो संस्कृतियों की लड़ाई है। चीन आधुनिकता का वाहक है। चीनी भाषा, चीनी वेशभूषा, अंग्रेज़ी का प्रचलन, शराब, पोशाक सब कुछ चीनी या विदेशी। शायद चीन की यह धारणा है कि तिब्बत की युवा पीढ़ी इस बयार में अपनी मूल संस्कृति, पहचान और धर्म भूल जायेगी। उन्हीं दिनों केन्द्रीय तिब्बती प्रशासन के नये प्रधानमन्त्री बने थे, 43 वर्ष के लोबसंग सांगेय। वह शरणार्थी शिविर से हार्वर्ड लॉ स्कूल तक पहुँचने वाले तिब्बती हैं। पर, वह कभी तिब्बत गये नहीं। उनकी दादी तिब्बत सीमा पार करने में मारी गयी, चीनी लोगों द्वारा। उनके चाचा की हत्या भी चीनी लोगों द्वारा हुई। उनकी गर्भवती चाची ने विवश होकर आत्महत्या कर ली। उनके पिता बौद्ध भिक्षु थे। जो बाद में गुरिल्ला लड़ाकू बन गये। उनका मानना है कि चीनी लोगों को लगता है, युवा तिब्बती लोगों में वह आग–तड़प या बेचैनी नहीं होगी, जो पुराने तिब्बती लोगों में थी। इसी कारण तिब्बत आन्दोलन कमज़ोर पड़ेगा। श्री सांगेय की नज़र में चीनी मानते हैं, तिब्बती युवाओं का तिब्बत से अलगाव या मातृभूमि का बिछोह नहीं होगा, क्योंकि उन्होंने अपनी मातृभूमि या धरती देखी ही नहीं है। वह मानते हैं कि चीन की यह धारणा ग़लत है। हम युवा और अधिक पीड़ा में हैं। क्योंकि हम निर्वासित हैं।

तिब्बत की हवा में पीड़ा और ताप है। इसका अहसास है। 'सेमिनार' (मशहूर अंग्रेज़ी पत्रिका) के जुलाई, 2011 के अंक में पढ़ा 'द नेशन एंड इट्स पोयट' (देश और इसके कवि)। उस आरम्भिक लेख में अनन्या बाजपेयी (इतिहास विभाग, यूनिवर्सिटी ऑफ़ मेसेच्युरट्स, हॉस्टन) ने

तिब्बती लेखकों और ब्लॉग चलाने वालों का भी उल्लेख किया है। उसमें एक तिब्बती युवती भुचुंग डी. सोनम की एक कविता है। उनकी कविता तिब्बत की आधुनिक यन्त्रणा, सेंसरशिप और राजनीतिक द्वन्द्व से सम्बन्धित है। तिब्बत एक अलग धरातल पर है, जो महाकाव्य और इतिहास से जुड़ा है। वहाँ के पवित्र भौगोलिक सम्बोधनों और बौद्ध प्रतीकों को सम्बोधित यह कविता ओसर को समर्पित है। ओसर, तिब्बती लेखिका हैं। ब्लॉग चलाने वाली भी। उन्हें ल्हासा के अख़बार से निकाल दिया गया। वह चीन में निर्वासित हैं। सोनम की कविता है–

बहुत दूर से मैं गाती हूँ
तुम और मैं, एक ही तीर के टुकड़े हैं
गियर के धनुष–प्रत्यंचा से छूट
जाने कि कौन हैं हम और तुम
यालुम नदी से सिंचित
बहुत दूर से मैं गाती हूँ

तुम और हम उस टूटे बर्तन के टुकड़े हैं
जिनमें मिलारेपा ने हवेड़ा को खौलाया
तुम और मैं जूनिपर पेड़ के पत्ते हैं
आमेन–माचेन–पहाड़ की खुशबू हैं, हम और तुम
बहुत दूर से मैं गाती हूँ।

हम और तुम एक ही कविता के बिखरे शब्द हैं
गेंदुम कोयफेल ने अपने जेल की तनहाई में लिखा
हम और तुम कटे टुकड़े हैं
यूरोपन की तलवार से अप्रैल की रात में
कटे फट गये और बिखरे
एक दिन तुम्हारे पास होगा थुपका से भरा कटोरा
ल्हासा के धुँधले और मलिन होटल में

तुम और मैं होंगे
घूमते हुए बर्फ़ के चीते
नयनचेन थांगला के पहाड़ियों में

सोनम की इस कविता में तिब्बत और चीन के पहाड़ और अनेक शब्द प्रतीक के रूप में इस्तेमाल हुए हैं। इस कविता की ख़ूबसूरती संवाद में है, बिखरे सूत्रों को समेट कर। कुछ ऐतिहासिक, कुछ काल्पनिक, कुछ परम्परा, कुछ आधुनिक। मिलारेपा का बर्तन और कटोरा, ल्हासा के गन्दे होटल तिब्बती आत्म पहचान से जुड़े हैं, जिन पर आज हमला हो रहा है, जिन्हें मिटाने की कोशिश हो रही है। सोनम की एक और कविता है। अत्यन्त साफ़ और सीधी बात करने वाली–

मेरे पास सिद्धान्त और आदर्श हैं, पर सत्ता नहीं है
तुम्हारे पास सत्ता है, पर कोई सिद्धान्त नहीं है
तुम, तुम हो और मैं मैं हूँ
समझौते का प्रश्न ही नहीं
तो फ़िर युद्ध शुरू हो जाने दो

मेरे पास सच है, पर ताक़त नहीं
तुम्हारे पास ताक़त है, पर सच नहीं
तुम, तुम हो और मैं, मैं हूँ
समझौते का प्रश्न ही नहीं
तो फ़िर युद्ध शुरू हो जाने दो

तुम मेरी खोपड़ी फोड़ सकते हो, पर मैं लड़ूँगी
तुम मेरी हड्डियाँ कुचल सकते हो, पर मैं लड़ूँगी
सच का प्रवाह मेरे माध्यम से गुज़रता है, इसलिए मैं लड़ूँगी
मरने की अपनी अन्तिम साँस लेते हुए, मैं लड़ूँगी
मैं तब तक लड़ूँगी

झूठ से, जो तुमने महल और क़िले बनाये

भहराते हुए गिर न पड़े
तुमने अपने झूठ से राक्षस की पूजा की
मेरे सच के देवदूत के सामने कहीं, घुटनों के बल बैठ न जाओ

इस कविता की बेचैनी से पता चलता है कि तिब्बत की युवा पीढ़ी कैसे सोचती है। जो लोग सिर्फ़ कौतूहल के लिए तिब्बत देखना चाहते हैं, उन्हें निराशा होगी। यहाँ की अनुभूति भाषा में व्यक्त नहीं होती।

भारत और चीन ने कैलास–मानसरोवर जाने के लिए जिस रास्ते को खोला है, वह है दिल्ली (नैनीताल से भी यात्री शामिल हो सकते हैं) से हलद्वानी–कौसानी–बागेश्वर–पांगु–बुद्धि–गुंजी–लिपुलेख दर्रा–ताकलाकोट, फ़िर मानसरोवर और राकसताल के बीच होकर पारखा के उत्तर में दारचेन–ताकलाकोट से दारचेन तक जीप मिलती है। दारचेन से कैलासनाथ की परिक्रमा पैदल होती है। जो लोग काठमाण्डू होकर जाते हैं, वे काठमाण्डू से कोदारी जाते हैं। तिब्बत (चीन) की सीमा पर, फ़िर फ्रेंडशिप ब्रिज पैदल पार करते हैं। जीप से। झासू होते हुए नायलम–सागा–पालियान होकर दारचेन पहुँच कर, पूजा–स्नान और प्रार्थना। फ़िर आगे की यात्रा या वापसी।

तिब्बती भी अलग–अलग तरीक़े के हैं। मूल तिब्बती लामा हैं। उनकी दाढ़ी–मूँछें नहीं होतीं। नेपाली लेपचा, भूटानी लामा भी हैं, जिन्हें हल्की दाढ़ी–मूँछ भी होती है। इन पहाड़ों को देखना। इनका सौन्दर्य निरखना। यहाँ आकर ध्यान करना, इसकी अनुभूति ही अलग है। कैलास–मानसरोवर यात्रा जाने से पहले बिमल दे की किताब 'महातीर्थ के अन्तिम यात्री' (ल्हासा–कैलासनाथ–मानसरोवर) भी पढ़ी। अद्‌भुत साहसी यात्री बिमल दे ने इस पुस्तक में इन पहाड़ों पर पहुँचने के अपने 1956 के आरम्भिक अनुभव लिखे हैं। इन्हें पढ़ना नयी दुनिया से गुज़रना है। बिमल दे ने एक लामा से तन्त्र के बारे में भी बातचीत की थी। तिब्बत, तन्त्र के कारण भी जाना जाता है। उस लामा ने अत्यन्त महत्त्वपूर्ण जवाब दिये–

'तन्त्र से आप क्या समझाना चाहते हैं?'

'मुझे तन्त्र के विषय में कोई ज्ञान नहीं। मैंने टोका।

वे बोले, जगत रहस्य, देह रहस्य तथा जन्म–मृत्यु रहस्य को भी जानना ही तिब्बत में तन्त्र कहलाता है। तन्त्र–मन्त्र की साधना के चार अध्याय हैं। पहला– बीयर गीउद या क्रियातन्त्र। दूसरा– पीयर गीउद या कार्यतन्त्र। तीसरा– नाल–बीयर गीउद या योगतन्त्र। चौथा– ला–ना मेद गीउद या अनुत्तरा योगतन्त्र।

क्रियातन्त्र में अनुष्ठान, पूजा–दीक्षा की आवश्यकता होती है। कार्यतन्त्र में पूजा–अर्चना व धर्मीय अनुष्ठान अधिक होते हैं, साथ ही ध्यान, धारणा के साधना मन्त्र व उनकी व्याख्या जाननी होती है। योगतन्त्र और भी कठिन है। इसमें योग तपस्या करते हैं तथा संस्कार मुक्त होने की साधना करते हैं। निर्वाण लाभ के उपाय व प्रज्ञा का ज्ञान सीखना पड़ता है।

अनुत्तरा योगतन्त्र साधक का अन्तिम चरण है। इस अध्याय में मन मुक्त व शुद्ध होकर, निर्वाण लाभ के योग्य बन जाता है। साधक को चित्त की सभी चंचलता त्याग कर शान्त अवस्था में उपनीत होना पड़ता है। साधक जब चारों अध्याय की परीक्षाएँ उत्तीर्ण कर लेता है, तब मांडला का रहस्य उसके लिए स्पष्ट होने लगता है। अतः कहा जाये, तो मांडला तन्त्र का वह रहस्य है, जिसकी कुंजी, मांडला के रेखाचित्र व उनमें भरे गये रंगों में ही निहित है। मांडला का अंकन करते समय संन्यासी का ध्यान उसके केन्द्र में रहता है। मांडला की आकृति में चार दिशाओं में दरवाज़े होते हैं, उनमें योग्य पहरेदार बैठाये जाते हैं, जिनके रंग, गुण और दिशा के अनुरूप रहते हैं। जैसे पूर्व में सफ़ेद, पश्चिम में लाल, उत्तर में हरा और दक्षिण में पीला। पहरेदार के अथवा रक्षकों के नाम हैं– पूर्व में विजया, पश्चिम में हयग्रीवा, उत्तर में अमृतधरा और दक्षिण में यमंतक। चार दरवाज़ें जीवन की चार सीमाएँ हैं। पूर्व

में जन्म और मृत्यु, पश्चिम में हवा, उत्तर में आविर्भाव व शून्यता तथा दक्षिण में अमृत व चिर निर्माण।

(साभार : 'महातीर्थ के अन्तिम यात्री', बिमल दे)

इस तरह तिब्बत का इलाक़ा सनातन और बौद्ध धर्म, तन्त्र साधना, अध्यात्म, लोक परम्परा का सामंजस्य स्थल बनता है। जो जिस दृष्टि से, जिस मानस के साथ जाये, कैलास के इलाक़े में सभी के लिए रहस्य और सामंजस्य के तत्त्व हैं।

नीले आसमान को छूती बर्फ़ीली चोटियाँ

(नायलम, रविवार, 12.06.2011)

पहले तय प्रोग्राम के तहत हमें यहाँ एक दिन रहना है। मक़सद है, इस तापमान, ऊँचाई और माहौल में शरीर को ढालना (एक्लेमेटाइजेशन)। हम उतरती शाम में पहुँचे। तब बरसात थी। बादल। हाड़ कँपाने–भेदने वाली ठण्ड, बड़ा बैग, जिसे डफल बैग कहते थे, जिसमें सारे कपड़े–सामान थे, पता चला एक दिन बाद आयेगा। नेपाल–चीन सीमा पार नहीं हुआ है। इस बैग में ही सारे सामान थे। साथ में एक छोटा बैग, जिसमें दो जोड़ी कपड़े व आवश्यक चीज़ें थीं। इसे काठमाण्डू में ही यात्रा पूर्व टूर ऑपरेटर को देना पड़ा था। सूचना थी कि नायलम में यह बैग, पहुँचते ही मिल जायेगा। इधर सनसनाती हवा। तिब्बती ठण्ड का पहला अहसास। पर, सुबह में साफ़ धूप हुई। आसपास बड़े–बड़े पहाड़, धूसर, मटमैले और पेड़हीन। एक तरह से पहाड़ों का रेगिस्तान। पहाड़ों का यह नया रूप सामने था।

नींद खुली, तो समस्या हुई बाथरूम की। बाथरूम में इतनी गन्दगी कि पाँव रखने का साहस नहीं। दुर्गन्ध, उबकाई। गाँव का आदमी हूँ। अन्ततः तय किया, जनहीन मैदान में जाऊँगा। धूप थी। पर, तेज़ ठण्ड। बर्फ़ीली हवा। गाँव में रहने और कठिनाइयों के बीच जीने की ट्रेनिंग, जीवन में बहुमूल्य पूँजी है। लौटा, तो मुँह धोने की समस्या। न दातून, न अपना सामान आया। अन्ततः पेस्ट लेकर दाँत माँजता हूँ। बिना नहाये या दाढ़ी बनाये या कपड़ा बदले या ध्यान के दिन शुरू होता है। अत्यन्त असहज और अप्राकृतिक शुरुआत। यात्रियों के कई दल आ–जा रहे हैं। इसी तरह के होटल हैं। होटल कमोबेश एक जैसे हैं। हर जगह व्यवस्था लगभग एक जैसी है।

कमरे में रामरतन सर्राफ़ जी भी हैं। वे सुबह–सुबह कुछ चीज़ें खा लेने का आग्रह करते हैं। फ़िर नाश्ते का बुलावा आता है। चाय भी मिलती है। पर, कुछ भी रुचता नहीं। रास नहीं आता। बिना नहाये–धोये। तेज़ धूप में दूर एक चोटी बर्फ़ से ढकी दिखती है। मोहक दृश्य। फ़िर गाइड गौतम ट्रेकिंग के लिए ले जाते हैं, ताकि परख सकें कि कौन–कौन कैलास परिक्रमा कर पायेगा? हम धीरे–धीरे एक पहाड़ चढ़ते हैं। पहाड़ों पर, चढ़े दिन याद आते हैं। कैमूर की पहाड़ियाँ, जमशेदपुर की पहाड़ियाँ, महाराष्ट्र लोनावला–खण्डाला की पहाड़ियाँ, मुम्बई के पास नेराल–माथेरान की पहाड़ियाँ, फ़िर पारसनाथ (झारखण्ड) की पहाड़ियाँ सब चढ़ा, घूमा, देखा है। तब युवा था। उत्साह था। उन दिनों कैलास–मानसरोवर आने के न साधन थे, न तैयारी। कई दशकों बाद फ़िर नायलम में पहाड़ चढ़ना होता है। पर, न वह शरीर है, न ऊर्जा, न ज़िद। बहरहाल तिब्बत के पहाड़ों पर चढ़ना शुरुआत में असम्भव लगता है। पर, धीरे–धीरे बैठते हुए, डॉ. सिद्धार्थ मुखर्जी, होम्योपैथ के गहरे जानकार घोष बाबू और डॉ. लाभ के सुझाव (बैठ–बैठ कर सुस्ता कर चलें) के अनुसार चढ़ जाता हूँ। इन लोगों की दी दवाएँ साथ हैं। इमरजेंसी के लिए। पर, हर रोज़ होम्योपैथ दवाएँ ही लेता हूँ।

ऊपर जाकर जो दृश्य देखा, ताउम्र वह नहीं भूलने वाला। होटल में नरक के जो अनुभव हुए, वह सब इस दृश्य पर क़ुरबान। भव्य। नीले आसमान को छूती चोटियाँ। तीखी धूप, साथ में बर्फ़ीली तेज़ हवाएँ पेड़ रहित पहाड़। पर, पहाड़ों पर अद्‌भुत ढंग के छोटे–छोटे प्राकृतिक फूल, उस ऊसर और धूल में खिले। प्रकृति का कमाल। आसपास छूती बर्फ़ीली चोटियाँ। सत्यम्, शिवम् और सुन्दरम्। शिव, सुन्दरम् के प्रतीक हैं ही। पहाड़ियों की आसमान छूती चोटियाँ, उस अव्यक्त–अनकहा सौन्दर्य का प्रतीक हैं, जिसका अहसास हो सकता है, बखान नहीं। पहाड़ के ऊपर से बैठकर सामने की उन चोटियों को अपलक निहारना, वह सुख था, जिसके आगे नारकीय अनुभव कुछ नहीं

लगा। हमने ऊपर पहुँचे साथियों से आग्रह किया, हम चुपचाप बैठकर सफ़ेद हिमशिखरों से जड़ित, तेज़ धूप में चमकती, ऊपर गहरा नीला (जो ऐसे प्रदूषणरहित इलाक़ों में ही दिखता है) आसमान देखें। तिब्बती आकाश का वह नीलापन विलक्षण है। प्रतीक के रूप में, पक्षी नीलकण्ठ का नीलापन या शिव के गले में विष से हुए नीलापन की कल्पना याद आती है। शिव के देश में ही शायद ऐसा नीलापन हो। सफ़ेद बर्फ़ से ढकी चोटियाँ, नीले आसमान को छूती। तेज़ धूप में चमकती, प्रकृति का क्या अद्भुत सौन्दर्य है। ऐसा हो भी न क्यों, इससे ही जुड़े पहाड़ों की श्रृंखला में या इसी मिट्टी या धरती पर तो शिव का वास है, कैलास। सत्य, शिव और सौन्दर्य तो पर्याय ही हैं।

हम नीचे उतरे। उतरान या उतार, चढ़ाई से आसान है। वैसे ही जैसे जीवन में हासिल करना कठिन है। पर, फिसलन–पतन आसान। नौकरी–भागदौड़ में तो स्वास्थ्य उपेक्षित ही रहा। बावजूद इसके कई वर्षों बाद या दशकों बाद पहाड़ पर चढ़ पाया।

हम नीचे उतरे, बुरी ख़बर थी। अगले दिन 13 जून को हमें सागा जाना था। मानसरोवर के सफ़र में अगला पड़ाव। पता लगा, किन्हीं कारणों से चीनी सरकार ने 23 मई से 10–15 जून के बीच मानसरोवर यात्रा बन्द कर दी है। सागा के एजेंट ने पहले सूचना दी थी कि हमारी टीम की बुकिंग सागा के होटल में है। सभी उत्साहित थे कि सागा के होटल बेहतर हैं, क्योंकि वहाँ अटैच्ड बाथरूम हैं। नहाने–आराम करने का मौक़ा होगा। पर, अब पता चला कि चीनी सैनिक व अफ़सर अचानक आ गये हैं। इसलिए हमारी बुकिंग रद्द है। बाद में सहयात्री सच्चाई पता करते हैं। ट्रेवल एजेंसी ने झूठ बोला है। पैसे बचाने या किन्हीं अन्य कारणों से, वह हमें नहीं ले जा रहे हैं। नायलम में ही एक दिन रुकना होगा। क्योंकि आगे बुकिंग दो दिनों बाद से है। सभी परवश हैं। चीन–तिब्बत में हैं। कुछ कर नहीं सकते। कुछेक लोग लौटने की बात कर रहे हैं। वह भी सम्भव नहीं। अजीब साँसत है। मैंने

सब कुछ परिस्थिति पर छोड़ दिया है। बिना नहाये, कपड़ा बदले यह तीसरा दिन है। 'जाहे विधि राखे राम।' हाँ, इस परिवेश में भी भीड़ में अकेले हूँ। समय से लगभग कटा। दिन और तिथि भूल रहा हूँ। शाम को दो–एक चीज़ें, ख़रीदने नायलम बाज़ार गया। भाषा समस्या है। पर, भाव है। धन्धा है, तो सब सम्भव है। आधुनिक छोटा बाज़ार। अमेरिकी पैटर्न के मॉल। चीन की स्त्री शक्ति की तरह तिब्बत में भी हर मोरचे पर औरतों की सक्रियता, भागीदारी, कमान और भूमिका। होटल में बाथरूम धोने से सफ़ाई की कमान तक। पुरुषों से अधिक। पुराने लोग कहते हैं, तिब्बत भी अपना पारम्परिक रूप खो रहा है।

बड़ी संख्या में लोग मानसरोवर पहुँच रहे हैं। युवा, बूढ़े, औरतें, अधेड़, कम उम्र के युवा–युवतियाँ। हमारी टीम में भी हैदराबाद से एक सॉफ्टवेयर इंजीनियर हैं। खाटी शिवभक्त। दो लड़कियाँ हैं, मुम्बई से। 60 से ऊपर या आसपास के कई लोग हैं। अन्य यात्रियों में भी इसी उम्र (एज प्रोफाइल) के लोग हैं।

कठिनाई होटलों में है। साल के कुछ महीने ही चलते हैं। बाथरूम अटैच्ड नहीं हैं। ठण्ड से सफ़ाई (नहाना वग़ैरह) नहीं है। अब लैंडक्रूजर की जगह बसें चलाने की बात हो रही है। नायलम से सागा 235 किमी है। पहले दो दिनों में जाते थे। नायलम, 12,300 फुट की ऊँचाई पर है।

पहले नायलम से सागा जाना था। रात भर पड़ाव था। इस यात्रा में 16,000 फ़ीट पर लालुंगा पास है। अब नायलम में ही ठहरना है। यहाँ से सीधे परांग जाना है। 455 किमी। 15,000 फ़ीट की ऊँचाई पर। यहाँ से मानसरोवर 277 किमी है। रास्ते में मायमाला पास आता है। 17,000 फ़ीट की ऊँचाई पर। मानसरोवर परिक्रमा के बाद दारचेन। गाड़ी वहीं तक। फ़िर परिक्रमा तीन दिनों तक। परिक्रमा नहीं करने वाले दारचेन में ही रुकेंगे। वहाँ से फ़िर उतराई या लौटने की यात्रा।

एक ही पड़ाव पर तीन रात ठहरने वाले नाराज़ हैं। फ़िर एक साथ एक दिन में इतनी ऊँचाई–दूरी तय करना होगा। गौतम, टूर ऑपरेटर कहता है, सड़कें अच्छी हैं। कोई मुसीबत नहीं। जहाँ तक बनी हैं, वे सड़कें अच्छी हैं। चीन की निर्मित सड़कों का शोर है, दुनिया में। अफ्रीका–नेपाल में भी बड़े पैमाने पर सड़क बनाने का काम उसे मिला

है। जानकार बताते हैं कि अपने यहाँ के जेल बन्दियों को चीन हर जगह ले जा कर सड़कें बनवाता है। जेल में बन्द बड़े मानव धन का उपयोग। भारत की तरह इस बड़े क़ैदी मानव समूह–मानव सम्पदा को बैठाकर खिलाने की परम्परा नहीं। भारतीय जेल के क़ैदियों पर बड़ा धन ख़र्च होता है, बदले में वे क्या करते हैं? उनसे समाज, सरकार या देश को क्या लाभ? मुफ़्त खाना–रहना। फ़िर जेल से निकलकर अपराध की दुनिया में लगना। जेलों में भी पाँच सितारा व्यवस्था चाहिए। कैदियों को किये या अपराध की क्या सज़ा मिलती है? राजदण्ड क्या है? कैसे उन्हें ग़लती का अहसास या पश्चात्ताप होगा?

हम दूसरे दिन भी नायलम घूमते हैं। पहाड़ नहीं चढ़ता। अनुमान लगाते हैं, बमुश्किल तीन हज़ार की आबादी होगी। कुछेक दुकानें हैं। चार सरकारी बिल्डिंगें हैं। वहाँ की कोई तस्वीर नहीं ले सकता। प्रशासन और सरकार क्या है, चीन में आकर पता चलता है। चाहे नेपाल–चीन फ्रेंडशिप ब्रिज हो या नायलम के सरकारी दफ़्तर, पहले से सबको आदेश है, किसी क़ीमत पर तस्वीर नहीं लेनी है। हवा में ही भय–अनुशासन है। सब भारतीय मानते हैं। यह भी एक अति है। दूसरी अति भारत में है। पग–पग पर अराजकता। क़ानून की धज्जियाँ उड़ाते लोग। क्या इन दोनों अतियों का कहीं संगम–समन्वय है? बीच का रास्ता है? शायद बुद्ध या बौद्ध धर्म आज तक इसीलिए जीवित है क्योंकि वह मध्यमार्गी है। अति बरजता है। स्वभाव और रुझान से मनुष्य मध्यमार्गी ही है। इसी मध्यमार्ग की धरती तिब्बत में हूँ। पर, वह मध्यमार्गी तिब्बत अब कहाँ? चीनी साम्यवाद की अति है।

यहाँ आबादी तिब्बती मूल की है या चीनी, कहना मुश्किल है। ख़बरें आती रही हैं कि चीन के विभिन्न हिस्सों से लोगों को लाकर यहाँ बसाया गया है। पॉपुलेशन प्रोफाइल बदल दिया गया। यहाँ भी आबादी नियन्त्रण है। एक ही लड़का या लड़की। सख़्त जनसंख्या नीति। बढ़ती आबादी के ख़तरे साथ के एक मित्र सुनाते हैं। भारत के शहर कंक्रीट के जंगल बन रहे हैं। संसाधन ख़त्म हो रहे हैं। खाद्यान्न भण्डारण ख़त्म हो रहा है। समाज का अमन–चैन ख़त्म हो रहा है। जहाँ देखिए लोग। पर, बढ़ती आबादी का चीन ने हल निकाल लिया है। तिब्बत में प्रवेश

करते ही, मैसूर में 11 फ़रवरी, 1963 को तिब्बत के सन्दर्भ में उठाये गये डॉ. लोहिया के सवाल मन–मस्तिष्क में गूँजने लगे–

> *'...इसमें लेशमात्र भी सन्देह नहीं है कि तिब्बत और विशेष रूप से उसके पश्चिमी भाग का, चीन की बनिस्बत कहीं ज़्यादा हिन्दुस्तान से सांस्कृतिक, धार्मिक और भौगोलिक सम्बन्ध है। तिब्बत का चीन से सम्बन्ध बहुत कम है। तिब्बत का सम्बन्ध भारत से अधिक है। मैं केवल गिना देता हूँ। एक भाषा, दूसरे लिपि, तीसरे धर्म, चौथे पानी का बहाव, पाँचवें ज़मीन का ढलाव, रहन–सहन, छठे सन्धि और करार और सातवें लोक इच्छा। इन सबके आधार पर तिब्बत का सम्बन्ध जितना हिन्दुस्तान से है, उतना चीन से नहीं।'*
>
> *(साभार : 'लोहिया समग्र', मस्तराम कपूर)*

भारत और तिब्बत का गहरा सम्बन्ध शायद आदि काल से है। शेखर पाठक बताते हैं–

> *'कैलास क्षेत्र का उत्तरी भारत से पारिस्थितिकी सम्बन्ध सदा प्राकृतिक बना रहा। चाहे लम्बे समय तक उत्तर भारतीय मैदानों को इन नदियों के स्रोत प्रदेश की सम्पूर्ण जानकारी नहीं थी। इन नदियों ने मिट्टी, पानी तथा उर्वरता देकर उत्तरी भारत के मैदानों को एक विशिष्ट पारिस्थितिकी क्षेत्र का रूप दे दिया। इन नदियों ने पश्चिम तिब्बत को उत्तरी भारत के मैदानों से होकर बंगाल की खाड़ी और अरब सागर से जोड़ा। इन्हीं मैदानों में हड़प्पा सभ्यता और वैदिक संस्कृति का उदय हुआ। बौद्ध और जैन धर्म का उदय हुआ। सरस्वती नदी जब भी बहती होगी, उसकी कल्पना हिमालय के बिना सम्भव नहीं है। हिमालय की गहरी पारिस्थितिकी भूमिका को इस तथ्य से ज़्यादा इस स्पष्टता से समझा जा सकता है कि यह मानसून को तिब्बत में नहीं जाने देता और मध्य एशिया की ठण्डी हवा को भारत में नहीं आने देता। लेकिन तिब्बत की नदियों को जगह–जगह झुक कर भारत*

में उतरने देता है। इसी तरह मनुष्यों और अन्य जीव–प्राणियों के आने जाने हेतु नाके–दर्रे बनता है।'

(साभार : 'अतुल्य कैलास–मानसरोवर', शेखर पाठक)

इस तरह तिब्बत–भारत का रिश्ता प्राचीन है। हज़ारों–हज़ार वर्ष पुराना। सांस्कृतिक–पौराणिक व आध्यात्मिक। इस कारण कैलास, तिब्बत हमारे मन–मस्तिष्क का हिस्सा है।

बहुत से विद्वानों, लेखकों का मानना है कि सुमेरु या मेरु पर्वत यही है। पुराणों में एक आख्यान मिलता है। जब पृथ्वी बाँझ होने लगी, तो पृथु ने पृथ्वी को गौ के रूप में खड़ा किया, हिमालय को बछड़ा बनाया। हिमालय जिसका बछड़ा हो, वह पृथ्वी कितनी धन्य होगी। पृथ्वी से मिला हुआ औषधियों का रस कितना महान होगा? विद्यानिवास मिश्र जी का एक निबन्ध 'अस्ति की पुकार–हिमालय' याद आता है। उन्होंने बताया है–

'हिमालय निरा पहाड़ नहीं है, वह जीती–जागती क्रिया है, साधना–स्थली है, वह रमण–स्थली कुछ के लिए हो, पर अधिकांश के लिए साधना–स्थली है, तीर्थयात्रा की स्थली है। हिमालय का कण–कण पुकारता है। होने के अर्थ होते हैं, पवित्र होना, दृढ़ होना, अविचल होना, दूसरे के लिए सुखद होना, शीतल होना है। तीर्थयात्री अपने भीतर इन्हीं सम्भावनाओं को उभारने के लिए इन तीर्थों में जाता है।'

(साभार : 'वसन्त आ गया', विद्यानिवास मिश्र)

इस यात्रा में सोचता हूँ कि हिमालय हमारे मन में अपने विस्तार, विपुलता, सात्विकता और पवित्रता का प्रतिरूप क्यों बना हुआ है। इसका उत्तर कालिदास के पदों में मिलता है, जो हिमालय को देवताओं का घर नहीं, देवताओं की आत्मा या साक्षात् देवता ही कहते हैं–

स्त्युत्तरस्या दिशि देवतात्मा हिमालयो नाम नगाधिराजः।
पूर्वाऽपरौ तोर्यानधीवगाह्य स्थितः पृथिव्या इव मानदण्डः।।

(कुमारसम्भव, सर्ग– 1, श्लोक–1)

अर्थात उत्तर दिशा में देवताओं की आत्मा, देवता–स्वरूप पर्वतराज हिमालय, पृथ्वी के मानदण्ड की भाँति, पूर्व और पश्चिम समुद्रों का वाहन करते हुए स्थित है। राजा पृथु की आज्ञा से सभी पर्वतों ने हिमालय को बछड़े की कल्पना कर एवं सुमेरु पर्वत को कुशल दोग्धा (दुहने वाला) बनाकर पृथ्वी का दोहन किया। इससे बहुत सारे चमकीले रत्न और महौषधियाँ प्राप्त हुईं।

तिब्बत में तीसरी यादगार भोर

(नायलम, सोमवार, 13.06.2011)

हम नायलम में हैं। स्वामी जी ध्यान कराते हैं। बैठने की साबुत जगह नहीं है। फ़िर भी पन्द्रह मिनट का ध्यान। इसके बाद वह 'सर्वसार उपनिषद्' की चर्चा करते हैं। शिवोहम् वाले मन्त्र से प्रार्थना होती है। अच्छा लगता है। सुकून मिलता है। क्यों? नहीं जानता। इस उपनिषद् में 21 श्लोक हैं। शिष्य, गुरु के पास जाता है। सवाल पूछता है। श्वेतकेतु, गुरु को लकड़ी देकर पूछता है कि ज्ञान दें। पहले श्लोक में चार सवाल हैं। पहला सवाल है–बन्धन क्या है? मोक्ष क्या है? विद्या–अविद्या किसे कहते हैं? फ़िर अन्धकार पर चर्चा होती है। स्वामी माधवानन्द जी कहते हैं, हम प्रकाश जान लें, तो अन्धकार स्पष्ट हो जायेगा। 'महाभारत' से ययाति का प्रसंग सुनाते हैं। देवयानी, राक्षसों के गुरु शुक्राचार्य की पुत्री है। शर्मिष्ठा उससे अधिक सुन्दर है। राक्षस राजा की पुत्री है। दोनों शुक्राचार्य के आश्रम में शिक्षा पा रही हैं। देवयानी, शर्मिष्ठा से ईर्ष्या रखती है। उसकी शादी ययाति से होती है, तो वह दहेज में शर्मिष्ठा को माँगती है। ययाति, शर्मिष्ठा के प्रति भी मोहित होते हैं। यह बात देवयानी को खटकती है। अपने पिता को कहकर वह ययाति को असमय वृद्धावस्था का शाप दिलाती है। फ़िर उसे अपने पति की स्थिति पर दया आती है। अपने पिता से पुनः वह आग्रह करती है कि उन्हें उनका यौवन वापस कर दें। पिता शुक्राचार्य कहते हैं, यह बच्चों का खेल नहीं है। तुम्हारा कोई पुत्र चाहे, तो अपने पिता ययाति को अपनी युवावस्था देकर उनकी वृद्धावस्था ले सकता है।

देवयानी के दोनों पुत्रों ने अपने पिता को अपना युवावय देने से इनकार कर दिया। पर, दासी शर्मिष्ठा के पुत्र पुरु राज़ी होते हैं। इस तरह चर्चा है कि 10,000 वर्षों तक ययाति ने राज किया। वह ययाति जो अपने युवापन से हमेशा सांसारिक भोग में रमे रहे। इन्द्रिय सुखों में लीन। वह भोगी इनसान अपने लम्बे अनुभव (भोक्ता का अनुभव) के बाद आगे की पीढ़ियों के लिए क्या कह गये? जीवन का क्या मर्म बता गये–

न जातु कामः कामानामुपभोगेन शाम्यति।
हविषा कृष्णवर्तमेव भूय एव अभिवर्तते।।

(महाभारत, आदि पर्व, अध्याय–75, श्लोक–50)

यानी कोई भी, काम भोग से शान्त नहीं होता। जैसे अग्नि में घी डालने पर यह और भी भड़कती है, धधकती है, उसी तरह कामना या भोग की आग है। जितना भोग करें, यह आग और भड़कती, प्रज्वलित होती है। कामना और भड़कती है।

कितना बड़ा सन्देश है। आज के युग के लिए। जब भोग की आग धधक रही हो, इन्द्रिय सुख ही सबसे परम उद्देश्य हो, भौतिक उपलब्धियाँ ही जीवन में सफलता का मापदण्ड हो, तब ययाति किसे याद हैं? पर, अन्त तो ययाति के अनुभव जैसा होना है। इस तरह 'सर्वसार उपनिषद्' में शिष्य के 22 प्रश्न हैं, 21 श्लोकों में। इनमें सवाल है, कर्ता कौन है? जीव कौन है? कूटस्थ कौन है? अन्तर्यामी कौन? अन्तरात्मा कौन? साक्षी कौन? परमात्मा कौन? माया क्या है? ये सवाल सुनते हुए, भटकता हूँ कि क्या जीवन के मूल सवालों पर आज समाज और जीवन में चर्चा है? जीवन के विज्ञान को जाने बिना हम कैसे जी रहे हैं? यह अहसास होता है।

'सर्वसार उपनिषद्' की चर्चा स्वामी जी से सुनी। पर, वर्षों पहले पढ़ा गया 'ययाति' उपन्यास याद आया। मूल मराठी में लिखा गया। लेखक विष्णु सखाराम खांडेकर। ज्ञानपीठ पुरस्कार से सम्मानित। न जाने कितनी बार पढ़ा। तब शायद जीवन के गूढ़ सवाल समझ में नहीं आते थे। विद्यार्थी था, पर पढ़ना अच्छा लगता था। अच्छे साहित्य की क्या भूमिका हो सकती है, समाज नव निर्माण में, यह अब समझ

पा रहा हूँ। आज स्वामी जी को सुनते हुए 'ययाति' या ऐसे पढ़े अनेक उपन्यासों की स्मृति उभरी।

पुरानी स्मृतियों का अधिक उभरना भी अच्छी बात नहीं है। हाल ही में कहीं पढ़ा था कि जब नया कुछ करने का सामर्थ्य ख़त्म हो जाये, कर्म के मोरचे पर थक जाये, तब अतीत की स्मृतियों में ही इनसान शरण पाने लगता है। आनन्द लेता है। अभी कम–से–कम विचारों में, चिन्तन में यह असमय 'चौथापन' (वृद्धावस्था) न आये, तो अच्छा। इसी तरह ययाति की चर्चा ख़त्म होती है।

फ़िर शिवोहम्, शिवोहम्, शिवोहम्, प्रार्थना होती है। उसी आत्मा सच्चिदानन्द का मैं अंश हूँ। अखिल विश्व में जो परमात्मा है, उसी का अंश। वह आत्मा अमर है। काया, तो मरणशील है। पर, यह आत्मा ही सब प्राणियों के भीतर समायी हुई है। जिसे न शस्त्र काट सकता है, न अग्नि जला–बुझा सकती है, न मृत्यु मिटा सकती है। जिसका तारों–सितारों में आभास है। जिसका आलोक चाँद–सूरज में अजर–अमर है, जिसे वेदों ने गाया, यही ज्ञान अर्जुन को हरि ने सुनाया।

स्वामी जी भजन गाते–गवाते हैं। उसे हिन्दी रूप में नोट कर लेता हूँ। यात्रा डायरी में संकलन के लिए।

तिब्बत (चीन) के नायलम में बैठकर उपनिषदों का यह रूप सुनता हूँ। रूह कँपाने वाली ठण्ड में भी सोचता हूँ कि जीवन के व्यापार में कैसे जीवन के असल सवाल दब और ढक जाते हैं? जीवन व्यापार चुकता है, तब तक सब ख़त्म। समय बीत चुका होता है। मन–देह, संकल्प उतार पर होते हैं। यही तो संसार का व्यापार है। धन्धा है। स्वामी माधवानन्द जी के प्रवचन के बाद हम खाते हैं। फ़िर सोने जाते हैं। कड़ाके की ठण्ड है। वर्षा की फुहार भी आती है, सुबह रवाना होना है। इसलिए सोने की कोशिश करता हूँ। अनेक सहयात्री बाज़ार घूमते हैं। आसपास भटकते हैं। बाज़ार से बचता हूँ। कहाँ और क्यों बोझ बढ़ाना?

यह तिब्बत में तीसरी भोर थी। तेज़ सनसनाती हवा। बादल नहीं। गहरा नीला आकाश। वीरान सड़कें। सड़कों पर चहलक़दमी करती

हमारी मानसरोवर यात्रा टोली। मैं सड़क किनारे बने थोड़े ऊँचे कगार पर बैठ गया। मेरी निगाह बायीं ओर ऊँचे पहाड़ों की तरफ़ थी। दायीं तरफ़ दूर–दूर तक सुनसान दिखती घाटियाँ। अद्भुत साफ़ नीला आकाश। बर्फीली चोटियाँ, वीरानी में पसरी शान्ति। तिब्बत का मौन छूता है। भीड़ में भी यह मौन अहसास होता है। कभी अनहद की झंकारें सुना था। इस अनहद का अहसास नहीं, न नद का, न झंकार का। पर, मीरा के स्वर याद आते हैं– *'बिनु स्वर राग छति सो बाजे, अनहद की झंकार रे...'* यह मौन का झंकार है। इसमें जीवन के सवाल हैं।

मुझे याद आये। जनवरी, 2003 में आईआईएम कलकत्ता में बिताये दिन। कलकत्ता आईआईएम में एक सेंटर है, 'मैनेजमेंट सेंटर फॉर ह्यूमन वैल्यूज।' उसके 16वें इंटरनेशनल मैनेजमेंट वर्कशॉप में गया था। प्रो. एसके चक्रवर्ती और प्रो. संजय मुखर्जी की देखरेख में यह प्रशिक्षण हुआ। अब शायद कलकत्ता आईआईएम का यह सेंटर ठीक हाल में नहीं है। पर, यह ऊर्जा, शक्ति और दिशा देने का काम करता था। वहीं यह कहानी सुनी। 'गोल्डेन माइंड, गोल्डेन अर्थ।' प्रशिक्षण के पाठ्यक्रम में। तिब्बत की इस सुबह प्रकृति के बीच बैठे–बैठे वह याद आयी।

एक राजा था। उदारता के लिए मशहूर। लोग कहते थे, भूखों को वह अन्न देता है, विद्वानों को सम्मान और पुरस्कार। अच्छे लोगों को वह मानद उपाधियाँ देता है। वह राजा सिर्फ़ और सिर्फ़ देना ही जानता था।

जीवन में एक मोड़ आया। राजा देते–देते थक गया। दाता की भूमिका से खिन्न। सोचा, मैं तो आजीवन सिर्फ़ दाता ही रहा। भोजन, अन्न दान से लेकर पुरस्कार–सम्मान तक बाँटा। इसका अन्त कहाँ है? क्या सचमुच लोगों को ज़रूरत भी है? क्या मेरे पास सच्चे ज़रूरतमन्द ही आते हैं? या मैं दाता था, इसलिए लोग आकर क़तार में खड़े हो जाते थे। क्या मैं, बार–बार वही चेहरे नहीं देखता था? कृतज्ञता का भाव लिये, ऋणबोध से भरे। लाइन में खड़े, वही लोग। राजा ने बहुत सोचा और यह क्रम बन्द करने का फ़ैसला किया। राजा ने तय किया कि अगर मुझे देना ही है, तो सचमुच जो ज़रूरतमन्द है, उन्हें ही दूँगा। उन्होंने सोचा कि अब वह समय आ गया। मैं खुद पूछूँ या पता करूँ

कि सच में ज़रूरतमन्द कौन हैं? इसकी शुरुआत अपने राज्य के सबसे ग़रीब की पहचान से करनी होगी।

इस क्रम में राजा ने अपने दूतों को सबसे ग़रीब इनसान ढूँढ़ने का काम सौंपा। हर दिशा में दूत दौड़ाये गये। एक सप्ताह बाद गण वापस लौटे। उनके चेहरे पर सन्तोष के भाव थे। कहा, महाराज हमने पास में ही एक अत्यन्त ग़रीब आदमी ढूँढ़ लिया है। यहाँ से कुछ दूर घना जंगल है। छोटी पहाड़ी भी। उसके ऊपर हमारे राज्य का सबसे ग़रीब आदमी रहता है। वह संन्यासी है। उसे रहने के लिए न छत है, न कमरा। वह एक तख्त पर सोता है। लकड़हारे, जो रूखा–सूखा या फल आदि देते हैं, वही खाता है। इसी तरह वह अपना जीवन जीता है। राजा ने कहा कि क्या सचमुच मेरे राज्य में ऐसा निर्धन आदमी है? मुझे देखना चाहिए। राजा अपने गणों के साथ वहाँ पहुँचे। देखा, वह संन्यासी ध्यान में डूबे थे। उनकी आँखें बन्द थीं। राजा को प्रतीक्षा करनी पड़ी। जब संन्यासी ने आँखें खोलीं, तो राजा ने कहा, इस धरती का मैं राजा हूँ। मुझे आपकी स्थिति और हालात देख कर दुख है। मैं चाहता हूँ कि आपके पास बेहतर वस्त्र हो। आप बताएँ कि कैसा कपड़ा पहनना पसन्द करेंगे? वैसे ही वस्त्र आपके पास होंगे। संन्यासी मुस्कुराये। पर, शान्त रहे। राजा ने फ़िर कहा, मैं आपके लिए सुन्दर घर बनाऊँगा। आप किस तरह का घर चाहेंगे? संन्यासी फ़िर मुस्कुराये। पर, चुप ही रहे। राजा ने फ़िर कहा, मैं आपके लिए रोज़ कुछ खाने का प्रबन्ध करूँगा। खाने में आपकी पसन्द क्या है? संन्यासी फ़िर मुस्कुराये। पर, मौन ही रहे। राजा का धैर्य ख़त्म होने लगा। वे तेज़ स्वर में बोलने लगे। संन्यासी से कहा, कृपया बोलिए, कुछ कहिए, धीरे पर मीठे स्वर में संन्यासी बोले। मेरे प्रिय राजा, आपको ग़लतफ़हमी हुई है। मैं, आपके राज्य का सबसे निर्धन व्यक्ति नहीं हूँ। आपके राज्य में मुझसे निर्धन एक और व्यक्ति है। जहाँ तक मेरा मामला है, मैं ग़रीब दिखता ज़रूर हूँ। पर, मैं अन्दर से बहुत सम्पन्न हूँ। भरा हुआ हूँ। मैं मिट्टी को सोने में बदल सकता हूँ। राजा की साँस ठहर गयी। वह कुछ देर तक संन्यासी को घूरते रहे, फ़िर कहा, आप कृपया मुझे बताएँगे कि आपसे ग़रीब इस राज्य में कौन है? क्या वह सीक्रेट (रहस्य) भी

बताएँगे, जिससे मिट्टी को सोने में बदला जा सकता है? संन्यासी ने कहा, इन चीज़ों का तरकीब जानने के लिए आपको अनुशासन से काम करना होगा। राजा ने उत्साहपूर्वक कहा, आप जैसा कहेंगे, मैं करूँगा। संन्यासी ने कहा, एक वर्ष तक हर दिन आपको सूर्योदय और सूर्यास्त के पहले यहाँ आना होगा। मेरे साथ कुछ समय बिताना होगा। संन्यासी की बात मानते हुए राजा ने कहा, मैं ऐसा ही करूँगा। वह राजा हर दिन, इसी अनुशासन पर चला। संन्यासी को कभी कुछ बोलने की ज़रूरत नहीं पड़ी। उनके चेहरे पर मुस्कान भी राजा के प्रति स्नेह दर्शाता। वह रोज़ राजा को साथ बिठाते। कुछ देर तक ध्यान करवाते। आरम्भ के कुछ सप्ताहों तक राजा को यह अनुशासन विचित्र और असंगत लगा। पर, कुछ दिन बाद राजा को लगा कि उनके जीवन में सुखद बदलाव आया है। वह दिन में राजकाज निबटाते हुए शाम की प्रतीक्षा करते। कुछ ही माह में संन्यासी के पास सुबह–शाम जाने के काम में वह रम गये। आनन्द आने लगा। पहाड़ों का मौन। सूर्योदय और सूर्यास्त के दृश्य। धरती के बदलते रंग। प्रकृति के सदाबहार रंग। चिड़ियों की चहचहाहट। पेड़ की पत्तियों की सरसराहट से उपजता संगीत। सबके ऊपर वह मौन। धीरे–धीरे इस ध्यान और परिवेश में डूबते राजा, कुछ ही माह में भिन्न इनसान थे। राजा का समय रोज़ संन्यासी के साथ बीतता था, इसलिए उनके व्यक्तित्व पर संन्यासी का गहरा प्रभाव पड़ा। एक साल बीत गये। पर, राजा को पता नहीं चला। कई वर्ष गुज़र गये। तीसरे वर्ष के अन्त में एक दिन संन्यासी ने पूछा, राजन, आप दो चीज़ें जानना चाहते थे। राज्य में मुझसे ग़रीब कौन है और मिट्टी को सोने में बदलने की कला क्या है? क्या आप इनके बारे में जानना नहीं चाहेंगे, या इरादा बदल गया?

राजा मुस्कुराये। जवाब दिया। क्या इन दोनों चीज़ों को मैं जान नहीं गया? आपसे ज़्यादा ग़रीब मैं था, क्योंकि मैं अधिक–से–अधिक सोना रखना चाहता था। आपसे मिट्टी से सोना बनाने की कला जानना चाहता था। पर, अब मैं यह तकनीक समझ गया हूँ। प्रकृति के इस अद्‌भुत परिवेश में मैं, बैठता हूँ। सूर्योदय और सूर्यास्त का दृश्य देखता हूँ। गहरा नीला आकाश, इन्द्रधनुष के रंग। अलग–अलग रंग के बादल

देखता हूँ। सुन्दर पहाड़ और झील का परिवेश पाता हूँ। हवाओं की खनक, पत्तियों की सरसराहट का संगीत सुनता हूँ। यह सब तो सोने से लाख गुना अद्भुत है। संन्यासी मुस्कुराये और कहा, राजन् आप सचमुच पा गये। आप अन्दर से भी सोना जैसा हो गये।

घर से हज़ारों किमी दूर बैठे नायलम (तिब्बत) के इस परिवेश में मुझे कलकत्ता आईआईएम में सुनी यह कहानी याद आयी। कैसे हम धरती से कट गये हैं? प्रकृति से दूर हो गये हैं? कितना अधूरापन हमारे जीवन में आ गया है? शहरी परिवेश में हमारा जीवन मानवीय सद्गुणों से दूर हो रहा है। सिंसयरिटी (गम्भीरता), ह्यूमिनिटी (मानवीयता), करेज (साहस), इंट्रोस्पेक्शन (आत्मअन्वेषण), चैरिटी (दया), कांइडनेस (संवेदनशीलता), पेसेंस (धैर्य), जेंटलनेस (भद्रता), कंटेनमेंट (सन्तोष), प्रूडेंस, ग्रैटिट्यूड (आभार), हमारे जीवन में कितनी जगह पाते हैं? इस प्रसंग में आईआईएम कलकत्ता में 'द मदर' की एक अद्भुत कहानी हमने सुनी। महर्षि अरविन्द ने कहा है– इस ब्रह्माण्ड में दो बड़ी ताक़तें हैं। मौन और भाषण। मौन तैयार करता है। भाषण सृजन करता है। मौन क्रिया है, भाषण ऊर्जा देता है। प्रेरित करता है, क्रिया करने के लिए। महर्षि अरविन्द बता गये। मौन, शान्त, एकान्त परिवेश में ही सही ज्ञान होता है। उपजता है। प्रस्फुटित होता है। घटता है। इसीलिए साधु–संन्यासी, योगी मौन और एकान्त में रमते हैं। उन्होंने यह भी कहा कि मस्तिष्क के उच्च चिन्तन का हिस्सा, उसी परिवेश में सर्वश्रेष्ठ तरीक़े से काम कर सकता है, जब आप अन्दर से शान्त और मौन हो गये हों, ठहर गये हों। यह ठहरने का, अन्दर से जागने का परिवेश, तो ऐसी ही जगहों पर मिलता है। तिब्बत का वह निर्जन, एकान्त, नैसर्गिक छटा देखते हुए महर्षि की पढ़ी पुरानी बात याद आयी। जहाँ दिमाग़ स्थिर और शान्त है, वहाँ मौन की शुद्धता में सच को स्वीकार करने का माहौल बनता है।

क्यों ऐसे परिवेश में आकर ही जीवन के बड़े उदात्त सवाल उठते हैं? संकीर्णता, स्वार्थ, निजत्व से यह मौन और पवित्र परिवेश कैसे इनसान को ऊपर उठा देता है? मौन बैठा यही सोच रहा था। यूएनओ के पूर्व महासचिव डैग हैमरस्क्जोंल्ड का कथन भी याद आया–

'It is not sufficient to place yourself daily under God. What really matters is to be only under God; the slightest division of allegiance opens the door to daydreaming, petty conversations, petty malice—all the petty satellites of the death instinct.'

(प्रतिदिन स्वयं को ईश्वर के अधीन रखना पर्याप्त नहीं है। असल में केवल ईश्वर के अधीन होना महत्त्वपूर्ण है; निष्ठा में तनिक भी विचलन दिवास्वप्न, क्षुद्र वार्तालाप, क्षुद्र द्वेष–मृत्यु वृत्ति का द्वार खोलता है।)

यहाँ बैठे–बैठे कर्म–अकर्म पर मन ठहर गया है। नहीं जानता, सद्कर्मों का जीवन में क्या असर होता है? पर, अपने अनुभवों से लगता है कि किसी का बुरा किया, तो उसके परिणाम तुरन्त निकलते हैं। यह केमिस्ट्री के नियम जैसा है। महान इतिहासकार आर्नाल्ड टायनबी और महर्षि अरविन्द ने कर्म के बारे में बड़ी महत्त्वपूर्ण बातें कहीं, जो हमें इस परिवेश में आकर याद आती हैं। कैसे दुनिया के सर्वश्रेष्ठ मस्तिष्क कुछ सवालों पर समान तरीक़े से सोचते हैं? यह हैरत में डालने वाली बात है। रोज़–रोज़ के जीवन में इतने सवाल हैं, इतनी चुनौतियाँ, परेशानियाँ, छोटी–छोटी बात पर घृणा, द्वेष, जलन, राग कि मन कभी सात्विक और पवित्र हो ही नहीं पाता। पर, प्रकृति के इस परिवेश में आकर वैसे सारे सवाल जो जीवन के किसी–न–किसी मोड़ पर मन में उठते रहे हैं, बेचैन करते रहे हैं, तिब्बत के नायलम में उस सड़क किनारे बैठे याद आने लगे। क्या जीने का मक़सद महज़ नौकरी है? परिवार है? आसपास के लोग हैं? या इससे इतर भी कुछ है? क्यों अच्छे–बुरे कर्म में फ़र्क़ नहीं करते?

कलकत्ता आईआईएम में कर्म के सिद्धान्त पर आर्नाल्ड टायनबी और महर्षि अरविन्द के पढ़े विचार फ़िर याद आये। कर्म के सिद्धान्त पर श्री अरविन्द के विचार महत्त्वपूर्ण हैं। भारत में भाग्य की व्याख्या कर्म के आधार पर की जाती है। हम अपने कर्मों से ही अपना भाग्य बनाते हैं, लेकिन इसी के कारण हम मोह–माया की ज़ंजीर में जकड़ जाते हैं। हम जैसा बोयेंगे, वही इस जीवन में या दूसरे जीवन में पायेंगे। इसके

बावजूद हम भविष्य को ध्यान में रख कर कर्म करते हैं, जबकि भूत से वर्तमान तक हम अपनी तकदीर को देखते हैं। यह हमारी इच्छा और क्रिया को सही अर्थ प्रदान करते हैं। यह यूरोपियन धारणा को बिल्कुल ही ग़लत ठहराते हैं कि भारतीय कर्म सिद्धान्त कठोर और नियतिवाद को बढ़ावा देने वाला है।

प्रख्यात इतिहासकार आर्नाल्ड टायनबी ने भी कर्म के बारे में जो कहा, उसका उल्लेख ज़रूरी है। पश्चिमी विद्वानों क मानना है कि आनुवांशिकता और परिवेश के कारण ही मानव का भविष्य तय होता है। लेकिन, हमारा विश्वास यह भी है कि कर्म की भूमिका बड़ी होती है। पश्चिम के विद्वानों ने भी यह बात मानी है। हमारा (पूरब का) उनमें से कुछ से इस बात पर मतभेद है कि वे मानव की भौतिक अवस्था को ज़्यादा तरजीह देते हैं। किसी आध्यात्मिक शक्ति में विश्वास नहीं रखते। हमने अपने जीवन में कर्म का सीधा अनुभव प्राप्त किया है। उसकी भूमिका क्या है, यह भी दूसरे लोगों में देखा है, जिन्हें हम जानते हैं। विश्व इतिहास भी बताता है कि मानव समुदायों और संस्थानों को सँवारने में कर्म की क्या भूमिका रही है? कर्म की शृंखला एक पीढ़ी से दूसरी पीढ़ी तक चलती है। इससे एक नेटवर्क तैयार होता है। इस आधार पर यह थ्योरी अधिक प्रमाणित होती है कि किसी के व्यक्तित्व का निर्धारण उसके जरा–मरण की शृंखला से तय नहीं होता है। यह निरन्तरता इन नेटवर्कों से ही बनी रहती है, न कि किसी के व्यक्तित्व के कारण, जिसका सम्बन्ध अस्थायी रूप से जुड़ा होता है।

इन कार्मिक सिद्धान्तों के स्मरण के साथ ही दुनिया में शान्ति कैसे हो, बेचैनी, उग्रता, तनाव कैसे ख़त्म हो, यह भी मन में उठा। याद आया, दुर्गा पूजा में रोज़ सुबह पण्डित जी देवी पाट करते हैं। सबसे पहले वे किन चीज़ों की स्तुति करते हैं? प्रकृति, वनस्पति, पास–पड़ोस, नदी, जंगल, पहाड़, सबमें समरसता, सम्पन्नता और शान्ति की कामना करते हैं। तब याचक, यजमान से अपनी शान्ति के लिए कामना की बात करते हैं। सन्देश साफ़ है। सबकी ख़ुशी में ही निजी–अपनी ख़ुशी छिपी है। कोई एक खुश रहे, शेष दुख, दर्द और पीड़ा में डूबे रहें, तो यह सुख नहीं हो सकता। यह प्रकृति का सन्देश है। यह हमारे

ऋषियों का चिन्तन है। 1995 में मानवता के लिए सियोल से अपील जारी की गयी थी। मानवीयता, नैतिकता और संयम की पुनर्वापसी के लिए। सियोल सम्मेलन का सार था—कैसे जीवन के संघर्ष, स्पर्धा में हम इन मूल सवालों को छोड़ देते हैं? भूल जाते हैं। बिना मूल्य क्या कोई समाज टिक सकता है? मूल्यों और संस्कारों के बारे में पश्चिम के कुछ सर्वश्रेष्ठ चिन्तकों, मनीषियों की कही बातें हमें याद आयीं—

> *'पवित्र आत्माओं के पास जो कुछ होता है, वह आमजनों से शताब्दियों आगे होता है, जिन्हें वे जानते हैं, जिनसे उनका गहरा लगाव होता है। लेकिन आमजन कभी नहीं समझेंगे कि वह क्या हैं? या तो उन पर हँसेंगे, मज़ाक़ उड़ायेंगे और कभी—कभी उनके इस तरह होने की आलोचना भी करेंगे। वह यह भी कहेंगे, वह क्या नहीं हैं?'*
>
> ***—रोमा रोलां***

> *'अगर आधुनिक मनुष्य की बात करें, तो कपड़े में सजा—धजा वह किसी लाश से अधिक नहीं होता।'*
>
> ***—विलियम ब्लेक***

> *'संस्कृति को अच्छा कहने की जगह बुरा कहना ज़्यादा ठीक होगा। जब से विद्वान लोगों का उभरना हुआ है, तब से ईमानदार लोग कहीं नहीं मिलते। एक विचारवान व्यक्ति किसी निरीह जानवर से ज़्यादा अच्छा नहीं है। शिक्षा किसी व्यक्ति को अच्छा नहीं बनाती, बल्कि केवल उसे चालाक बनाती है, धोखा देने और छल—प्रपंच रचने के लिए।'*
>
> ***—एमिले रोज़ी***

> *'आज हमारी संस्कृति में दिखावा बहुत ज़्यादा है और हमारा ज्ञान तो काफ़ी ख़तरनाक है। जिस धार्मिक आस्था से कभी हमारे मन—मस्तिष्क में सन्तुलन की स्थिति रहती थी, वह आज गुम हो गया है। सदाचार और नैतिकता का जो आधार सदियों पहले*

विकसित किया गया था, उसे विज्ञान ने हड़प लिया है। हम अपने ही ज्ञान से नष्ट हो रहे हैं, वह ज्ञान जिससे हम शक्तिशाली होकर मतवाले गये हैं।'

–विल डूरेंट

'हम आधुनिक लोग नैतिकता का विरोध करते हैं, क्योंकि यह हमारे सेक्सुअल फ्रीडम को बाधित करता है।'

–एडल्स हक्सले

'जैसे प्रकृति की सुन्दरता है, उसी तरह धर्म की सत्ता है। हमें उसके महान अनुभवों को स्वीकार करना चाहिए। निश्चित रूप से जो कुछ विज्ञान से निकला है, वह आस्था और धर्म से निकले सिद्धान्तों, अनुभवों और तथ्यों से अलग है। धर्म और आस्था पर ज़्यादा यक़ीन किया जा सकता है।'

–एलेक्सिस कैरेल

जीवन मूल्यों के बारे में इन महान चिन्तकों को नायलम में बैठा याद करता हूँ। धर्म और आस्था को विज्ञान ने कितनी चुनौती दी है? विज्ञान ने हमें कहाँ पहुँचाया है? धर्म हमें कहाँ ले जा सकता था या कहाँ ले जा सकता है? जैसे सवाल उठते हैं। इन सवालों के साये में नायलम घूमता हूँ। वहाँ के सुनसान–एकान्त परिवेश में घूमता हूँ। फ़िर सोने जाता हूँ।

रात का अँधेरा है। नींद खुलती है। बाहर निकलता हूँ। बाथरूम के लिए। साँय–साँय हवा चलती है। बिल्कुल सुनसान। सभी सहयात्री कमरों में दुबके या सिमटे हैं। आकाश निहारता हूँ। ठण्ड है। ऑक्सीजन की कमी है। पर, इस आबोहवा में सुकून है। क्यों यहाँ आकर अच्छा लगता है? शारीरिक कठिनाई के बावजूद? तीव्र ठण्ड है। हड्डी हिलाने वाली। साँस लेने में दिक़्क़त है। पर, परिवेश में सुख है। शान्ति है। तनाव नहीं। फ़िर मुझे प्रो. एसके चक्रवर्ती का कहा याद आया। हमारे पुरानी जीवन पद्धति में स्पर्धा का स्थान नहीं रहा। कम्पीटिशन (स्पर्धा)

ने प्रगति तो दी है। पर, उसके साथ दिया है– जलन, ईर्ष्या, द्वेष और तनाव। यह स्ट्रेस (तनाव) क्या है? फ़िर प्रो. चक्रवर्ती की बात याद आती है। यह विचारों से निकली बीमारी नहीं है। बल्कि जीवन जीने के तौर–तरीक़े की देन है। उन्होंने ही स्ट्रेस के बारे में दुनिया के अनेक जाने–माने लोगों के कथन सुनाये थे। आज तिब्बत में पड़े–पड़े नींद नहीं आ रही है। तब भी वे कथन याद आ रहे हैं। टूटे–फूटे रूप में याद आते हैं।

आईआईएम कोलकाता में प्रो. एसके चक्रवर्ती को सुनना यादगार अनुभव रहा। उन्होंने पहले दिन शुरुआत की, मैनेजमेंट से। प्रबन्धन क्या है? बताया, यह एक व्यापक शब्द है। अर्थवान। महज़ बिज़नेस (व्यवसाय), इकोनॉमिक्स (अर्थशास्त्र) और मैनेजमेंट (प्रबन्धन) तक ही यह सीमित नहीं है। वह 'महाभारत' का एक रोचक प्रसंग याद कराते हैं। स्किल (कौशल, महारत, निपुणता) और वैल्यूज (मूल्य, नैतिकता) में क्या फ़र्क़ है? अश्वत्थामा के पास स्किल था। वह ब्रह्मास्त्र चलाना जानता था। अर्जुन के पास स्किल और वैल्यूज दोनों थे। स्किल का मर्म है, मूल सूत्र है–महज करना यानी डूइंग। वैल्यूज का मूल सूत्र है– बिकमिंग यानी होना। अश्वत्थामा के पास ब्रह्मास्त्र था, उसने पाण्डवों के बच्चों को मार डाला। गर्भस्थ शिशु की हत्या की। वहीं अर्जुन भी ब्रह्मास्त्र से सम्पन्न थे। पर, उसका इस्तेमाल अबोध बच्चों, असहाय स्त्रियों पर नहीं किया, क्योंकि उनमें मानव मूल्य थे। वैल्यूज का अर्थ है, बेहतर बनना। टू बिकम गूड ह्यूमन। आज विश्व विज्ञान ने हमें अनेक स्किल दिये हैं। पर, वैल्यूज ख़त्म हो रहे हैं। इसलिए अनीति, भ्रष्टाचार और भोग का दौर चल रहा है। अबाधित। अनियन्त्रित।

मैदान में तनाव है। आग है। जलन है। पर, तिब्बत में यहाँ बेड पर भी ठिठुरन है। मैदान के उस राग–विराग, जीवन पद्धति के प्रति मन में विकर्षण ही है। प्रकृति की गोद में क्यों जीवन के मौलिक प्रश्न उठने लगते हैं? क्या इसलिए कि हम प्रकृति की देन हैं? गुरुदेव टैगोर के बारे में सुना था। वह मृत्युपर्यन्त, सुबह–शाम सूर्योदय–सूर्यास्त निहारते थे। अकेले, चुपचाप, प्रकृति से एकरस होकर। मनुष्य कारण है, समाज उसका परिणाम। हम नेचर (प्रकृति) से दूर हो गये और स्पर्धा, होड़,

तनाव से घिर गये। क्या कहीं इस जीवन पद्धति को लेकर बेचैनी है? वह मशहूर कथन आईआईएम कलकत्ता में सुना। जब एथेंस की सड़कों पर डॉ. यजीन दिन में लालटेन लेकर लोगों के चेहरे निहार रहे थे। वह एथेंस के महान बुद्धिमान थे, इसलिए उनसे किसी ने पूछा नहीं। एक नौजवान ने रास्ता घेरा। कहा, यह आप क्या कर रहे हैं? क्या तलाश रहे हैं? डॉ. यजीन का जवाब था—भीड़ में मनुष्य तलाश रहा हूँ यानी इनसान जिसमें बोध हो, वह संसार से एकाकार महसूस करे। आज संसार की सात अरब आबादी है, पर इनसान खुद में लीन है। कोलकाता आईआईएम में जब इन विषयों को पढ़ रहा था, उस वक़्त अपने छोटे–छोटे अनुभव लिखे थे। तिब्बत से लौट कर वह अनुभव पलटा। उस दिन यानी जनवरी, 2003 की कोलकाता आईआईएम में प्रवास के दौरान लिखी डायरी का अंश है—

> *'सुखद अनुभूति है। बिना फ़ोन–अख़बार के रहने का सुझाव है। पालन कर रहा हूँ। 26 वर्षों पूर्व छूटा विद्यार्थी जीवन वापस मिला है। एक सप्ताह के लिए। पर, क्या वह उम्र, सपने, इच्छाशक्ति भी वापस आयेंगे? पीछे लौटना (अतीत में झाँकना) मनुष्य का प्रिय शगल है। पर, आईआईएम (इंडियन इंस्टीट्यूट ऑफ़ मैनेजमेंट) कलकत्ता के मैनेजमेंट सेंटर फॉर ह्यूमन वैल्यूज (एमसीएचवी) के 16वें इंटरनेशनल मैनेजमेंट डेवलपमेंट वर्कशॉप (5–11 जनवरी, 2003) के अनुभव व पाठ नये सिरे से निजी जीवन मूल्य परखने को बाध्य करते हैं। वर्तमान में जीने की कला व ज़रूरत सिखाते हैं। प्रो. संजय मुखर्जी वर्कशॉप का उद्देश्य बताते हैं। एक्टिंग बाई माइसेल्फ, ऑन माइसेल्फ, टू इंप्रूव माइसेल्फ या बाई माई माइंड, ऑन माई माइंड, टू इंप्रूव माई माइंड, यानी अपनी पहल, खुद पर स्वविकास के लिए या खुद के मस्तिष्क–चिन्तन या विचार का प्रयोग, स्वचिन्तन–मस्तिष्क की प्रगति के लिए। आधुनिक प्रबन्धन की संस्कृति में एक नया साहसिक प्रयोग–पहल और ज़रूरी क़दम।'*
>
> *इस वर्कशॉप की रूपरेखा (डिजाइन) तैयार की थी, प्रो. एसके चक्रवर्ती ने। इसके कोआर्डिनेटर थे, प्रो. संजय मुखर्जी। प्रो. एसके चक्रवर्ती के कुछ लेख वर्ष 2000–02 नें 'स्टेट्समैन' में पढ़ा था।*

यह कहना सही होगा कि उन वर्षों में उनके लेखों के लिए ही 'स्टेट्समैन' लेता था। पिछले कुछेक वर्षों से उनके लेख 'स्टेट्समैन' में नहीं आ रहे हैं और मेरा पढ़ना भी बन्द है। पुरानी कतरनें मेरे पास हैं। उनके लेखों को पढ़ कर उनकी पुस्तकों को कैसे ढूँढ़ा, यह याद है। एक नयी ताक़त, नयी दृष्टि और सबसे ऊपर उनके विचारों में भारतीय मिट्टी–चिन्तन की गन्ध। बिना मिले, बिना जाने वे मेरे लिए पूज्य बन गये। दिमाग़ में उनकी तस्वीर भी बन गयी। भारतीय मनीषियों की परम्परा की एक कड़ी। बनारस हिन्दू विश्वविद्यालय में पढ़ते हुए जिन महान शिक्षकों (जो अब लुप्तप्राय हैं) के बारे में सुना था, वही विद्वत्ता, स्वनुशासन और चरित्र होगा, ऐसा उनके लेखों से धारणा बनी, और पहली बार देखा, तो बिल्कुल वैसा ही पाया। वर्कशॉप के पहले दिन प्रो. संजय मुखर्जी बताते हैं कि हमारी चेतना क्या है? ज्ञानेन्द्रियाँ–कर्मेन्द्रियाँ क्या हैं? वह जिद्दू कृष्णमूर्ति को याद करते हैं। समस्याएँ संसार में नहीं, हमारी चेतना में हैं। मनुष्य, कहाँ से ऊर्जा पाता है? कैसे ऊर्जा आती है? ऊर्जा के उदय–क्षय का भारतीय राज बताते हैं। वह रवीन्द्रनाथ टैगोर की दिनचर्या याद दिलाते हैं। टैगोर रोज़ सूर्योदय, सूर्यास्त निहारते थे। पुरानी भारतीय जीवन पद्धति में, आधुनिक होली डे की अवधारणा नहीं थी। क्योंकि मनुष्य प्रकृति में जीता था। प्रकृति के साथ जीता था। समरस था। आज जीवन में तनाव से लेकर, आधुनिक जीवन–शैली से उपजे संकट, प्रकृति से लय भंग होने के परिणाम हैं। प्रकृति से मनुष्य के छिटक जाने का अभिशाप। इस प्रदूषण, पानी संकट, जलवायु परिवर्तन, वायुमण्डल संकट के स्रोत क्या हैं?

भारतीय मानस तीन तरह की पुस्तकें मानता है। पहला, ज्ञान की पुस्तकें। दूसरा प्रकृति पुस्तक। तीसरा जीवन पुस्तक। प्रकृति के सान्निध्य में न जाने कितनी ऋचाएँ लिखी गयीं? वेद, उपनिषद् रचे गये। उस समाज का मानस और परिवेश कैसा अद्‌भुत रहा होगा, जहाँ उपनिषदों के रचनाकारों ने अपना नाम

तक नहीं दिया। आज काम, रचना से अधिक प्रचार की भूख है। यह सवाल अलग है कि 21वीं सदी की प्रगति, आधुनिकता और विकास के बावजूद इस उच्चकोटि की रचनाएँ नहीं हो रहीं। मनुष्य का स्व, अहं, इतना बड़ा और अहंकारी कैसे हो गया?'

आज दुनिया में तनाव, महामारी की तरह फैला है। पर, इस पर कहीं चिन्तन–चर्चा है? आईआईएम में प्रो. चक्रवर्ती ने अपने मनीषियों का स्मरण कराया, जिन्होंने इस विषय पर हमें जगाया। आगाह किया। तनाव के विषय पर दुनिया के कुछ प्रमुख चिन्तकों के विचार वहीं आईआईएम में सुनने को मिले–

'मैं जितना अधिक इतिहास का अध्ययन करता हूँ, उतना ही प्रतियोगिता को ग़लत मानता हूँ। एक दिन आयेगा, जब मनुष्य अपने इतिहास का फ़िर से अध्ययन करेगा, लेकिन एक अलग नज़रिये से और तब पायेगा कि प्रतियोगिता का न तो कोई कारण है और न ही इसका कोई प्रभाव होता है। यह तो बस एक सामान्य–सी चीज़ है, जो चलती रहती है। यह ज़रूरी नहीं कि विकास का क्रम प्रतियोगिता से ही चले।'

–विवेकानन्द (1896)

'आज कई प्रमाण मौजूद हैं, जो यह बताते हैं कि आदमी का यह विक्षिप्तों जैसा हाल क्यों हुआ? इसलिए नहीं कि उनके शरीर की संरचना ऐसी है, बल्कि इसलिए कि उन्होंने नैतिक मूल्यों को अपनाया ही नहीं।'

–मोअरर (1948)

'पश्चिमी जगत में पुनर्जागरण काल के बाद अधिकांश लोगों ने अपने निजी जीवन और सार्वजनिक जीवन के लिए प्रतियोगिता की विधि का अनुसरण किया। वह प्रतियोगिता जो व्यक्तिगत और समाज में अधिकारों और प्रतिष्ठा, मान–मर्यादा पर आधारित थी, उसका मनोवैज्ञानिक प्रभाव क्या था?'

–अखिलानन्द (1951)

'अमेरिका में जितनी भी बीमारियाँ हैं, उनमें मानसिक बीमारी का फैलाव सबसे ज़्यादा है। इसका मतलब क्या है? हमारी संस्थाओं की संरचना में कुछ–न–कुछ है, जो अधिक–से–अधिक लोगों में बीमारी पैदा करती है। कभी न ख़त्म होने वाली प्रतियोगिता, जो लोगों में असुरक्षा की भावना का बोध कराती है, एक स्वस्थ राष्ट्र में लोगों को बीमार करती है। केवल वही नहीं जो प्रतियोगिता में सफल हैं, बल्कि वे भी जो बहुत अधिक सफल हैं।'

–पॉल टिलिक (1955)

'जिस तरह का हमारा जीवन हो गया है, जैसे हम अपना जीवन जी रहे हैं, वही आज हमारी सारी बीमारियों की जड़ है। समाज में जो बुनियादी सिद्धान्तों को लेकर भारी उठापटक है, उससे एक भय का वातावरण ज़रूर बना है।'

*–**'टाइम' (1983)***

'ये जो तथाकथित सफल लोग हैं, ख़ासतौर से जो करियर के पीछे भागने वाली नयी पौध है, जो सफलता के घोड़े पर सवार होना चाहते हैं, पुरुष–स्त्री जिनकी उम्र 25 से 47 वर्ष तक की है, वही इस आधुनिक पागलपन से सबसे ज़्यादा पीड़ित हुए हैं। यह पागलपन उनके करियर और भावनाओं के बीच से उपजता है।'

*–**'फारचून' (1986)***

'अमेरिकन लोग काम के मारे हुए हैं, उनके पास समय ही नहीं है। तकनीक ने उनके जीवन को बेहतर नहीं बनाया है। यह जानकर बिल्कुल भी आश्चर्य नहीं होता, जब उनमें से एक तिहाई मानते हैं कि वे क्लान्त हैं, दुखी हैं। बहुत देर न हो जाये, इसलिए उन्हें इस परिस्थिति से निकालने की ज़रूरत है।'

*–**'न्यूजवीक' (1995)***

हांगकांग एक व्यावसायिक शहर है। इफीशियंसी और एफेक्टिवनेस के लिए स्पीड ज़रूरी है। जहाँ लोग प्रतियोगिता में काम करते हैं, वहाँ तनाव तो होगा ही।'

–'संडे मॉर्निंग पोस्ट'–हांगकांग (10.9.1995)

माना जाता है कि दुनिया आज ज्ञानयुग (नॉलेज एज) में है। इस ज्ञान का आशय क्या है? अधिक–से–अधिक सूचना सम्पन्न होकर स्पर्धा के संसार में उतरना। इस ज्ञान अवधारणा पर भी विचार करने की ज़रूरत है। इस प्रसंग में भी आईआईएम में चर्चा हुई थी। दुनिया के जाने–माने मनीषियों के चिन्तन, विचार–

'हमें अपने ईश्वर को ज्ञानवान बनाने के लिए प्रयास नहीं करना चाहिए। इसमें कोई शक नहीं है कि इसके पास (ज्ञान से आशय) असीमित शक्ति है, लेकिन इसका अपना कोई व्यक्तित्व नहीं है। यह हमारा नेतृत्व नहीं कर सकता है, यह केवल हमारी सेवा कर सकता है और इसे पसन्द का नेतृत्वकर्ता चुनने में कोई परेशानी नहीं होती। ज्ञानियों के पास चीज़ों को तय करने के लिए कई विधियाँ, तरीक़े और औज़ार होते हैं, लेकिन आपके लक्ष्य क्या हैं, मूल्य क्या हैं, इसके प्रति उसकी आँखें बन्द ही रहती हैं।'

–अल्बर्ट आइंस्टीन

'ज्ञान की अपेक्षा जीवन में घटने वाली घटनाएँ महत्त्वपूर्ण हैं। अज्ञानता और असमर्थता की वजह से ही मनुष्य आज तक ज़िन्दा रह पाया है, लेकिन जैसे–जैसे मनुष्य ज्ञानी और समर्थ होता गया है, उसके अस्तित्व पर संकट गहराता गया है। यह लगता है कि जैसे–जैसे मनुष्य ज्ञान की प्राप्ति करता जायेगा, वैसे–वैसे उसमें बुद्धि का और तेज़ विकास होता जायेगा। पर, वास्तव में ज्ञान में बढ़ोतरी ही उसके दुखों का कारण बनेगा।'

–बर्टेंड रसेल

'मैं, यह कह सकता हूँ कि कोई ज्ञान के निर्देश पर नहीं चलता, बल्कि हृदय उसे निर्देशित करता है। कोई अपने तर्क से किसी चीज़ को मानता है, तो ऐसा इसलिए होता है कि उसका हृदय इसे स्वीकार करता है। किसी पर विश्वास करने के पीछे कुछ कारण होता है। मनुष्य जो कुछ भी करता है या करना चाहता है, उसके समर्थन में प्रायः वह तर्क प्रस्तुत करता है या कारण बताता है।'

—महात्मा गाँधी

'मनुष्य जो भी कारण बताता है, वह अपने हितों को ध्यान में रख कर ही बताता है।'

—श्री अरविन्द

'मनुष्य अपने जीने के लिए कई तर्क प्रस्तुत करता है, पर वह केवल और अधिक जानवर बनने की ओर ही अग्रसर होता है।'

—वुल्फगैंग गोथे

'जो सत्य है, वह मनुष्य के ज्ञानी होने में नहीं छिपा है, बल्कि यह उसके हृदय की उछाल मारती भावनाओं और संवेदनाओं में छिपा है।'

—रवीन्द्रनाथ टैगोर

सहनशीलता, नैतिकता और मानवता की वापसी के लिए सियोल (दक्षिण कोरिया) में 7 सितम्बर, 1995 को एक अपील जारी की गयी। मानव जाति भले ही सभ्य होने का दावा करती हो, पर जैसे–जैसे भौतिकता की तरफ़ हम बढ़े हैं, जैसे–जैसे विज्ञान और तकनीक पर उसकी निर्भरता बढ़ती गयी है, जैसे–जैसे अध्यात्म पर भौतिकवाद हावी होता गया है, वैसे–वैसे मानव जीवन और उसके प्रति आदर घटा है। कुल मिलाकर मानवता का ह्रास हो रहा है। यही नहीं निरन्तर प्रकृति का क्षय हो रहा है। भरपाई न होने वाले स्रोतों के दोहन के कारण

पर्यावरण को ज़बरदस्त नुक़सान पहुँचा है। सागर–महासागर, झील, तालाब आदि सब सिमटे हैं या संकट में हैं, या उनकी दुर्दशा हुई है। भूख, कुपोषण और एड्स जैसी गम्भीर बीमारियों ने अपना पैर फैलाया है। विज्ञान और तकनीक ने सभ्यता और मानव को एक नयी दुनिया दी है। पर, उसने मनुष्य को आन्तरिक ऊँचाई पर नहीं पहुँचाया है, हालाँकि दावा हमेशा यही किया जाता है। मनुष्य ने ख़ुद ही अपने गिरने का सम्पूर्ण ख़ाका तैयार कर लिया है। इस स्थिति में मनुष्य की नैतिक चेतना ख़तरनाक ढंग से ख़त्म होती गयी है। वह इस हद तक जा पहुँची है कि कहीं मानवता ही न ख़त्म हो जाये। परिणाम यह है कि इस सामाजिक परिवेश में सभी तरह के अपराध होते हैं। हर जगह हर चीज़ होती है, सिर्फ़ मानवता नहीं दिखती या घटती गयी। इस बात को और पुख़्ता करते हुए हम फ़िर कह सकते हैं कि मानव ने सभ्यता को विकसित किया है, इसलिए हमें एक ऐसा मानवीय वातावरण बनाना चाहिए, जिसमें विज्ञान और तकनीक हमारे जीवन को सुलभ बनाने में हमारी मदद कर सकें। पर, हम पर हावी न हो सकें, हम पर कमांड न कर सकें।

नायलम में दो दिनों तक पड़े–पड़े न जाने कितनी बातें याद आयीं। उस निर्जन परिवेश में पुरानी स्मृतियाँ उभरीं। जीवन को लेकर, समाज और पुस्तक को लेकर। पर, प्रसाद की यह कविता पग–पग पर याद आती रही–

ले चल वहाँ भुलावा देकर
मेरे नाविक! धीरे–धीरे।
जिस निर्जन में सागर लहरी,
अम्बर के कानों में गहरी,
निश्छल प्रेम–कथा कहती हो–
तज कोलाहल की अवनी रे।
जहाँ साँझ–सी जीवन–छाया,
ढीली अपनी कोमल काया,
नील नयन से ढुलकाती हो–

ताराओं की पाँति घनी रे।
जिस गम्भीर मधुर छाया में,
विश्व चित्र–पट चल माया में,
विभुता विभु–सी पड़े दिखाई–
दुख–सुख बाली सत्य बनी रे।
श्रम–विश्राम क्षितिज–वेला से
जहाँ सृजन करते मेला से,
अमर जागरण उषा नयन से–
बिखराती हो ज्योति घनी रे!

परायी धरती पर ब्रह्मपुत्र : पुण्य स्मरण!

(नायलम से परांग, 455 किमी, मंगलवार, 14.06.2011)

सुबह–सुबह नायलम से सीधे परांग जाना है। बीच में एक बड़ा शहर है, सागा। आज 455 किमी की यात्रा करनी है। 15,000 फ़ीट की ऊँचाई पर पहुँचना है। बीच में लालुंगा पास और हैगा पास हैं। नायलम समुद्रतल से 12,300 फ़ीट की ऊँचाई पर है। यहाँ से लगभग 3,300 फ़ीट की ऊँचाई पर ऊपर जाना है। सुबह दो बजे उठता हूँ। न स्नान–ध्यान, न पूजा, न दाढ़ी बनाना, न पेपर, न मोबाइल। एक ही कपड़ा छह दिनों से पहने हुए। सफ़ाई की दृष्टि से नारकीय अहसास। जो व्यवस्थित जीवन के व्याकरण–गणित से चलते हैं, उनके लिए अत्यन्त अरुचिपूर्ण, कष्टकर। पर, कैलास–मानसरोवर की महिमा है। सुबह 8 बजे निकलना था, पर 8:30 बजे निकल सके। साथ में एक नेपाली शेरपा जेबी है। मज़ेदार। मज़ाकिया। यात्रा को आसान बनाने के लिए। काम करने वाले असल लोग। यात्रा को सफल बनाने के सूत्रधार।

नायलम से निकलते हैं। कई चीनी चैकपोस्टों पर चैकिंग होती है। एक–एक आदमी और गाड़ी के काग़ज़ात की जाँच होती है। गाड़ियों की लम्बी क़तारें लगती हैं, पंक्तिबद्ध। कोई नियम नहीं तोड़ता। न पीछे से आगे निकलता है। यहाँ अमेरिका जैसी ड्राइविंग है। दायें से। हम उत्तर–पश्चिम की तरफ़ जाते हैं। तेज़ धूप है। घाटियों में छोटे–छोटे खेत दिखते हैं। आलू वग़ैरह की खेती होती है। गाड़ी सौ की स्पीड में

चलती है। आरामदायक है। कहीं–कहीं बस्ती दिखाई देती है। एक ही तरह के कच्चे या पक्के घर। गाड़ी में दलाईलामा की चर्चा होती है। गाड़ी का ड्राइवर उनका नाम सुनते ही हाथ जोड़ता है। दूर तक पहाड़ दिखते हैं। मिट्टी के ढूह जैसे रंग के मटमैले। या कहें, पहाड़ी मरुस्थल में पहुँचने का अहसास या भ्रम होता है। दुनिया में सबसे कम आबादी शायद तिब्बत में ही रहती है।

हम पुंगला पास से गुज़रते हैं। जहाँ से गौरीशंकर की चोटियाँ दिखती हैं। आसमान छूते रेतीले पहाड़, साथ में सफ़ेद बर्फ़ीली चोटियाँ। पहाड़ों पर एक भी पेड़ नहीं। सोचता हूँ, इस ब्रह्माण्ड में, धरती में कितनी विचित्रता है। कैसा सौन्दर्य है? एक तरफ़ एक सिरे से पूरी शृंखला में बर्फ़ीली पहाड़ियाँ दिखाई देती हैं। दूसरी ओर एक बड़ी झील। झील का पानी गहरा नीला है। हज़ारों–हज़ारों मील खुली ज़मीन। न पेड़, न पौधे, न जीव। बीच–बीच में कहीं–कहीं भेड़ों के झुण्ड चरते दिखाई पड़ते हैं। सड़क बनाने में लगे लोग भी नज़र आते हैं। मैदानों में चरते याक भी। इस तरह पीकू लेक से हम गुज़रे। लगभग दो बजे के आसपास सागा पहुँचे। सागा प्रवेश के पहले ही एक नदी मिलती है। पता चला, यह ब्रह्मपुत्र है। ब्रह्मपुत्र नद माना गया है। नदियों में नद। ब्रह्मपुत्र की आकृति, प्रकृति और छोटा रूप देखकर असहज लगता है। पहली बार, 1981 में इसका सहज रूप देखा था। 'धर्मयुग' (टाइम्स ऑफ़ इंडिया समूह, मुम्बई) में काम करता था। असम आन्दोलन कवरेज के लिए गुवाहाटी गया था। छात्र आन्दोलन जानने–समझने। तब इसका उफनता रूप देखा था। सागर जैसा डरावना, रौद्र रूप, हरहराता, घहराता, अबाध बहता, एक साथ ही मोहक और डरावना भी। एक साथ ही आकर्षक और भयभीत करने वाला। फ़िर 1991 में देखा। तब भी ब्रह्मपुत्र नदी का पुराना रौद्र रूप जीवित था। 2010 में पुनः देखा। गुवाहाटी की उसी जगह से, जहाँ से '81 और '91 में देखा था। न वह पुराना रूप, न हाहाकार, न वह ऊर्जा। पुराने रूप को क्षीण होते देखा। उस नदी का सागा (तिब्बत) में

यह रूप देखकर झटका—सा लगता है। पर, आने के पहले कहीं पढ़ा था, तिब्बत में ब्रह्मपुत्र को कैसे चीन बाँध रहा है। अपने हित में, अपने लिए। खिन्न होता हूँ। पर, असहाय हूँ।

तिब्बत के इस हिस्से की तरफ़ से ब्रह्मपुत्र नदी निकलती है, दूसरी तरफ़ से सिन्धु नदी। ये दोनों नदियाँ भारतीय संस्कृति की जीवनदायिनी शक्तियाँ हैं। मध्यकाल में तिब्बतियों की वीरता के कारण एक बहुत बड़ा चीनी हिस्सा भी तिब्बत का अंग रहा, जिसमें से अनेक नदियों का उद्‌गम होता है और वे चीन की तरफ़ जाती हैं।

अब पूरा तिब्बत ही चीन के क़ब्ज़े में है। वह हमारी पवित्र नदियों से भारत का सम्बन्ध विच्छेद कर रहा है। ब्रह्मपुत्र आदि पर बड़े—बड़े बाँध बनाकर उन्हें अपनी ओर मोड़ रहा है। क्या ब्रह्मपुत्र आदि के बिना भारतीय संस्कृति अक्षुण्ण रह पायेगी? उन्हीं दिनों 'प्रभात ख़बर' में ब्रह्मपुत्र पर प्रो. हरिवंश झा का छपा लेख याद आता है। प्रो. झा नेपाल से हैं। बनारस में पढ़ने के दौरान उनसे अग्रज तुल्य स्नेह मिला। जाने—माने अर्थशास्त्री और अध्येता। दुनिया के कई महत्त्वपूर्ण थिंकटैंक, शोध संस्थाओं में रहे हैं। उनके लेख को पढ़ना, ब्रह्मपुत्र का भविष्य और इस उपमहाद्वीप पर पड़ने वाले असर को जानने के लिए ज़रूरी है। प्रो. हरिवंश झा ने लिखा है—

> *'...ब्रह्मपुत्र के पानी को मोड़ने से तिब्बत, भारत और बांग्लादेश में कई तरह के पर्यावरणीय, सामाजिक और भौगोलिक ख़तरे उत्पन्न हो सकते हैं। यह मानव जीवन को प्रभावित करने के साथ—साथ बड़ी संख्या में मछलियों एवं जलीय जीवों तथा बड़े इलाक़े में खेती के अस्तित्व को भी ख़तरे में डाल सकता है। इससे प्राकृतिक आपदा के ख़तरे भी बढ़ जायेंगे। बहुत—से लोगों का मानना है कि पानी को रोकने की चीन की हिमाकत पड़ोसी देशों के लिए युद्ध की चुनौती के समान है। हमें यह नहीं भूलना चाहिए कि आज दुनिया में नदी जल रोकने को लेकर उत्पन्न विवाद सुलझाना कठिन होता जा रहा है। पड़ोसी बदले नहीं जा सकते, इस तथ्य*

को ध्यान में रखते हुए भारत को ब्रह्मपुत्र नदी के मुद्दे पर जल्द से जल्द सक्रिय हो जाना चाहिए। उसे बांग्लादेश के साथ मिलकर ठोस रणनीति बनानी चाहिए, ताकि चीन पर दबाव बढ़ाया जा सके। इसमें देरी हुई, तो बात हाथ से निकल सकती है।'

प्रो. हरिवंश झा के ये निष्कर्ष कहाँ पहुँचाते हैं? दशकों से बहस चल रही है कि दुनिया में अगला युद्ध पानी के लिए होगा। यह महज़ ब्रह्मपुत्र का सवाल नहीं है। हिमालय की एक नदी या नद को आप छेड़ते हैं, तो हिमालय झंकृत होता है। उसका ताना–बाना टूटता–बिखरता है। हिमालय भारत की कई जीवनदायी नदियों का उद्‌गम है। क्या अपना प्राण गँवा कर (नदियों को ख़त्म कर) धरती रह पायेगी? प्रदूषित नदियाँ या सूखी नदियाँ सृष्टि को बचा पायेंगी? तब प्रलय ही होगा। आधुनिक पर्यावरणविद् या भूविद् (जियोलॉजिस्ट) इसकी पुष्टि भी करते हैं। यह स्थिति कल्पना कर जयशंकर प्रसाद की मशहूर कृति 'कामायनी' की आरम्भिक पंक्तियाँ याद आती हैं–

हिमगिरि के उतुंग शिखर पर
बैठ शिला की शीतल छाँह
एक पुरुष भीगे नयनों से
देख रहा था प्रलय प्रवाह
नीचे जल था, ऊपर हिम था
एक तरल था, एक सघन
एक तत्त्व की ही प्रधानता
उसे कहें जड़ या चेतन।

काका साहब कालेलकर ने अपने लेखन में हिमालय के साथ उससे निकलने वाली नदियों का वर्णन किया है। चिर यायावर कालेलकर यात्राओं में बहुत सूक्ष्मता से एक–एक चीज़ को देखते थे। उसका वर्णन करते थे। उनका एक लेख 'सिन्धु का विषाद' याद आता है। वह बताते हैं–

'हिमालय के उस पार, पृथ्वी के इस मानदण्ड के लगभग बीच में, कैलासनाथ जी की आँखों के नीचे चिर–हिमाच्छादित पुण्यवान प्रदेश है, जिसके छोटे–से दायरे में आर्यावर्त की चार लोकमाताओं का उद्गम स्थान है। उस पार और इस पार का विचार यदि न करें, तो हम कह सकते हैं कि उत्तर भारत की लगभग सभी नदियाँ यहाँ से झरती हैं। हिमालय, हिन्दुस्तान का ही है, और किसी देश का नहीं, मानो यही सिद्ध करने के लिए हिमालय के उत्तर की ओर बहने वाले पानी की एक–एक बूँद इकट्ठा कर के, हिमालय के दोनों छोरों से घूमकर उन्हें हिन्द महासागर तक पहुँचाने का काम सिन्धु और ब्रह्मपुत्र, दोनों नद अखण्ड रूप से करते हैं। ये दो नद ऐसे लगते हैं, मानो श्री कैलासनाथ जी ने भारतवर्ष को अपनी भुजाओं में लेने के लिए दो कारुण्यबाहु फैलाये हों। हिमालय की रुकावट मानो सहन न होती हो इस तरह सतलुज और घाघरा हिमालय की गोद में से सीधा रास्ता निकाल कर मानसरोवर का जल भारतवर्ष के दो बड़े प्रान्तों को पिलाने लगती हैं। जबकि गंगा, यमुना और उनकी असंख्य बहनें पिता का लिहाज़ रखकर इस ओर रहते हुए वही काम करती हैं। पंजाब की पाँच नदियाँ और युक्तप्रान्त की (उत्तर प्रदेश की) पाँच नदियाँ मिलकर भारतवर्ष की समृद्धि को दस गुना बढ़ा देती हैं। ये दसों नदियाँ भारतीय हैं। केवल सिन्धु और ब्रह्मपुत्र को अति–भारतीय कह सकते हैं।'

(साभार : काका कालेलकर ग्रन्थावली, खण्ड–1, प्रवास)

काका कालेलकर का हिमालयी नदियों पर लिखा गया आख्यान पढ़ना और उन्हें निहारना मन में अनूठा मान पैदा करता है। 'यात्रा का आनन्द' पुस्तक में वह लिखते हैं–

'...चन्द नदियाँ पहाड़ों से निलकती हैं और चन्द नदियाँ सरोवरों से बहने लगती हैं। जो सरोवरों से जन्म लेती हैं, वे हैं सरोजा। हिमालय के उस पार दो बहुत बड़े और अत्यन्त पवित्र सरोवर है। एक का नाम है मानस–सरोवर (मानसरोवर), दूसरे का राकसताल

या रावण–ह्रद। इन सरोवरों से निकलने वाली नदियों को सरोजा ही कहना पड़ेगा। यों देखा जाय, तो हिमालय की सभी नदियों को पार्वती नाम दिया जा सकता है। नदियाँ यानी अप्सरा। पहाड़ों से अप् (पानी) जब सरने लगता है, बहने लगता है, दौड़ने लगता है, तब उस प्रवाह को जिस तरह हम आप–गा या नदी कहते हैं, उसी प्रकार उसे 'अप्सरा' कहने में भी कोई आपत्ति नहीं है। पार्वती और सरोजा अप्सराओं के दो स्वतन्त्र कुल कहे जा सकते हैं यह सारा विचार नया है, लेकिन उससे कल्पना को अच्छी चालना मिल सकती है।

(साभार : 'यात्रा का आनन्द', काका साहब कालेलकर)

घाघरा–गंगा के बीच जन्मा। मेरे गाँव के उत्तर में घाघरा, दक्षिण में गंगा, पास ही पूरब में संगम। हर साल वह प्रलयकारी बाढ़, गाँव से कहीं बाहर जाने के लिए इन्हीं नदियों को पार करना। वह विशाल पाट अब सूख रहे हैं। सागा में ब्रह्मपुत्र को देखते हुए यह सब याद आता है। पर, गुवाहाटी में जिस ब्रह्मपुत्र को कई बार देखा–निहारा, तट पर बैठा, जिसके सौन्दर्य ने अभिभूत किया, वह नद तिब्बत के सागा में किस रूप में है?

ब्रह्मपुत्र सागा शहर के तीरे–तीरे बहता है। सागा शहर है। बड़ी दुकानें हैं। मॉल हैं। बड़े–बड़े स्टोर हैं। बड़े पैमाने पर निर्माण कार्य चल रहे हैं। सड़कें बन रही हैं। अभी भी नायलम–सागा के बीच दो तिहाई कच्ची सड़क ही है। हम धूल की आँधी के बीच से गुज़रे। बड़े–बड़े पहाड़ों की तलहटी से चोटी तक धूल उड़ाते, सँकरे रास्तों पर। बियाबान रास्ता। डरावना सूनापन।

हमारा क़ाफ़िला सागा से आगे बढ़ा। शहर पार कर गाड़ी रुकी। किसी ने कहा, यहीं खाना है। जिसे बाथरूम जाना है, वह खुले में जाये। सहयात्रियों का धैर्य टूटा। सब्र की बाँध ढह गयी। लोग उबल पड़े। टूर एजेंट के पास कोई विश्वसनीय उत्तर नहीं। हालाँकि यह धंधा का मामला है। धंधे में टूर या ट्रेवल एजेंट पर कभी भरोसा नहीं करें। वे

सपने स्वर्ग का दिखायेंगे। पर, दर्शन नरक का करायेंगे। वह कठिनाई, जिसकी आपने कल्पना भी नहीं की होगी। वह भी इनके सौजन्य से मिलेगी। मीठे बोल, ठगी, चतुराई इनके कौशल हैं। इनके लिए हर यात्री अधिकाधिक लाभ कमाने की इकाई भर है। लौट कर हम सागा के एक होटल में जाते हैं। वहाँ हम जल्दी–जल्दी लंच करते हैं। फ़िर आगे की यात्रा शुरू होती है।

यहाँ से रास्ते में एक ही तरह के घर मिलते हैं। वह भी कहीं–कहीं। आमतौर से सुनसान मैदान हैं। जहाँ तक नज़र जाये, कुछ भी नहीं। सड़कें सुन्दर हैं। बीच–बीच में चीनी भाषा में कुछ लिखा है। हू जिंताओ की तस्वीर भी लगी है। कहीं भी बस, ट्रक या गाड़ियाँ नहीं दिखतीं। कभी–कभार कुछ वाहन मिल जाते हैं। शासन कठोर है। बताते हैं, तिब्बत की पुलिस में भी चीन की मुख्य भूमि के लोग बहुतायत में हैं। दुर्गम पहाड़ को काटकर बनी सड़कें हैं। रास्ता कच्चा है, पर मरुस्थल जैसा है। न गाँव, न आबादी, न भीड़, न ट्रैफ़िक। हमारा ही जत्था या अन्य सहयात्री हैं।

हमारा समूह, टूर ऑपरेटर गौतम पर नाराज है। वह स्थितियों को समझ रहा है। शायद वह मोटी चमड़ी का है या लगातार ऐसी परिस्थितियों में रहने का आदी रहा है। वह कहता है, एक बार चीन में आने के बाद परिस्थितियाँ उसके हाथ में नहीं, चीनी गाइड के हाथ में हैं। चीनी सरकार का टूर ऑपरेटर, न हमारी भाषा समझता है और न हम उसकी। वह नेपाली टूर ऑपरेटर को दोषी कहता है। बीच में पिसते हैं यात्री। ख़ासतौर से महिलाओं और बुजुर्गों को ज़्यादा कष्ट है। रास्ते में तीखी और तेज़ धूप है। पर, हाड़ कँपाने वाली ठण्ड है। मौसम अच्छा है। बीच–बीच में धूल की तेज़ आँधी मिलती है। एक जगह मिट्टी के घर मिले। एक ही तरह के समान आर्किटेक्ट। लगता है तिब्बत की विविधता–अनेकता ख़त्म हो रही है। शायद इसकी शुरुआत चीन की सांस्कृतिक क्रान्ति से ही हो गयी थी। कहीं–कहीं लामा के ड्रेस में भी लोग मिलते हैं। माला जपते हैं। ॐ मणि पद्मे हुम्।

तिब्बत में चीनी प्रभाव के साथ ही एक नया युग, नया पहनावा, नयी संस्कृति, नयी जीवन–शैली की दस्तक है। दूसरी तरफ़ सफ़ेद बर्फ़ीली चोटियाँ, आसमान छूती। बगल में ही धूसर–मटमैले पहाड़। साथ में लाल मिट्टी के रंग के पहाड़। रेगिस्तान जैसी स्थिति। बर्फ़ और ठण्ड में रेगिस्तान। अद्भुत है प्रकृति की विविधता, विचित्रता और रूप–रंग।

देर रात नौ बजे हम परांग पहुँचे। लगभग 13 घण्टों की यात्रा। लगातार 15 घण्टे का दिन होता है। रात 9 घण्टे की होती है। 9 बजे रात तक दिन साफ़ दिखता है। ठहरने की व्यवस्था देखकर कोफ्त होती है। चार–छह बेड वाले कमरे हैं। बाथरूम पुराने। भारत में जैसे 30–40 साल पहले सराय होते थे। सौ लोगों पर एक या दो बाथरूम। गन्दगी इतनी कि आप उसके पास न फटक सकें। प्रवेश न कर सकें। यानी शौच या नित्यक्रिया के लिए बाहर ही शरण मिल सकती है। अनजानी जगह है। साथ में टार्च की रोशनी है। बिजली नहीं है। बदबू अलग है।

रात में दो बार जगता हूँ, पेशाब के लिए। चौदहवीं की चाँद थी। आकाश खुला हुआ, इतना सुन्दर, निरभ्र आकाश। चाँद को देखता ही रह गया। इतना खुला सौन्दर्य, इतना मादक या मोहक रूप, प्रकृति की यह मोहकता, चमकती चाँदनी का यह मोहक, दाहक रूप और पाश! सब सोये हैं। अब हम रात कहाँ देख पाते हैं? गाँव में पहले रात का सौन्दर्य देखा था। तारों, नक्षत्रों को निहारना, नक्षत्र और ब्रह्माण्ड को देखना। पर, ठण्ड रोयें–रोयें को सिहराती है। प्रकृति के सौन्दर्य में डूबे रहने की इच्छा होती है। शरीर की सीमाएँ हैं। ठण्ड अकड़ाती है। कमरे में लौटता हूँ। पर, मन नक्षत्रों में भटकता है। याद आती है, छात्र जीवन में पढ़ी सुमित्रानन्दन पन्त की कविता 'मौन–निमन्त्रण'–

'स्तब्ध ज्योत्सना में जब संसार
चकित रहता शिशु सा नादान,
विश्व के पलकों पर सुकुमार

विचरते हैं जब स्वप्न अजान,
न जाने नक्षत्रों से कौन
निमन्त्रण देता मुझको मौन!'

कल सुबह मानसरोवर रवाना होना है। मानसरोवर सपना है। सोचता हूँ, पहले–पहले कब नाम सुना? तो याद आते हैं हमारे परिवार के चाचा, जिन्हें हम आदर से लाला कहते थे। वह गृहस्थों में साधु थे। वह रोज़ चेताते, चार बजे सुबह उठा करो, मानसरोवर की हवा मिलती है। सोने की कोशिश करता हूँ। पर, मानसरोवर ही मन में अटका है या भटक रहा है।

दर्शन मानसरोवर का! नयन न तिरपित भेल

(परांग से मानसरोवर, 277 किमी, बुधवार, 15.06.2011)

आज काठमाण्डू छोड़े पाँच दिन हो गये। बिना नहाये, कपड़ा बदले। न सही ढंग से बाथरूम जाने की व्यवस्था, न रहने की। ठण्ड ऊपर से। पानी की कमी अलग से। इन असुविधाओं के बीच भी खाने की उत्तम व्यवस्था। समय पर चाय–सूप, मक्के का लावा। नेपाल से साथ चल रहे शेरपा लोगों के सौजन्य से। हर जगह गरम–गरम खाना उपलब्ध रहा। पर, ऊँचाई पर जाने पर भूख स्वतः घटती है। यहाँ से भी लगातार चढ़ाई। यहीं से कैलास का भव्य दर्शन शुरू होता है। कैलास अद्‌भुत है। कैलास का आकार अद्‌भुत है। रूप आकर्षक, सफ़ेद बर्फ़ से ढका। दर्शन होते ही या नज़र पड़ते ही आँखें जैसे ठहर जाये। बँध जायें। सुबह यात्रा शुरू हुई, तो गाड़ी में सर्राफ़ साहब के सौजन्य से भजन सुनने को मिला। भगवान शंकर के भजन। वह शंकर जो अजन्मा हैं, निराकार हैं, गंगाधर हैं। महादेव हैं। ओंकार हैं, मंगलम हैं, सर्वकल्याणकारी हैं। रुद्र माला, मुण्ड माला से जिनका शृंगार है। वह अद्‌भुत हैं, प्रिय हैं, योगी हैं।

इनकी सोहबत में जाने के लिए हर यात्री, हर कष्ट उठाने के लिए तैयार है। यात्रा की लय अपने आप बनती है। सही बाथरूम की व्यवस्था नहीं, तो खाना कम कर दिया। रात में जगना कम पड़े, तो पानी पीना कम कर दिया। पर, काया है, प्रकृति है, उसका अपना स्वभाव है। कैसे सब रुक सकता है? ठहराव, तो जड़ होना है। मरना है। चन्द रोज़ हुए हैं। पर, लगता है कई महीनों से कटा हूँ। न घर से

बात, न मित्रों से सम्पर्क। न राज्य–प्रदेश की ख़ैर–खबर, न प्रियजनों की सूचनाएँ। न देश–दुनिया की ख़बर। कभी मानता–सोचता था, ख़बरों के बग़ैर कैसे रहा जा सकता है? ख़बरों की दुनिया में हूँ। लगता है, संसार, समाज और हम पूरक हैं। बिना संसार, समाज और ख़बरों के अधूरे। पर, यह सब कितना भ्रम है। आत्ममुग्धता है, माया है। कबीर याद आते हैं। जगत माया मिथ्या।

पुरी के स्वामी जी को देखता हूँ। वह पेट पर कपड़ा नहीं रखते हैं। हम यहाँ इतने कपड़ों में काँपते–ठिठुरते हैं। उनका पहनावा है, गंजी, ऊपर से एक ऊनी चादर, पेट खुला, तोंद खुली। घुटने तक लुंगीनुमा वस्त्र। नीचे तहमद। वह जाने–माने प्रवचनकर्ता हैं। वैष्णव हैं। संन्यासी का अतीत जानना वर्जित है। फ़िर भी पता किया। 20 वर्षों तक उड़ीसा में किसी विभाग में इंस्पेक्टर पद पर रहे। इस्तीफ़ा दिया। शादी नहीं की। फ़िर संन्यास लिया। अब पूरी तरह भगवान को समर्पित हैं। उम्र में हमसे अधिक। पर, कार्यों में अधिक चुस्त और युवा। क्या यह अध्यात्म और साधना का फ़र्क़ है?

मन में सवाल उठते हैं। उनमें कैसी ऊर्जा है, जो उन्हें विपरीत परिस्थितियों में प्रसन्न रखती है। हम उनसे उम्र में छोटे हैं। पर, जैसे–जैसे यात्रा में ऊँचाई पर जा रहे हैं, बेचैनी बढ़ती जाती है। पर, वे प्रसन्न हैं। हमारे साथ में झँवर जी, रामरत्न सर्राफ़ की जोड़ी है। दोनों बचपन के मित्र हैं। एक कोलकाता और दूसरा राँची के। पर, एक दूसरे के प्रति गहरा स्नेह है। साथ में राँची के ही जेपी शर्मा मिले। अनोखे लगे। 'भोले की फ़ौज करेगी मौज।' यह उनका नारा था। हाव–भाव, विचार से वह भोले के गण ही हैं। कहीं भी भजन शुरू करना, रंग जमा देना, कोई उनसे सीखे। वह मानने को तैयार ही नहीं कि यात्रा में कोई कठिनाई है। वे कहते हैं, टूर ऑपरेटर इतनी ऊँचाई पर इतनी अच्छी चीज़ें उपलब्ध करा रहा है, सुविधाएँ दे रहा है। इससे अधिक आप क्या कल्पना कर सकते हैं? आज शाम तक मानसरोवर पहुँचने की उम्मीद है।

परांग से सुबह 6:30 बजे निकलना है। दोनों तरफ़ पहाड़, दुर्गम रास्ता। चीनी सरकार सड़क बना रही है। काफ़ी मज़बूत सड़क।

बगल में नाली का भी निर्माण किया जा रहा है। देखने से लगता है, कम–से–कम 25 से 50 वर्षों तक सड़क को कुछ नहीं होने वाला। बीच–बीच में कहीं भी बस्ती नहीं। कल तक कहीं–कहीं भेड़ों के झुण्ड दिखते थे। आज घोड़े भी चरते दिखे। याकों के झुण्ड भी देखे। कहीं कोई पैदावार नहीं। बलुहट ज़मीन। लैंड क्रूजर गाड़ी बड़ी तेज़ी से भाग रही है। पहाड़ देख रहा हूँ। विचार उभरते हैं, उतरते हैं, तैरते हैं, फ़िर डूबते हैं। दिमाग़ में सब घूम रहा है। कितना दूर हूँ, वतन से, कर्मभूमि से, जन्मभूमि से, स्वजनों से, परिजनों से? यह परिचय भी क्या है? जीवन ऐसा ही है। आना और जाना है। चलने के पहले तिब्बत यात्रा के अनेक संस्मरण पढ़े। हर यात्रा में मौत, गम्भीर रूप से बीमार होने की सूचनाएँ। रास्ते की परेशानियाँ–चुनौतियाँ। संसार में आये, तो बन्धन बना। आने के पहले और जाने के बाद, कौन कहाँ, किसका?

यात्रा करने वालों ने आगाह किया था। 50 से ऊपर के लोगों के लिए मुश्किलें हैं। गगन गिल का संस्मरण 'अवाक्' पढ़ा। आरम्भ में ही प्रसंग है। अपने मित्र, शुभचिन्तक अशोक वाजपेयी जी को उन्होंने कैलास जाने की सूचना दी। वाजपेयी जी ने उन्हें हिदायत दी कि सावधानी से रहिए। कठिन यात्रा है। इस यात्रा में मैंने अभिन्न मित्र कैलास (अशोक जी के मित्र) को खो दिया।

आठ जून को घर से निकल रहा था। पत्नी ने कहा डेढ़ बजे के बाद जाइए। राहुकाल है। यात्रा जोखिम भरी है। जानलेवा भी। यह पत्नी को पता था। उन्होंने भी कहा कि यात्रा ख़तरनाक है। जीवन की बहुत चीज़ें अभी अधर में हैं। पर, कभी उन्होंने बरजा नहीं। आज मानसरोवर पहुँचते यह सब याद आता है। इसलिए दिल्ली से रवाना होने के पहले आठ जून को सबको फ़ोन करता हूँ। सभी मित्रों से बात करता हूँ। सिर्फ़ फ़ैसल अनुराग से बात नहीं हो पाती। बार–बार बात करने के लिए ट्राइ करता हूँ। पर, उनका फ़ोन बन्द मिला। जैसे ही नेपाल जाने के लिए प्लेन में बैठा, मित्र राजेन्द्र तिवारी का सन्देश मिलता है, एमएफ हुसैन नहीं रहे। यात्रा की शुरुआत के पहले ही हुसैन के मौत की ख़बर। मन ख़राब हुआ। क्या अन्त आ रहा है, नहीं पता? अहसास है, कैलास–मानसरोवर की यात्रा पर हूँ। जो होना है, नियति

है, प्रारब्ध है, भला कौन उसे टाल सकता है? सृजन और संहार, दोनों शंकर के हाथ में है। पर, यात्रा की घोर असुविधाओं के बीच भी उमंग है। इसका उत्स कहाँ है? नहीं जानता। शायद हम शंकर की धरती पर हैं। ड्राइवर लोब्सा तिब्बती संगीत सुनता है। नाच–गान में मस्त रहने वाला इनसान। परम पावन दलाईलामा का नाम सुनते ही उसके भी हाथ जुड़ जाते हैं।

गाड़ी में बैठे–बैठे कभी–कभी आँख झपकती है, पर मन सोने को नहीं होता। फ़िर दोबारा ये दृश्य कहाँ मिलेंगे? या ये दृश्य तो सदियों रहेंगे, पर हम कहाँ होंगे? ब्योमला चैकपोस्ट (म्यूमला दर्रा भी कहा जाता है) पहुँचते हैं। चीनी चैकपोस्ट है। एक–एक पासपोर्ट की चैकिंग होती है। ड्राइवर के लाइसेंस की जाँच होती है। शेरपाओं के पासपोर्ट की जाँच। अब तक तीन–चार जगह ऐसी चैकिंग हो चुकी है। सख़्ती ऐसी कि परिन्दा भी पर न मार सके। यह व्यवस्था है, रास्ते में दूर–दूर तक टेलीफ़ोन टावर दिखते हैं। विंड एनर्जी के प्रयोग के बड़े पंखे दिखते हैं। सौर ऊर्जा के इस्तेमाल से बड़े–बड़े टेलीफ़ोन टावर चलते हैं। इस तरह तिब्बत में विंड एनर्जी, सोलर एनर्जी का इस्तेमाल चीन ने बखूबी किया है। हम गाड़ियों से उतरकर सड़क पर बैठे, इंडियन स्टाइल में। रेगिस्तान में भी क्या मज़बूत सड़क है। किनारे–किनारे नालियाँ, दोनों तरफ़ पेड़।

एक व्यक्ति ने सुनाया, चीन की एक घटना। पाकिस्तान में एक सड़क बनाने वाली एक चीनी कम्पनी के कांट्रैक्ट में था कि सड़क मज़बूत होगी। वही कम्पनी 50 वर्षों तक मेंटेनेंस करेगी। पर, सात सालों में ही सड़क ख़राब हो गयी। कॉन्ट्रैक्टर बुलाया गया, बड़े इंजीनियर भी। सरेआम सड़क पर गोली मार दी गयी। भारत में भी नेशन–स्टेट लूटने वाले भ्रष्टाचारियों के बारे में नेहरू जी ने ऐसा ही सपना देखा था। अपराधियों को लैम्पपोस्ट पर लटका दिया जाये। पर, इन दिनों भ्रष्टाचार के ख़िलाफ़ होने वाले आन्दोलनों को कुचलने में सरकार लगी है। देश का धन बाहर ले जाकर रखने वाले मौज में, जनता मुसीबत में।

यह प्रसंग छिड़ने पर भारतीय शासक कहेंगे कि चीन में शासन पद्धति दूसरी है। पर यह सिर्फ़ बचाव की मुद्रा हो सकती है। भारत में सड़क उदरस्थ करने वालों या रातों–रात सड़क चुराने वालों पर एक्शन लेने या कार्रवाई करने की कोई पहल नहीं की जाती। ऐसा इसलिए कि भ्रष्टाचार का काला धन ऊपर से नीचे और नीचे से ऊपर तक फैला हुआ है।

तिब्बत के किसी होटल में कोई चोरी की घटना नहीं। यह है शासन का प्रताप या तिब्बत की बौद्ध परम्परा–संस्कृति का असर। म्यूमला पास के पास सड़क के किनारे बैठकर हम तेज़ धूप का आनन्द लेते हैं। ठण्डी हवा बहती है। अचानक बादल छाने लगते हैं। फ़िर बर्फ़ की बरसात होने लगी। बर्फ़ भी होम्योपैथ दवाओं की छोटी–छोटी गोलियों की तरह। हम समझ पाते, इससे पहले ही ऐसी गोलियों से ढक गये। 2002 में पाकिस्तान के मरी में ऐसी बर्फ़बारी देखी थी। इसी के आगे एटबाबाद है, जहाँ लादेन रहता था।

जगह–जगह पासपोर्ट चैकिंग देखकर भारत की स्थिति याद आयी। एक बार भारत में घुस गये, तो फ़िर आराम से रहिए। न कोई पूछनहार, न जाँचनहार। बांग्लादेश, पाकिस्तान से करोड़ों की तादाद में ग़ैर–भारतीय, भारत में हैं। इनकी जाँच हो, तो वोटबैंक वाले मानवाधिकार का सवाल उठा देंगे। मीडिया भी यही प्रश्न पूछेगा। पर, पाकिस्तान या बांग्लादेश में जो अल्पसंख्यक विभाजन के पहले से रह रहे हैं, उनकी दुर्दशा और ख़राब स्थिति पर कहीं कोई आवाज़ नहीं। दूसरे मुल्कों के शरणार्थी–भगोड़े, जासूस, सरप्लस आबादी सब भारत में रह सकते हैं। अवैध से वैध हो जाते हैं। वोटबैंक बन जाते हैं, क्योंकि यह मुल्क नहीं धर्मशाला है। अनेक पश्चिम के कथित बुद्धिजीवी, शोधार्थी, पत्रकार भारत आ सकते हैं, नक्सली क्षेत्रों का दौरा कर सकते हैं, वे ग़ायब भी हो जाते हैं। नक्सलियों के गोपनीय ठिकानों पर जाते हैं, फ़िर उदित हो जाते हैं। पर, सिस्टम को आहट तक नहीं होती। चीन में यह सब सपने में भी नहीं सोच सकते। साथ के सज्जन कहते हैं, इस मुल्क में चीनी राष्ट्रीयता की भावना है। भारत से राष्ट्रीयता ही गायब है।

म्यूमला पास से आगे हम रुकते हैं। सड़क किनारे नदी है। ग्लेशियर की परत देखते हैं। दिन के ठीक तीन बजकर बीस मिनट पर हमने सामने देखा, चढ़ाई पर एक झील है। गहरा नीला रंग। ड्राइवर लोब्सा से हम लोग पूछ बैठे, वह क्या है? उसने कहा, मानसरोवर। लोग झील को देखते ही तालियँ बजाने लगे। इतनी लम्बी, इतनी कठिन यात्रा, इसी झलक के लिए तो थी, इसी क्षण के लिए ही तो थी। पलक झपकाये बिना, हम सब उधर ही देख रहे थे। इस बीच गाड़ी दो जगह चैकिंग प्वाइंट से निकली। हम उतरे। गाड़ी रुकते ही हम सभी उस ओर दौड़ पड़े। झील की तट से हम दूर थे। पर, उस सुनसान–निर्जन जगह पर झील हीं तो झलक रही थी। उसकी ही उपस्थिति का अहसास था। उसके बग़ैर और क्या था? हम सब उतरे। समूह में फ़ोटो ली। अलग फ़ोटो भी ली। फ़िर अर्धपरिक्रमा पर निकले। गाड़ी से ही। लगभग 4:30 बजे हम सब वहाँ पहुँचे, जहाँ तट सुनसान था। वहीं उतरे। स्नान के लिए। यहीं से भव्य कैलास के भी दर्शन हुए। कैलास पर्वत का वह सौन्दर्य, सफ़ेद बर्फ़ में ढका और डूबा वह पर्वत पहाड़। बिल्कुल विभोर करने वाला। प्रकृति की अद्भुत सौगात। शंकर के घर (कैलास) द्वार पर उन दिनों में पढ़ी गगन गिल की पुस्तक 'अवाक् (कैलास–मानसरोवर : एक अन्तर्यात्रा)' का प्रसंग याद आया–

> *'ब्रह्मा ब्रह्मलोक में, विष्णु बैकुण्ठ में, शिव कैलास पर रहते हैं। जीते जी मनुष्य न ब्रह्म लोक, न बैकुण्ठ जा सकते हैं। केवल कैलास जा सकते हैं। कैलास जाना यानी एक देवकथा में जाना... एक देवपर्वत पर जाना।'*
>
> *(साभार : 'अवाक्', गगन गिल)*

कैलास भव्य है। वर्णनातीत है। स्वामी प्रणवानन्द ने अपनी पुस्तक में लिखा है–

> *'इस कैलास के समीप जानेवाले मानव अपनी ग्राह्यशक्ति के अनुसार शिव तथा पार्वती का साक्षात्कार कर तन्मय या समाधिस्थ*

हो जाते हैं। इसलिए पुराणों में शिव तथा पार्वती के निवासस्थान स्वरूप जिस कैलास का वर्णन किया गया है, वह इस दृष्टिकोण से सर्वथा सत्य है।'

(साभार : 'कैलास–मानसरोवर', स्वामी प्रणवानन्द)

सनातन ग्रन्थों में कैलास का उल्लेख है। अर्जुन ने यहीं तपस्या की। भगवान शिव से पाशुपत अस्त्र वरदान में प्राप्त किया। यहीं से युधिष्ठिर सशरीर स्वर्ग में गये। रावण ने भी यहीं शिव की आराधना की। भस्मासुर यहीं भस्म हुआ। पुराणों में कथा मिलती है। कथा है कि एक समय सनक, सनन्दन, सनत्कुमार, सनत् सुजात आादि ऋषि कैलास शिखर पर शिव को प्रसन्न करने के लिए तपस्या कर रहे थे। इसी अवधि में 11 वर्ष तक अनावृष्टि होने के कारण आसपास की सारी नदियाँ सूख गयीं। स्नान आदि के लिए ऋषियों को दूर मन्दाकिनी तक जाना पड़ता था। उनकी प्रार्थना पर ब्रह्मा ने अपने मानसिक संकल्प से कैलास के पास एक सरोवर का निर्माण कर, स्वयं हंस–रूप में उसमें प्रवेश किया। ब्रह्मा की सृष्टि होने के कारण इसका नाम मानस सरोवर पड़ा।

इस मानसरोवर को देखकर कैसी अनुभूति होती है? इसका उल्लेख स्वामी सत्यदेव परिव्राजक जी की पुस्तक 'मेरी कैलास यात्रा' में मिलता है–

'गुफा से थोड़ी चढ़ाई चढ़ने पर मानसरोवर के पुनीत दर्शन का सौभाग्य प्राप्त हुआ। जिस मानसरोवर की महिमा बालकपन से सुना करता था, जिसके दर्शनार्थ भारत की करोड़ों आत्माएँ लालायित हैं, जिसको देखने के लिए यूरोप के धुरन्धर विद्वान दूर– दूर से आते हैं, जिसकी नैसर्गिक शोभा की प्रशंसा सब विदेशियों ने मुक्त कण्ठ से की है। उस मानसरोवर के दर्शन कर मैंने अपने आपको करोड़ों बार धन्य माना।'

(साभार : 'मेरी कैलास यात्रा', स्वामी सत्यदेव परिव्राजक)

सोचता हूँ कि कैलास–मानसरोवर जाने वाले पहले यात्री कौन थे? यह सही है कि महाभारत, रामायण में कैलास को पावन क्षेत्र माना गया। पर, कैलास–मानसरोवर की यात्राएँ भी बहुत पहले ही शुरू हो चुकी थीं। शेखर पाठक बताते हैं–

'...व्यापारियों, प्रवास में आ–जा रही जनजातियाँ, संन्यासी (जिसमें तान्त्रिक सिद्धि कीमियागार भी थे) आदि ने प्रत्यक्ष अनुभवों के आधार पर इसकी जानकारी बढ़ाई। अर्वाचीन बौद्ध और जैन ग्रन्थों में इसका उल्लेख मिलता है। भारतीय सन्त–ज्ञानी भी तिब्बत जाते थे। जिनमें गुरुपद्मसम्भव (मणि पद्म) भी थे। तिब्बत में उनका बड़ा सम्मान है।'

शेखर पाठक के अनुसार–

'1624 में उत्तराखण्ड होकर माड़ा दर्रे पार कर छपरांग (पश्चिमी तिब्बत) पहुँचने वाले जैसुइट पादरी, अन्तोनियो अंद्रादे और इमैन्युअलमारक्युज थे। जो 'खोए हुए ईसाई भाइयों' की तलाश में गये थे। अप्रैल 1626 में पश्चिम तिब्बत में पहला चर्च स्थापित करने में लगे।'

(साभार : 'अतुल्य कैलास–मानसरोवर', शेखर पाठक)

शेखर पाठक की दी जानकारी के अनुसार–

'...1715 में जैसुईट पादरी इप्पोलीटो देसीदेरी और इमैन्युअल फ्रेयरे कश्मीर से ल्हासा जाते हुए कैलास पर्वत के पास से गुज़रे थे। कैलास के धार्मिक महत्त्व की चर्चा करते हुए भी वे इस पर्वत का नाम नहीं दे पाये थे। इन पादरियों के 97 साल बाद 1812 में जिस अंग्रेज़ पशु चिकित्सक ने नीति दर्रा पार कर मानसरोवर, राकसताल और कैलास पर्वत को साक्षात् देखा वह विलियम मूरक्रोफ्ट था। उसके साथ हैदर जंग हेयरसे था। उसने Kailas को Cailas लिखा था और यह भी बताया था कि तीर्थयात्री

इसे 'महादेव का लिंग' सम्बोधित करते थे। मूरक्रोफ्ट ने कैलास परिक्रमा/प्रदक्षिणा की विधि का वर्णन किया है।'

(साभार : 'अतुल्य कैलास–मानसरोवर', शेखर पाठक)

स्वामी प्रणवानन्द के सम्बन्ध में शेखर पाठक ने लिखा है–

'1930–40 के बीच स्वामी प्रणवानन्द, नारायण स्वामी या गीता स्वामी के प्रयासों से तीर्थ यात्रा का सुव्यवस्थित सिलसिला चला। प्रणवानन्द भूगोलविद् थे। नारायण स्वामी समाजसेवक तथा शिक्षक। गीता स्वामी पूरी तरह कैलास या अन्य तीर्थ यात्रा के प्रबन्धक थे।'

(साभार : 'अतुल्य कैलास–मानसरोवर', शेखर पाठक)

भारत और तिब्बत का गहरा सम्बन्ध शायद आदि काल से है। भारतवर्ष के लोग हज़ारों–हज़ारों वर्ष से इसका पूजन–दर्शन–परिक्रमा करते आ रहे हैं। कम–से–कम पाँच हज़ार साल पुराना हमारा सम्बन्ध तो ग्रन्थ ही बताते हैं। भारतीयों को तिब्बत जाने के लिए, कैलास जाने के लिए कभी अनुमति नहीं लेनी पड़ी थी। जैसे नेपाल गये, वैसे ही तिब्बत। राहुल सांकृत्यायन की 1920–30 के दशक की तिब्बत यात्राएँ उसी दौर में हुईं। यह और बात है कि आज यह क्षेत्र चीन अधिकृत है। आप समूह में यात्रा न कर रहे हों, तो वीजा मिलने की सम्भावना नहीं ही है।

मानसरोवर में हम नहाने उतरे। सात दिनों बाद नहाना हुआ। दिन के नौ बज रहे थे। पर, धूप तेज़ थी। फ़िर भी पानी, अत्यन्त ठण्डा, बल्कि पानी नहीं, तरल बर्फ़ का पदार्थ। बर्फ़ पिघला अत्यन्त पारदर्शी पानी। 11 जून की सुबह में हम काठमाण्डू में नहाये थे। इसके बाद मानसरोवर में ही स्नान हुआ। पर, हमेशा बोध बना रहा कि हम मानसरोवर के जल से स्नान कर रहे हैं। सामान्य जल से, तो मैल धुलती है। कामना है कि इस जल से मन के मैल धुलेंगे। विचारों के मैल धुलेंगे। ईर्ष्या, द्वेष, राग और भोग

के मैल से मुक्ति मिलेगी। देर तक हम मानसरोवर के किनारे घूमते रहे। साथ–साथ भव्य कैलास निहारते रहे। विद्यापति के शब्दों में कहें, तो नयन न तिरपित भेल (नैन तृप्ति नहीं हुई)। आँखें अघायी नहीं। फ़िर हमने मानसरोवर की परिक्रमा शुरू की। गाड़ी से ही। धीरे–धीरे।

इस जगह या क्षेत्र का सुन्दर वर्णन किया है, शेखर पाठक जी ने 'अतुल्य कैलास मानसरोवर' में–

'संस्कृत में मानसरोवर के लिए बहुत से नाम हैं जैसे– अच्छोदसर, बिन्दुसर, पद्महृद, ब्रह्मसरोवर, हेमकूट तथा अनभतत्त्व। पाली भाषा में इसे अनोतत्त्व कहा गया है। तिब्बती चित्रों तथा थंकाओं में मानसरोवर तथा राकसताल सूरज तथा चाँद की तरह अभिव्यक्त किये गये हैं, जिनमें पहले को रोशनी की प्रकट शक्ति, तो दूसरे को अन्धकार की छुपी शक्ति का प्रतीक बताया गया है। इसीलिए मानसरोवर को चैतन्य सरोवर और राकसताल को राक्षसों का ताल कहा जाता है। यह भी कहानी है कि मानसरोवर की रचना स्वयं ब्रह्मा ने अपने मस्तिष्क से की।'

(साभार : 'अतुल्य कैलास–मानसरोवर', शेखर पाठक)

फ़िर हम गाड़ी से आगे निकले। पर, मुड़–मुड़ कर पीछे देखते रहे। आगे मिला राकसताल। किनारे–किनारे, मज़बूत और बेहतरीन सड़क। वहाँ अभी सड़क पर काम हो रहा है। पर, राकसताल पर बिल्कुल ख़ामोशी। एक पक्षी तक नहीं। मानसरोवर का जल राकसताल की ओर भी बहता है। यह मानसरोवर से 50 फ़ीट नीचे है। गंगाछ्यू दोनों को जोड़ती है। राकसताल से भी मानसरोवर दिखता है। शेखर पाठक बताते हैं–

'यह क्षेत्र हिमालय के समानान्तर खड़ी गुरुला तथा कैलास पर्वतमालाओं और उनमें चमकते तथा प्रभावशाली गुरुला मान्धाता और कैलास शिखरों, इनके बीच में विराजते सूर्याकारी मानसरोवर और अर्ध चन्द्राकारी राकसताल के साथ सांगपो (ब्रह्मपुत्र), सिन्धु, सतलज और करनाली जैसी विशाल नदियों को जन्म देने वाला बना, जो उत्तरी

भारत की तीन भाग्य विधाता नदी व्यवस्थाओं का मूल आधार है। यह क्षेत्र और इसके विभिन्न स्थान बिन्दु (ताल, नदी, शिखर, दर्रे, गुफा, चट्टान आदि) एक प्रकार से 'पापमुक्ति' के या 'पाप' को नष्ट करने वाले' क्षेत्र के रूप में जाने जाते हैं।'

(साभार : 'अतुल्य कैलास–मानसरोवर', शेखर पाठक)

मानसरोवर के किनारे पाँव रखते ही पत्थर चुनता हूँ। पानी में प्रवेश करता हूँ। वहाँ भी पानी में हाथ डाल कर पत्थर निकालता हूँ। मित्रों–स्वजनों के लिए। उन्हें उपहार स्वरूप भेंट करने के लिए। इस यात्रा में बोझ बढ़ाना मना ही है। तय मात्रा में ही वज़न ले जा सकते हैं। फ्लाइट में भी। मानसरोवर तक की यात्रा में भी। इसलिए बोझ बढ़ाने के ख़तरे से वाकि़फ़ हूँ। फ़िर भी मन नहीं मानता। यह पवित्रता अकेले क्यों पाऊँ? जिनका नेह–स्नेह, मानसरोवर–कैलास के प्रति है, उन तक भी कुछ यहाँ से ले जाऊँ। यह बोध या भाव है। इसलिए नहाने के पहले कुछेक पत्थर चुनता हूँ। सरोवर से लौटती में जल भी एक बरतन में भरते हैं। मानसरोवर का यह प्रसाद दूर–दूर तक पहुँचे। निजी मुक्ति का भाव स्वार्थ है। समूह या समाज के साथ सामूहिक उद्धार परमार्थ है। इसी भाव–बोध से तहत बोझ बढ़ा लेता हूँ।

यहाँ आकर पाया, कभी–कभी नाक से ख़ून के छींटें निकल रहे हैं, नाक छिड़कने पर। पर, भय नहीं लगा। शिव की गोद में मुक्ति की कल्पना बहुत भयभीत नहीं करती। नायलम से ही कुछ लोग पीछे जाने की बात कहने लगे। मानसरोवर में सुना कि यहीं से 16 लोग वापस जायेंगे। पर, मेरे मन में लौटने की बात कभी उठी ही नहीं।

बर्फ़ स्नान

(मानसरोवर, गुरुवार, 16.06.2011)

हम ठहरने की जगह पहुँच गये थे। मानसरोवर के किनारे ही हमें रात गुज़ारनी थी। मानसरोवर का क्षेत्रफल बताते हैं 350 वर्ग किमी से अधिक है। चार नदियों का उद्गम स्थल। सतलुज, सिन्धु, ब्रह्मपुत्र और कर्णाली (करनाली भी कहते हैं)। हम परांग से सीधे मानसरोवर पहुँचे। 277 किमी की यात्रा तय करके। 17,000 फ़ीट की ऊँचाई पर म्यूमला पास होते हुए। फ़िर रात को मानसरोवर के किनारे की गेस्ट हाउस में ठहरना हुआ। चार–चार आदमी एक ही कमरे में। कहीं–कहीं एक ही बेड पर दो आदमी भी। कुछ लोगों के लिए पोर्टेबल टायलेट भी साथ आया था। अगले दिन सुबह 16 जून को हमें मानसरोवर परिक्रमा करनी थी। मानसरोवर के किनारे पूजा और हवन, फ़िर वहाँ से दारचेन जाना था। फ़िर दारचेन से मानसरोवर परिक्रमा शुरू करनी थी। 14 जून की रात मानसरोवर किनारे गेस्ट हाउस में सोते वक़्त हमने तय किया कि तड़के जगेंगे। हालाँकि रात 11 बजे सोने गये थे। सिर हल्का भारी लगा, पहली बार। ईश्वर को धन्यवाद दिया। ख़ासकर भगवान शंकर को कि अब तक स्वास्थ्य साथ दे रहा है। पर, हाई एल्टीट्यूड में होने वाली बीमारियों के बारे में सुन चुका था। कम भूख लगना, उबकाई, फुर्ती न होना (हाई एल्टीट्यूड सिकनेस), मितली आना, ये सब यहाँ पर सामान्य लक्षण हैं। फ़िर भी ठीक हूँ। मुझे परहेज सिर्फ़ होटलों या गेस्ट हाउसों के बाथरूम से है। वह भी भयानक ठण्ड की वजह से। नहीं तो खुला मैदान है।

बनारस पढ़ा–लिखा। इसलिए दिव्य स्नान और निबटान से परिचित हूँ। जो खुले में ही सम्भव है। आसमान तले सम्भव है। नदी या सरोवर किनारे सम्भव है। सोने से पहले कपड़े बदलने के लिए हम डफल बैग तलाशते हैं। डफल बैगों की भी अलग कथा है। हम सब घर से अपने–अपने बैग लेकर आये। पर, ट्रेवल एजेंट ने हमें दिल्ली में दो बैग और दिये। एक छोटा, जिसमें ऊपर मामूली चीज़ें आ सकती थीं। दूसरा बैग जिसे डफल बैग कहते हैं, इस पर नम्बर लिखा था, बड़े–बड़े अक्षरों में। हम नाम से नहीं, नम्बरों से जाने जाते थे। ये डफल बैग चढ़ाना–उतारना, अलग से ट्रक में ढोना बड़ा काम था, कठिन था, जो साथ यात्रा कर रहे शेरपा, करते थे। हमारे सामान इन्हीं डफल बैगों में होते थे। ज़रूरी नहीं कि ये डफल बैग हर जगह, हर समय आपकी ज़रूरत के अनुसार आवश्यक रूप से मिल ही जायें। इन डफल बैगों को ढोने के लिए अलग वाहन था।

पर, मानसरोवर में यह बैग मिला। ठण्ड से बचने के लिए और सामान निकाला। योजना थी कि सुबह 3 बजे से 4 के बीच हम उठेंगे। ब्रह्ममुहूर्त में मानसरोवर देखेंगे। यह तय हुआ कि स्वामी जी, झँवर जी और सर्राफ जी (आमतौर से हमारे रूम पार्टनर) हम साथ चलेंगे। मानसरोवर के किनारे बैठेंगे। मान्यता है कि सुबह में तेज़ प्रकाश के रूप में ऋषि–महर्षि मानसरोवर में नहाने आते हैं। तारे टूट कर गिरते हैं। इसमें डुबकी लगाते हैं। पूर्णिमा की रात थी। चाँदनी के अक्षत सौन्दर्य में मानसरोवर और कैलास को देखने की पुरानी ललक, साध और लालसा थी। 11 बजे सोने गये। पर, ऑक्सीजन की कमी से नींद देर से आयी। रात में दो बजे नींद खुली। बाथरूम जाने की इच्छा हुई। ढेर सारे कपड़े पहन कर निकला। पर, बाहर तेज़ बूँदा–बाँदी थी। कड़ाके की ठण्ड में हिम्मत नहीं हुई। लौट आया। पर, नींद नहीं आयी। आधे घण्टे बाद फ़िर कोशिश की। पर, बाहर से बिस्तर पर लौटना पड़ा। नींद नहीं आ रही थी। आधे घण्टे बाद फ़िर उठा। कल की रात यानी 13 जून को बमुश्किल सोया था। बिना छाते या रेनकोट के फ़िर निकला। मैदान गया, निबटा, लौटा। हमारे मित्र जगे थे। चर्चा हुई, मानसरोवर के किनारे चला जाये। पर, तेज़ बरसात और ठण्ड देखकर हिम्मत नहीं हुई। हम बिस्तर पर ही सिमटे रहे। दुबके रहे।

सुबह उठे, मानसरोवर देखने गये। बारिश थम चुकी थी। आकाश खुल रहा था। मानसरोवर के पानी में थिराव था। हवा नहीं थी। जैसे सब कुछ ठहर गया हो। नीला आकाश, नीला पानी और दूर–दूर फैली सृष्टि की एक–से–एक सुन्दर चीज़ें। बर्फ़ से ढके पहाड़, अन्तहीन मैदान, कहीं–कहीं दूर कुछेक यात्रियों के कुछ दल। कहीं–कहीं पक्षी भी मानसरोवर में दूर से तैरते दिखे। शायद वे मानसरोवर के राजहंस हों। पर, मन अतृप्त ही रहा। फ़िर लौटे, मानसरोवर के किनारे–किनारे जगह देखी कि कहाँ होगा, स्नान और पूजा?

एक साथी ने बताया, मुम्बई से दो लड़कियाँ (एक डॉक्टर और दूसरी भारत सरकार के किसी विभाग में कार्यरत) आयी हैं। रात दो बजे ही मानसरोवर के किनारे गयीं। कड़ाके की ठण्ड में भीगते हुए। उन्होंने तारों को टूटकर गिरते देखा। पर, वे अस्वस्थ हैं। ठण्ड से। हैदराबाद से आये सॉफ्टवेयर इंजीनियर और शिवभक्त गांगुली ने कहा कि यह जगह दुनिया की सबसे ऊँची जगहों में से एक है। ऐसी जगहों पर एस्टेरायड गिरते हैं। जो भी हो, उल्कापिंडों का गिरना, या तारों का टूटना, या रोशनी का मानसरोवर में स्नान, एक विलक्षण नैसर्गिक परिघटना है। पुराणों की मानें तो हज़ारों वर्षों से यह मान्यता है कि तारों के रूप में ऋषि–महर्षि, देवी–देवता, इसमें स्नान करते हैं। इस लोक मान्यता और वैज्ञानिक बात की चर्चा चलती है। साथ ही नहाने की जगह को लेकर भी बहस हुई। कई लोग हैं। अलग–अलग मत हैं। जगह चयन में एकमत नहीं हैं। अन्ततः गाडी चालकों से बात कर दूर की एक जगह का चयन होता है। हम लोग अपनी–अपनी गाड़ियों में बैठकर निकल पड़ते हैं। मानसरोवर में स्नान करने, फ़िर पूजा और हवन करने। गाड़ियाँ दूर ऐसे सुनसान तट पर ठहरती हैं, जहाँ कीचड़ नहीं है। पथरीली ज़मीन है, कंक्रीट है। हम सब कपड़े उतारते हैं। पर, सुबह की ठण्ड है। हालाँकि धूप है, यही राहत है। पर, आस्था या विश्वास जो भी कहें, लोग इस ठण्ड में नहाने के लिए उतावले हैं। कपड़े उतारने पर ज़बरदस्त सिहरन होती है। आस्था और विश्वास के सामने सिहरन कमज़ोर पड़ती है। नदियों में नहाने के पहले गाँवों से यह सीख विरासत में मिली। पहले अंजुलि में पानी लेकर सिर पर

डालना। नदी के उस पवित्र जल के बूँद मात्र से अपवित्र से काया को पवित्र करने की परम्परा। हर साल, बचपन में कँपकँपाते ठण्ड में गाँव के लोगों के साथ, संक्रान्ति, मकर संक्रान्ति या विशेष पर्वों पर गंगा में नहाना होता, कभी–कभार सरयू में भी। शव जलाने जाने पर, तो शव जलने के बाद सबका स्नान सामूहिक रिवाज़ है।

बनारस पढ़ने गया। किशोर था। कॉलेज में दाखिला के बाद, पिता काशी विश्वनाथ मन्दिर ले गये। पहले दशाश्वमेध घाट पर गंगा जल से आचमन कराया। पानी सिर व बदन पर छिड़कना। फ़िर हाथ–पाँव धोना। मानसरोवर के किनारे, पानी में पाँव रखने के पहले, लगभग सभी यात्री अंजुलि से पानी, सिर पर छिड़कते हैं। यह स्पर्श, मानसिक पवित्रता, सात्विक बोध और सुकून देता है। इसी परम्परा में, पहले पानी सिर पर छिड़कता हूँ। इसके बाद मैं भी कपड़ा उतारकर पाँव पानी में डालता हूँ। छन्न से लगता है, जैसे बिजली लग गयी। पैर, मानो सुन्न पड़ गये। तुरन्त निकल आता हूँ। मन में संकल्प जैसा कि नहाना नहीं हो पायेगा। पर, आसपास के कई लोगों को नहाते देखता हूँ, जो उम्र में मुझसे अधिक हैं। फ़िर कोशिश करता हूँ। दोबारा पानी में पाँव धरते ही छन्न से लगता है। फ़िर बाहर आ जाता हूँ। इधर नंगे बदन,ऊपर से ठण्ड और नीचे यह हालत। मानसरोवर में पैर रखते ही लगा, जैसे हम बर्फ़ में हैं। सुन्न की स्थिति। तीसरी बार मानसरोवर में नहाने का साहस किया। साथ में एक मग लेकर। जल्दी–जल्दी मग से पानी निकाल कर नहाया। इस तरह मानसरोवर में दूसरा स्नान हुआ। बदन पर पानी गिरने के बाद ठण्ड कम हो गयी।

याद आया कि इस नहाने की तैयारी के लिए कैसे खुद को तैयार कर रहा था। दो माह पहले हरिद्वार गया था। हर की पौड़ी नहाने गया। तेज़ धूप थी। पहले गंगा को स्पर्श किया। माथे पर पानी छिड़का। पैर डाला। काँपा, सिहरा, तब गंगा में डुबकी लगायी, तुरत निकल आया। स्मृति उभरी, बचपन–किशोर वय गाँवों में रहते गरम पानी जैसी कोई चीज़ है, जाना ही नहीं। ठण्डे पानी से ही नहाना हुआ। नदियों में नहाना हुआ। शहरी सभ्यता में मिला गरम पानी। हरिद्वार अनुभव के बाद हमने तय किया कि अब सिर्फ़ ठण्डे पानी से

नहायेंगे। मानसरोवर की तैयारी के लिए। दो माह नहाया भी। पर, यह प्रैक्टिस भी साथ न दे सका।

14 जून की शाम मानसरोवर में नहाते हुए उतनी ठण्ड नहीं लगी, पर सुबह में तो (15 जून को) हड्डी सुन्न करने वाली–भेदने वाली ठण्ड थी। फ़िर परम्परा–मान्यता या लोक कहावत के अनुसार, बड़े भाई की दी पितरों की सूची निकाली। कई पीढ़ियों के गुज़रे लोगों, रिश्तेदारों के तर्पण की विधि की। गाँव–जवार के परिचित लोगों, परिवारों, घर में जिन काम करने वाले लोगों (हल चलाने वाले या घर में बतौर सेवा करने वालों) की सोहबत–संरक्षण में पला–बढ़ा। उन्हें भी याद कर तर्पण किया। इस बहस में नहीं जाना चाहता कि यह महज़ रस्म है या प्रतीक पूजा या वैज्ञानिक काम? पर, यह काम करने के बाद अच्छा लगा, सन्तोष हुआ। हल्का महसूस किया। लगा कुछ पल दूसरों के लिए जिया। ये जीवन के वे लोग थे, जो नहीं होते, तो हम न होते। या ऐसे लोग जिन्होंने मूल्य, संस्कार, जीने की ताक़त और ऊर्जा दी। भला उनके ऋण से उऋण कैसे हुआ जा सकता है? पावन कैलास में उनकी स्मृति सन्तोष देती है। मन को अच्छा लगता है। यात्रा की सारी थकान या असुविधा, इस सन्तोष के आगे कुछ भी नहीं है।

मनुष्य अगर किये हुए के प्रति ऋणी न हो सके, अहसान न महसूस करे, तो फ़िर उसके होने या न होने का क्या औचित्य है? हमारे शास्त्र कहते हैं, अकृतज्ञता सबसे बड़ा पाप है यानी कृतघ्नता। हालाँकि आज की यह वणिक दुनिया है। सौदेबाज़ी का संसार, तिजारत ही रिश्तों के आधार बन रहे हैं। इस वणिक, तिजारत की दुनिया से मानसरोवर का क्या लेना–देना? गाँवों ने तो हम जैसों को यही संस्कृति दी, सबका सोचना व सामूहिक कल्याण।

फ़िर पूजा शुरू हुई। राँची चिन्मय आश्रम के स्वामी जी ने तीन घण्टे तक पूजा करायी, फ़िर हवन। इसके बाद पितरों का तर्पण किया। कुछ अस्वस्थ मित्रों के स्वास्थ्य की कामना की। फ़िर मित्रों, समाज, देश, राज्य के बेहतरी–कल्याण की कामना। वसुधैव कुटुम्बकम् के बोध के तहत।

पूजा–हवन के बाद हल्का महसूस किया। दिन साफ़ था। बादल छँट गये थे। धूप तेज़ और साफ़ थी। लंच के लिए गये, तो सामने कैलास का अद्‌भुत दर्शन पाया। बार–बार बैठकर वही निहारता। तस्वीरें लीं। नया–नया फ़ोटोग्राफ़र बना था। पर, मन भरा नहीं। कैलास का अद्‌भुत रूप सामने। मन तृप्त करने वाला दर्शन। पर, यह तो भोग युग है। एक दर्शन से कहाँ सन्तोष? धूप में अलग, बादलों में अलग, मानसरोवर का रंग–रूप और झलक। कभी हरा, कभी कुछ हिस्सा काला, अधिकतम गहरा नीला और नीचे आधार पर मटमैला।

यात्रा शिड्यूल में कन्फ्यूजन के बाद, विलम्ब से हम दारचेन के लिए रवाना हुए। अच्छी सड़क, 45 मिनट की यात्रा। मानसरोवर से दारचेन के रास्ते अलग–अलग कोण से कैलास के दर्शन हुए। बेहद लुभावना, भव्य और आकर्षक। मौसम की कृपा रही।

दुर्गम यात्रा

(मानसरोवर–दारचेन, गुरुवार, 16.06.2011)

अब अष्टपद यात्रा की योजना थी, जहाँ से कैलाश का भव्य दर्शन होता, पहले जैन तीर्थंकर ऋषभदेव जी (आदिनाथ) के तपस्थल का दर्शन भी। तिब्बत का यह भूभाग अति महत्त्व का है। पवित्र है। चार धर्मों से जुड़ा। बोन धर्म (तिब्बत), जैन धर्म, बौद्ध धर्म व हिन्दू धर्म। स्वामी जी बताते हैं कि गुरु नानक ने भी यहाँ यात्र की थी और बौद्ध सिद्धों से मिले थे।

हम दारचेन से पहाड़ी पर ऊपर चढ़ने लगे। कच्ची सड़क, एकल रास्ता, ख़तरनाक मोड़। सीधी ऊर्ध्व चढ़ाई। एक तरफ़ पहाड़, दूसरी ओर बहुत गहरी खाई। सँकरा रास्ता, लगातार गहरी और भयावह होती खाई को देखना डरावना था। नीचे हर जगह बर्फ़। भय पैदा करने वाला रास्ता कहना सही होगा। हमारे बैच की एक गाड़ी स्किड (फिसल) कर गयी। संयोग से बच गयी। आगे बर्फ़ जमी थी। हमें लौटना पड़ा, अधबीच से।

रात के साढ़े नौ बजे तक दिन जैसा माहौल और रोशनी। खाने की इच्छा नहीं थी। फ़िर भी हल्की खिचड़ी ली। गरम पानी पीने के लिए ढूँढ़ा। फ़िर सोये, सुबह छह बजे कड़कती ठण्ड में बाथरूम गया। इतनी ऊँचाई पर समतल चलना भी बोझ लगता है। तेज़ साँस, मन–मन भर के पाँव, पर यहाँ रहने वाले, यहाँ के बाशिन्दे उन्हें जरा भी परेशानी नहीं। कैसी है प्रकृति की लीला? उसका यह विविध रूप। यहाँ भी बाथरूम की वही पुरानी व्यवस्था है। 200–250 लोगों के लिए एक

बाथरूम। पुराने ढंग का फ्लश है। दूर से ही दुर्गन्ध और उबकाई। मानसरोवर से दारचेन तक की सड़क पक्की है। पर, दारचेन से अष्टपद की सड़क ख़तरनाक है। यह सड़क कच्ची है, हालाँकि हर जगह सड़कों पर काम चल रहा है। के.टी.एस. सराओ ने कैलास यात्रा पर एक महत्त्वपूर्ण पुस्तक लिखी है– 'कैलास–मानसरोवर तीर्थयात्रा (भारतीय मार्ग),' इसी में अष्टपद का उल्लेख करते हुए उन्होंने लिखा है–

'जैनियों के लिए कैलास तो अष्टपद है, वह स्थान जहाँ प्रथम तीर्थंकर ऋषभ ने मुक्तिलाभ किया। बताया जाता है कि उन्होंने दस हज़ार भिक्षुओं के साथ अष्टपद पर्वत के शिखर पर विश्राम किया। वहाँ वे साढ़े छह दिनों तक उपवास करने के उपरान्त अन्तिम मुक्ति को प्राप्त हुए। देवताओं ने उनके शरीर का वहीं अन्तिम संस्कार किया। इस प्रकार कैलास पर्वत संसार का प्रथम शव–संस्कार स्थल बन गया। भारत के प्रथम चक्रवर्ती के रूप में मान्य ऋषभ–पुत्र भरत ने अष्टपद पर एक मन्दिर का निर्माण किया। उन्होंने भी मृत्युपर्यन्त उपवास के द्वारा वहीं मुक्तिलाभ किया।'

(साभार :'कैलास–मानसरोवर तीर्थयात्रा', के.टी.एस. सराओ)

श्री सराओ आगे बताते हैं–

'जब द्वितीय तीर्थंकर अजित ने विश्व का परित्याग किया तो उनके भतीजे सागर द्वितीय चक्रवर्ती बने। सागर के ज्येष्ठतम पुत्र जन्हु, भरत द्वारा निर्मित मन्दिर की समृद्धि को देखकर भयभीत थे कि यह मन्दिर लूटा जा सकता है। इसलिए उन्होंने मन्दिर के चारों तरफ़ एक दर्रे का निर्माण करवाकर उसमें गंगा का पानी भरवा दिया। लेकिन उनकी इस क्रिया से नागों की वासस्थली में पानी भर गया। प्रतिशोध में नागराज ने एक सेना भेजी, जिसने सागर के सभी साठ हज़ार पुत्रों को अपने विषपूर्ण नेत्रों से भस्म कर दिया। अन्तिम क्रियाकर्म की समाप्ति के बाद राजा सागर ने

भगीरथ को अष्टपद भेजा, जिन्होंने गंगा को फिर से समुद्र की ओर प्रवाहित किया। इस प्रकार जैन परम्परा में कैलास एक तीर्थ यात्रा है। यह उनके सन्त चरित्र संग्रहों में प्रथम मुक्ति पर्वत के रूप में उल्लेखित है।'

(साभार : 'कैलास–मानसरोवर तीर्थयात्रा', के.टी.एस. सराओ)

पश्चिमी अष्टपद में जैन ऋषि के आठ पाँव के निशान हैं। साथ चल रहे स्वामी जी का कैलास–मानसरोवर आना होता है। वह बताते हैं कि यह चर्चा भी मिलती है कि जैन धर्म के तीर्थंकर ऋषभदेव जी कैलास दर्शन के लिए यहाँ आये थे। आठ पद चढ़ने के बाद ही उन्हें मोक्ष मिला। इसलिए यह जगह अष्टपद कहलाया। शरीर त्यागने के बाद उनकी खड़ाऊँ और छड़ी वहाँ मिली। पर, अब वहाँ ये चीज़ें नहीं हैं। उनका स्मारक है। यह भी मान्यता है कि तीर्थंकर ऋषभदेव जी ने अष्टपद परिक्रमा के बाद शरीर त्यागा। इस कारण कैलास के दर्शनार्थी अष्टपद का दर्शन भी बड़ी श्रद्धा से करते हैं।

यमद्वार पहुँचना

(दारचेन–यमद्वार–डेरापुक परिक्रमा, शुक्रवार, 17.06.2011)

17 जून को दोपहर चार बजे दारचेन से कच्ची सड़क से हम यमद्वार पहुँचे। यमद्वार जहाँ नचिकेता गये थे, यम से मिलने या युधिष्ठिर ने जहाँ से स्वर्ग प्रस्थान किया था, उससे इस यमद्वार का रिश्ता है, पता नहीं। कैलास की परिक्रमा यहीं से शुरू होती है। तीन दिनों की। हिदायत है कि बहुत कम सामान लें। थर्मस, एक छोटा बैग, जिसमें एक जोड़ी कपड़ा आ जाये। ताकि भीगने पर काम आ सके। पेपर सोप, पेस्ट, ब्रश और दवाइयाँ। वहाँ पोर्टर (सामान ढोने के लिए कुली है) भी मिलते हैं। मैं घोड़ा लेता हूँ। हालाँकि घोड़े पर सवारी वर्षों पहले की थी। यमद्वार गोलाकार है, तिब्बती भी इसे पूज्य स्थान मानते हैं, हर जगह झंडे टँगे हैं। डंडे और रस्सी से बँधे पताके, बौद्ध भी परिक्रमा कर रहे हैं। स्थानीय तिब्बती भी। बौद्धों के मन्त्र भी गूँज रहे हैं। तेज़ हवा है। ये पताके फड़फड़ाते हैं। रंग–बिरंगे हैं। हरा, पीला, नीला, सफ़ेद, लाल। लगता है, उत्सव स्थल है। भला यमद्वार भी उत्सव स्थल क्यों नहीं? रजनीश मरने को उत्सव ही कहते हैं। इस जगह का नाम तिब्बत में दारबूचे है। इसका अर्थ है, प्रार्थना ध्वज का डंडा। सामने बड़ी–बड़ी पहाड़ियाँ हैं। एक सज्जन कैलास की दिशा की ओर की पहाड़ी को संकेत करके कहते हैं, यहाँ तिब्बत के 84 महासिद्धों की आकाश समाधियाँ हैं। तिब्बत में आकाश समाधि का तात्पर्य सबसे

ऊँची पहाड़ी पर मनुष्य के अन्तिम अवशेष को रखा जाता है। उसके टुकड़े–टुकड़े किये जाते हैं। चीलों, गिद्धों को खिलाने के लिए।

यात्रा का दिन, पहला पड़ाव जहाँ याक मिले

यहीं मुझे यमद्वार पर टेंसी लिंटू मिला, जो मेरा साथी पोर्टर था। 19–20 वर्ष का तिब्बती बालक। पहाड़ की चोटियें पर शावक सा दौड़ने–चढ़ने वाला, पर भारी लोभी। हम दारचेन से प्हुँचे थे, डेरापुक। यह पहला पड़ाव था। 16,500 फ़ीट की ऊँचाइ पर। यहाँ से कैलास का एक भाग अद्भुत दिखता है। पर, पहले यमद्वार में प्रस्थान की अनुभूति। यह यम के घर प्रवेश है। कैलास परिक्रमा के लिए जो जाते हैं, वो यहीं से रवाना होते हैं। जो सहयात्री नहीं जाते, वे यमद्वार से लौट आते हैं। दारचेन में प्रतीक्षा करते हैं। परिक्रमा करने वालों को विदा करने वाले भी यहीं तक आते हैं। यह तीन दिनों की परिक्रमा है। घोड़े से या पैदल। पहले दिन की परिक्रमा यम्द्वार से डेरापुक तक।

दूसरे दिन की परिक्रमा डेरापुक से जुटुलपुक तक। तीसरे दिन की परिक्रमा जुटुलपुक से दारचेन द्वार तक। पहले दिन 12 किमी, दूसरे

दिन 22 किमी, तीसरे दिन 11 किमी, कुल मिलाकर 45 किमी की यात्रा तीन दिनों में। दूसरे दिन की परिक्रमा सबसे कठिन मानी जाती है। पूरी यात्रा का सबसे कठिन और चुनौतीपूर्ण भाग। 18,600 फ़ीट की ऊँचाई पर दोलमा पास या डोलमा दर्रा की चढ़ाई। बर्फ़ के बीच रास्ता। सीधी चढ़ाई–उतराई। घोड़े से चलने वाले भी पैदल चलते हैं। तीन दिनों की यात्रा में एक बड़ा हिस्सा घोड़े वालों को भी पैदल ही चलना पड़ता है।

हमारी परिक्रमा शुरू से ही सन्दिग्ध थी, क्योंकि भारी बर्फ़बारी के कारण कैलास की परिक्रमा शुरू नहीं हुई थी। हमारे ट्रेवल एजेंट आये, कहा दुआ करिए कि हमें मौक़ा मिले। भगवान शंकर की महिमा देखिए, हमें मौक़ा मिला। हमारे बाद भी बर्फ़ के कारण परिक्रमा स्थगित होने की सूचना मिली। यमद्वार पर ही घोड़ा लेने वालों की क़तार लगी थी। पोर्टर लेने वालों की क़तार अलग थी। इन सबके अलग–अलग यूनियन हैं। जाने के तीन दिनों पहले ही बुकिंग करायी है। अन्तिम क्षणों में कोई भी नहीं मिलता। 1,800 युआन में एक घोड़ा और एक पोर्टर मिलते हैं। इस शुल्क से एक बड़ा हिस्सा, आधे से अधिक यूनियन वाले अपने पास रख लेते हैं। यह है, चीन की नयी साम्यवादी व्यवस्था। यूनियनों का शोषण और आतंक।

यमद्वार का दृश्य अलग था। जीवन में लोग यमद्वार प्रवेश से डरते हैं। पर, यहाँ यमद्वार प्रवेश कर कैलास परिक्रमा करने वालों की अच्छी संख्या थी। कहाँ लोग यम के भय से डरते हैं और कहाँ यहाँ यमद्वार में जाने की उत्सुकता? तब लगा, यह तो कैलास की महिमा है। कैलास दर्शन के लिए लोग यमद्वार से ही जाना चाहते हैं, गुज़रना चाहते हैं। यानी जीवन को ख़तरे में डालकर, मृत्यु का आलिंगन भी करना पड़े, तो भी वे कैलास दर्शन करना चाहते हैं। यह मानवीय संकल्प है। वह रहस्य या सृष्टि जानने की उत्कण्ठा है, जो सहस्रों वर्ष से प्रचलित है। इस द्वार की परिक्रमा पूर्ण करने पर ही कैलास परिक्रमा शुरू होती है। माना जाता है कि यह परिक्रमा, मृत्यु भय ख़त्म करती है। जैसे अन्तिम दिनों में काशी प्रवास की परम्परा है, भारत में। शहर काशी किवंदन्तियों

के अनुसार शिव के त्रिशूल पर बसा है। इसी तरह जीवन के अन्तिम दौर में लामा यहाँ आकर प्राणत्याग करते हैं। नहीं मालूम युधिष्ठिर यहीं से कुत्ते के साथ स्वर्ग गये? या नचिकेता, यम से मिलने यहीं आये थे।

यमद्वार पर लेखक

कुछेक कुत्ते भी दिखते हैं। वे भयावह और डरावने हैं। स्वामी प्रणवानन्द के पढ़े संस्मरण और गगन गिल की पुस्तक में भी इनका उल्लेख है। बाथरूम की गन्दगी देखकर दरचेन में मैंने कहा, खुला मैदान है, हम वहीं जायेंगे। एक शेरपा ने कहा, शाम या रात में अकेले बाहर न जायें। अगर जाते हैं, तो साथ में एक डंडा भी रखें। एक छड़ी दिखाकर कहता है, इसे भी साथ रखें। यहाँ के कुत्ते बड़े भयावह और आक्रामक हैं। वे आदमी को चीर डालते हैं। क्यों? क्योंकि वे मनुष्य भक्षी भी हैं। तिब्बत में दाह–संस्कार नहीं होता। मरने पर लामा शव को ऊँची पहाड़ी पर ले जाते हैं, बोटी–बोटी अलग कर फेंक देते हैं। चील–गिद्ध खायें, इसी उद्देश्य से। पर, कुत्ते पीछे नहीं रहते। इसलिए दिन में भी कुत्तों को देखकर भय होता है। हालाँकि साथ में स्थानीय घोड़ों के मालिक और सामान ढोने वाले पोर्टर भी हैं। पोर्टर को एक

छोटा बैग ढोना था। जिसमें एक जोड़ी कपड़ा, मामूली सूखे फल वग़ैरह थे। साथ में कैमरा अलग। उसने मोलभाव शुरू कर दिया। कैमरा के बैग का 150 युआन। लगभग 2,000 रुपये। एक बार स्लिप द्वारा नाम आवंटित हो जाने के बाद आप पोर्टर बदल नहीं सकते। घोड़ों की कमी थी। कुछेक को ही मिले। सब अपने–अपने घोड़े लेकर रवाना हो गये। मेरे घोड़े वाले का पता नहीं। उधर विदा करने वाले जा चुके थे।

कैलास–मानसरोवर परिक्रमा से पहले यमद्वार पर लेखक

यमद्वार के पास ही पहले से तय कुली और पोनी (घोड़ा) मिलते हैं। यहीं से कैलास परिक्रमा या यात्रा की शुरुआत होती है। यहाँ से डेरापुक (कुछ लोग दीरापुक भी कहते हैं) जाना है। मैं भयग्रस्त, साथी आगे निकल गये। छोड़ने वाले भी लौट गये। मैं यमद्वार पर अटक गया। अकेले बचा। यात्रा की जानकारी नहीं, अजनबी देश। पोर्टर से बोलता, वह भाव या इशारे से बात करता। वह आश्वस्त करता, घोड़ा आ रहा है। मैं अकेले पीछे रह गया। घर और परिचित परिवेश से हज़ारों मील दूर का यह अकेलापन भय पैदा कर रहा था। कुछ देर

बाद घोड़ा दिखा। सफ़ेद घोड़ा। घोड़े का मालिक या रखवार बूढ़ा। पर, काला गोगल्स पहने, सिर पर हैट लगाये, जासूस लग रहा था। मुस्कुराता चेहरा। दूर से ही उसे देख रहा था। वह घोड़े को आगे खींचता, घोड़ा उसे पीछे। कामयाबी घोड़े के हाथ। योजना थी कि हम यात्री साथ ही चलेंगे। पर, साथी आगे निकल चुके थे। घोड़ा देखते ही लगा कि या तो परुआ (सुस्त) है, या बिगड़ैल या फ़िर अड़ियल। पहली नज़र में घोड़ा मालिक अजीब लगा। किसी जासूसी कथा के खलनायक जैसे उसके ड्रेस थे। साथ रहने पर पाया, वह आदमी भला था। घोड़ा आगे बढ़ने में हिचकता, मानो परिक्रमा उसे रास नहीं आ रही। वह पीछे खींचता। पीछे से पोर्टर घोड़े पर डंडा चलाता, तो घोड़ा पीछे पैर उठाकर दुलत्ती मारता। मेरी हालत अजीब। यहाँ गिरने पर हड्डी–पसली का भी पता नहीं चलता। पथरीली जगह, पगडंडी या खाई। घोड़ा लिया कि सुविधा होगी। पर, हालत हो गयी कि गये थे हरि भजन को, ओटन लगे कपास। याद आया 1970 में गाँव से निकला था, गाँव में घोड़ा–घोड़ी या पैदल ही आवागमन के साधन थे। बचपन में खूब सवारी की थी, घोड़े–घोड़ी की। दो नदियों के बीच गाँव था। सालाना बाढ़ नियति थी। वहाँ से निकला, तो बनारस के यूपी कालेज में घुड़सवारी का भी प्रशिक्षण मिलता था। पर, वह सब तो छूटे 35–40 साल गुज़र गये। इस निछाह बर्फ़ीली फिसलन, पहाड़ी इलाक़े में कड़ाके की धूप, खाई, बर्फ़ और पगडंडी के बीच घोड़े की सवारी, भयप्रद लगा।

हम धीरे चले। फ़िर चाल में एक सामान्य गति आ गयी। आगे के लोग भी धीमे हो चुके थे। पहाड़ी रास्ते पर चलने का यह पहला अनुभव था। पहले भय था कि बहुत पीछे रह गया हूँ। फ़िर लगा, कौन किसके साथ होता है? यह जीवन यात्रा, तो अकेले ही तय होनी है। कम ऑक्सीजन, भीषण ठण्ड। पर, रास्ते में कई लामा दिखे, जो ऊबड़–खाबड़ ठण्डी धरती पर सोकर कैलास की परिक्रमा कर रहे थे। अत्यन्त कठिन और असम्भव–सा काम पर, कैलास परिक्रमा तो एक साधना तप–तपस्या है। लामाओं का यह प्रयास, तो जीवन साधना है।

एक सहयात्री सूचना देते हैं कि 'बोन धर्म' के लोग विपरीत दिशा से परिक्रमा करते हैं। कुछेक लेट कर भी। यह भीषण तप है।

लगभग पाँच घण्टे हम चले। यमद्वार से डेरापुक पहुँचे। रास्ते में बारिश भी मिली। यहाँ बहुत उतार–चढ़ाव नहीं है। सुन्दर पहाड़ियाँ, झरने और जल–प्रपात हैं। कहीं–कहीं चट्टानों पर कुछ खुदा भी है। डेरापुक को स्थानीय सन्दर्भ में कहा जाता है– 'मादा याक के सींगों की गुफा।' पास से गुज़रते हुए कैलास का अद्‌भुत सौन्दर्य दिखता है। बादल नहीं रहे, तो नीले आकाश का ऐसा सौन्दर्य शायद ही कहीं मिलेगा। हिमालय के इस भाग का मौसम नितान्त अनिश्चित है। पर, उस दिन की ठण्ड और गेस्ट हाउस हमेशा याद रहेंगे। 16,500 फ़ीट की ऊँचाई, ऑक्सीजन की बेहद कमी, बाथरूम का बन्दोबस्त नहीं, बिजली का अभाव, कैलास के दक्षिण भाग का एक हिस्सा ज़रूर दिख रहा था। भव्य, सुन्दर, साबुत। उसके ऊपर गहरे सफ़ेद बादल। वहाँ पीने को मिला, बेहद ठण्डा पानी। खाने की इच्छा नहीं। युवा पोर्टर की अलग समस्या। हमेशा उसे टिप्स चाहिए। सोने–खाने की व्यवस्था के लिए संकेत करता। हालाँकि यह व्यवस्था उन्हें खुद करनी था। उग्र ठण्ड थी। हम खुद एक बेड पर दो आदमी थे। बताया गया, कल की चढ़ाई मुख्य है। सबसे कठिन 22 किमी की सीधी चढ़ाई–सीधी उतराई। घोड़े काम नहीं आयेंगे। पूरी कैलास–मानसरोवर यात्रा में यह दिन सबसे कठिन माना जाता है। यात्रा विवरणी में पहले दिन के परिक्रमा के लिए 'टफ डे' शब्द प्रयुक्त हुआ है।

कैलास परिक्रमा

(डेरापुक–दोलमा पास जुटुलपुक, शनिवार, 18.06.2011)

अगले दिन यानी दूसरे दिन की यात्रा के लिए कठिनतम शब्द का प्रयोग है। यात्रा विवरणी (जो टूर एजेंट और चिन्मय मिशन द्वारा दिया गया) में लिखा है, यह वह दिन है, जिसके बारे में हर यात्री चर्चा करता है। पूरी यात्रा का सबसे कठिन दिन। 18,600 फ़ीट के दोलमा पास पर जाना। वहाँ से गुज़रना। यह यात्रा डेरापुक से दोलमा पास से होते हुए या वहाँ से गुज़रते हुए जुटुलपुक तक है। परिक्रमा के पहले दिन हम दारचेन से दारबोचा होते हुए डेरापुक पहुँच गये। 12 किमी की यात्रा कर रात में सोये। नींद उड़ी हुई थी। थकान थी। अति सुबह उठे। पर, बिस्तर से उतरने की हिम्मत नहीं। फ़िर भी उठा, तय किये गये समय पर। यात्रा में कहीं पीछे न छूट जायें। यह भय रहता था। हर एक अपने में सिमटा या चुनौतियों से घिरा। तैयार होना संकट भरा काम था। उठना, बाथरूम जाना, तैयार होना, बोझ लगा। पर, यह जीवनचक्र है। जीवन यात्रा रुकती नहीं। सो चलना है। पर, वह ठण्ड नहीं भुला सकता। गेस्ट हाउस की सीढ़ियाँ बिल्कुल ऊपर थीं, जिस पर चढ़ने–उतरने में भय लगता था, उसके बर्फ़ जैसे लोहे के रेलिंग के हैंडल पकड़ने में भी डर लगता था।

सुबह हम सबसे कठिन यात्रा पर निकले। कैलास परिक्रमा का यह दूसरा दौर सबसे कठिन और शिखर की ऊँची चढ़ाई है। 5750 मीटर यानी लगभग 19,500 फ़ीट तक। एक तो बर्फ़ीली ठण्ड, ऊपर से अति सुबह यात्रा की शुरुआत, ताकि अधिक चढ़ाई समय से हो सके। 19,500 फीट

की इसी चढ़ाई में दोलमा पास या दोलमा द्वार आता है। यात्रा का सबसे कठिन मार्ग, यह शिवभूमि है। कहा जाता है कि मृत्युलोक के राजा यम की निगाह से यहाँ से गुज़रने वाले जाते हैं। इस इलाक़े में औचक बर्फ़ीले तूफ़ान भी आते हैं। रास्ते में गौरीकुण्ड मिलता है। मान्यता है माँ पार्वती, यहाँ नहाती हैं। यह लगभग दो किमी नीचे, खड़ी ढलान पर है। यहाँ से पवित्र जल डिब्बे या बोतल में भर कर यात्री ले जाते हैं।

भव्य कैलास : शब्दों से परे की अनुभूति

इस कठिन रास्ते पर सब पैदल ही चलते हैं। हम भी पैदल चले। नदी पार की। चलने में पग–पग पर कठिनाई, पानी पी–पी कर आगे बढ़े।

साथ में छड़ी की टेक थी। छड़ी जो बढ़ती उम्र या ऐसी जोखिम भरी यात्रा का सहारा है। जाँघों में अब और ज़ोर नहीं। परिक्रमा करने वालों की क़तार थी। देशी भी, विदेशी भी। स्त्री–पुरुष दोनों, युवा और बुजुर्ग भी। सब अपनी दुनिया में डूबे, रमे या थके, सिर्फ़ यात्रा की दूरी तय करने में आत्मलीन। शुरू में किसी समझदार पर्वतारोही ने बताया था, पर्वत पर चढ़ाई के तीन मुख्य हथियार हैं–मौन, रुक–रुक कर बढ़ना और कम खाना। इन्हीं तीन उपायों से सभी यह यात्रा तय करने में डूबे थे। एक सहयात्री ने रूक कर यह भी बताया, 'एक साँस में एक क़दम।' सबसे कठिन है बर्फ़ में या बर्फ़ पर चलना। पहले छड़ी या डंडे से टोह लेना, बर्फ़ की थाह लेना, फ़िर पैर बढ़ाना। जरा– सा पाँव फिसला कि पैर बर्फ़ में। एक बार पैर बर्फ़ में, तब भगवान ही मालिक हैं। सीधी खड़ी चढ़ाई। हर चार क़दम पर भयावह हँफनी, हमने अपना फॉर्मूला ईजाद किया है, डेग–डेग पर सुस्ताना, डेग–डेग बढ़ना। दूर–दूर तक बर्फ़ीले रास्ते दिखाई देते थे। लगता था वहाँ तक जाना है। दूरी देखकर दिल बैठता था। पर उपाय क्या है? न पीछे लौट सकते थे और न ही वहाँ ठहर सकते थे।

चलना ही ज़िन्दगी है। यह समझ में आया। चलते–चलते क़दम ऊँचाई पर पहुँचे। शिखर पर, जहाँ से नीचे देखने में भय लगता था। पतला रास्ता, फिसल गये या सरक गये, तो भोले बाबा ही मालिक। आगे देखा, एक कौपीनधारी युवा साधक चल रहे थे। युवा थे। चेहरे पर तेज़ था। वहाँ से उन्होंने नीचे गौरीकुण्ड दिखाया। कहा सिर्फ़ भगवान शंकर की ही पूजा नहीं होनी चाहिए, बल्कि माँ पार्वती को भी याद करना चाहिए। मान्यता है कि वह पार्वती जी का स्नानकुण्ड है। वह चाहते थे कि कोई वहाँ जाये और बोतल में पानी भरकर लाये। नीचे उस गहरी खाई में उतरना और चढ़ना डरावना था। पर, मेरे पोर्टर (युवा) ने कहा, मैं ला दूँगा। सब बातें इशारे से हो रही थीं। उस स्वामी जी ने 200 युआन देने की पेशकश की। मेरे पोर्टर ने वहीं मुझे बैठाया, मुझे बैठना अच्छा लगा। वह गया और 45 मिनट में जल भरकर ले

आया। उसका आना–जाना दिख रहा था। पहाड़ों में पला किशोर था। उसकी फुर्ती देखने लायक थी। उसने जल लाकर साधक को सौंपा। साधक के चेहरे पर अद्भुत तृप्ति थी। उन्होंने बहुत जल्द बड़ी पवित्रता से अपने झोले में रखा। हम आगे बढ़े। चढ़ान के बाद, उतार। अत्यन्त दुरूह, पाँव फिसलते ही न जाने कितने हज़ार फ़ीट इधर या उधर। बड़ी सावधानी से हम सब उतरे। रास्ते में तरह–तरह के लोग मिलते, वैसे लामा भी मिले, जो सो कर कैलास की परिक्रमा कर रहे थे। यह सचमुच भीषण कठिन चक्र है, परिक्रमा का।

हम नीचे उतरे। वहाँ बैठकर हल्की चीज़ें खायीं। कुछ दूर पैदल चले। फ़िर घोड़े की सवारी। पहले से ही अत्यन्त गरम कपड़े पहन रखे थे, ऊपर से बरसाती भी थी, ताकि बारिश होने पर बच सकें। रास्ते में बारिश, तो मिली ही। पर, सबसे यादगार अनुभव रहा, बर्फ़ की बारिश में यात्रा। लगता था, यह समय कभी ख़त्म नहीं होगा। अन्तहीन यात्रा। बरसाती ओढ़ रखा था, कान और शरीर तोपने–ढकने की व्यवस्था थी। फ़िर भी बारिश और बर्फ़ ने अन्दर तक हिला दिया। होम्योपैथ की छोटी–छोटी गोलियों की तरह बर्फ़ के दाने जहाँ शरीर पर गिरते, वहीं ठण्ड और पानी छोड़ जाते। हम लगातार बढ़ रहे थे। पर, बर्फ़ की इस बरसात में लगता था कि गन्तव्य भी बढ़ रहा है। यह ख़त्म होने वाली यात्रा नहीं। सुनसान, नितान्त निर्जन और हरियाली या पेड़–पौधे विहीन घाटियाँ। इन घाटियों या पर्वत श्रृंखलाओं पर पसरा मौन, ख़ामोशी भी ऐसी, मानो यह दूसरी सृष्टि हो। भिन्न लोक हो।

अन्ततः देर रात हम जुटुलपुक पहुँचे। दूसरे दिन की सबसे कठिन यात्रा तय करके। पहले से पहुँचे लोगों ने वहाँ अभिवादन किया। मानो हमने कोई बड़ी चीज़ हासिल की हो। लगा हम सचमुच यह यात्रा कर उपलब्धि के हक़दार हो गये हैं। ख़ुद के अपने मन में भी। पर, इस यात्रा के बाद बेड पर पहुँचते ही भहरा गये। भीगे हुए कपड़ा उतारने का साहस भी नहीं। कँपकँपी से बेचैन एक ही कमरे में। 8–10 बेड थे। चलने की भी जगह नहीं। न भींगे कपड़ों को रखने की व्यवस्था। हम अत्यन्त थके और परेशान थे। पर, तृप्त। अगले दिन हमें जुटुलपुक

से दारचेन जाना था। फ़िर वहाँ से 70 किमी दूर मानसरोवर के दूसरे छोर पर रात का पड़ाव था।

दूसरे दिन की परिक्रमा के बाद जब हम जुटुलपुक पहुँचे, तो जिस कमरे में जहाँ जगह मिली, पसर गये। कोई गरम चाय ला रहा है, तो कोई धन्यवाद दे रहा है। कोई पैरासिटामोल टैबलेट खिला रहा है, ताकि तबीयत न बिगड़े। खाने की इच्छा नहीं थी। फ़िर भी थोड़ा खाया। भीगे कपड़े हटाये। सूखने की जगह नहीं। बेड के किनारे ही कपड़े डाल दिये।

फ़िर मानसरोवर का सौन्दर्य!

(जुटुलपुक–दारचेन–मानसरोवर, रविवार, 19.06.2011)

फ़िर शुरू हुई 19 जून, 2011 को जुटुलपुक से दारचेन की पैदल यात्रा। कैलास यात्रा की अन्तिम कड़ी। अब यह रास्ता आसान लगा। हालाँकि ऊँची चोटियों से गुज़रना और बहुत नीचे खाई में बहती नदी देखना डरावना अनुभव था। दारचेन आकर हमें गाड़ियाँ मिलीं। फ़िर हम दारचेन के उस गेस्टहाउस में गये, जहाँ हमारे सहयात्री (जो परिक्रमा में नहीं गये थे) ठहरे थे। वे मिले, उन्होंने अत्यन्त गर्मजोशी से स्वागत किया। स्नेह से पानी पिलाया, खिलाया। कोशिश की, कहीं फ़ोन मिले। सम्पर्क हो। पता चला कि यहाँ से सम्भावना है। लगभग 12 दिनों बाद घर पर फ़ोन किया। याद नहीं आया, इतना लम्बा अन्तराल हो गया।

दोपहर का भोजन मिला, फ़िर हम मानसरोवर पड़ाव के लिए रवाना हुए। 19 की रात हम मानसरोवर पहुँचे। चौथ की रात थी। चाँद चमक रहा था। तबीयत ढीली थी। पर, वह चमकता चाँद, वह विशाल जनविहीन धरती, मानसरोवर में तारों का चमकना नहीं भूल सकता। उस रात आमने–सामने विशाल पर्वत। बर्फ़ में ढकी उनकी चमकती चोटियाँ पीली, सफ़ेद। ठण्डी हवा बहुत देर बैठने नहीं देती। बड़ी साध थी कि पूर्णिमा की रोशनी में मानसरोवर देखें। पूर्णिमा की उस रात ही ग्रहण भी था। पर, बादलों और बारिश ने हमें कमरे में ही सीमित कर दिया था। अगले दिन सुबह मानसरोवर तट पर पूजा थी। एकम् तिथि की पूजा। इस रात मानसरोवर का एक और ही रूप झलका। वह अन्तहीन शीतलता, एक शान्ति, समष्टि से एकरूप होने का वह भाव, शायद पावन परिवेश में ही सम्भव है।

बचपन की आरम्भिक यादों में मानसरोवर है। फ़िर बड़े होने पर मानसरोवर–कैलास का अध्ययन पसन्दीदा विषय बन गया। 15 जून को जब पहली बार मानसरोवर देखा, तो देखते ही रह गया। नीला जल, बखान से परे, सौन्दर्य, भगवान शंकर के कण्ठ से मिलता नीलापन। साध थी कि पूनम–पूर्णमासी की रात नें मानसरोवर की बर्फ़ीली चोटियों को निहारेंगे। आसमान में बड़े–बड़े तारों को देखेंगे। पर, वह हाड़ कँपाने वाली ठण्ड–बारिश ने देखने की साध पूरी न होने दी। लोकमानस में दर्ज वह मान्यता या अनुभव कि रात में देवता ऋषि–महर्षि आकर मानसरोवर में नहाते हैं। वह सब दृश्य, जो लोकमानस में था, या सिर्फ़ चर्चा थी, नहीं देख पाये। 15 की रात नींद खुली, लगभग डेढ़ बजे। फ़िर नींद नहीं आयी।

कभी–कभी बादल छँटते, तो उजली चटक चाँदी जैसी रात में वह परिवेश ही भिन्न लोक लगता। वैसे भी मान्यता है कि सिद्ध, योगी या तपस्वी रात में जगते हैं–'या निशा सर्वभूतानां तस्यां जागर्ति संयमी' (जब सब सोते हैं, साधक पूरी रात जागते हैं), कामना थी कि मानसरोवर के किनारे, रात में जाने पर शायद ऐसे ही सिद्ध लोग मिलें। मुम्बई से आयीं दो युवतियाँ रात दो बजे से ही वहाँ भीगते हुए बैठी थीं। बाद में अस्वस्थ होकर परिक्रमा में न जा सकीं। उनका अनुभव पूछा, शब्दातीत, (बियोंड डिसक्रिप्शन)। सुबह में मानसरोवर में हवा शान्त रहती है। जैसे–जैसे दिन चढ़ता है, तेज़ हवाएँ चलती हैं।

19 जून को नींद लगभग 1:30 बजे खुली। 11 बजे सोये ही थे। सपने आते रहे। वर्षों बाद नहीं रहे गणेश मन्त्री और स्वर्गीय प्रभुनाथ सिंह को सपने में देखा, मानसरोवर के किनारे। गणेश मन्त्री मशहूर पत्रकार थे, 'धर्मयुग' में। हमारे वरिष्ठ और मेंटर। ईमानदार और उच्च चरित्र वाले। आज सोचता हूँ कि क्यों वैसे इनसान बनने बन्द हो गये? प्रभुनाथ सिंह (अर्थशास्त्री व बिहार के राजनेता), मन्त्री रहते हुए भी आजीवन फक्कड़ रहे। दूसरों के लिए ही जीये। अन्ततः ट्रेन में सोये–सोये दुनिया से चले गये।

सपने क्यों, कैसे आते हैं? यह सब रहस्य ही तो है। मानसरोवर के किनारे इन दोनों की याद जीवन के सात्विक और उज्ज्वल पक्ष का स्मरण था। उठा। बेचैनी लग रही थी। बाहर निकला। रात थी। चाँदनी भी, उस चाँदनी में मानसरोवर के तट से लहरों की आवाज़ें सुनना, सुनसान, एकान्त में पानी की सतह पर झिलमिलाते प्रकाश को देखना, यह सब अलौकिक था।

शब्दों के परे मानसरोवर

तबीयत ठीक नहीं थी। हालाँकि यात्रा के सबसे कठिनतम दौर कैलास परिक्रमा से निकल आया था। पर, अचानक असाधारण बेचैनी। सभी साथी सोये हुए थे। कमरे में, मुझे लेकर 10 लोग थे। छह मुम्बई के, चार चिन्मय मिशन के। स्वामी माधवानन्द जी थे। रामरतन सर्राफ़ भी थे। कलकत्ता से काशी झँवर जी भी। सभी अत्यन्त केयरिंग, पूरी तैयारी के साथ यात्रा पर आये थे। सरसों का तेल लाये थे। नोजल

ड्राप थी। झँवर जी के सौजन्य से ये चीज़ें उपलब्ध थीं। सोचा, स्वामी माधवानन्द जी को जगाया जाये। पर, वे खाँसी से पहले से ही परेशान थे। बहुत बेचैन था, साँस लेने में दिक़्क़त महसूस हो रही थी। एक–एक साँस के लिए मनुष्य कैसे जद्दोजहद करता है, पहली बार अनुभव हुआ। वह क्षण और रात ज़िन्दगी की किताब में दर्ज हो गयी। स्वामी जी को उठाता, तो वे दूसरे लोगों को भी उठाते। ऑक्सीजन का इन्तज़ाम करते। पर, मेरा संकोच आड़े आया। अपने लिए दूसरों को परेशान करना सही नहीं है। फ़िर बाहर निकला। साँस ली, अन्दर आया। दवाएँ लीं, कपूर सूँघा। लगभग साढ़े चार बजे तक यह क्रम चलता रहा। अन्दर–बाहर और बेचैनी, तेज़ी से साँस लेना, गहरी साँस लेना–छोड़ना। कुछ देर बेचैनी के बाद आश्वस्त हुआ, यह सब हाई अल्टीट्यूड सिकनेस के कारण है। अन्दर से अहसास हुआ, कुछ होगा नहीं। उबकाई, मितली, नींद न आना, ब्लड प्रेशर बढ जाना, भूख न लगना, बेचैनी, सिर दर्द, सब अधिक ऊँचाई पर रहने के कारण है। सर्दी का कहर अलग है। पहली बार समझा कि भोक्ता की पीड़ा, वाचक की पीड़ा से अलग होती है। पर, नितान्त अकेले, इन क्षणों में भी कैलास महिमा का भरोसा था, मन में। शत–प्रतिशत विश्वास। यह झेल जाऊँगा। बार–बार पानी पीना, बाहर निकलना, होम्योपैथिक दवाएँ लेना, साँस के लिए संघर्ष करते उन्हीं क्षणों में मानसरोवर का बिहरता सौन्दर्य देखना, सुबह पाँच बजे कुछ देर के लिए गहरी नींद आयी।

फ़िर स्वामी जी ने चाय के लिए उठाया। उठकर तैयार हुआ। मानसरोवर छोड़ने की तैयारी है। मन नहीं मानता। कैमरे से फ़िर कुछ तस्वीरें लेता हूँ। रात में नाक से ख़ून के कुछ छींटे आये थे। नाक छिड़कने पर ख़ून की बूँदें गिरती हैं। मुँह से खँखारता हूँ, तो भी ख़ून की बूँदें दीख जाती हैं। बियाबान जगह, दूसरा देश, पर सब ईश्वर की मर्जी। सुबह–सुबह होम्योपैथ डॉक्टर राय (राँची) से मिलता हूँ। पूरी यात्रा में सबका ध्यान रखते हैं। वह सपत्नीक थे। परिक्रमा में अकेले उन्होंने अपना बोझ उठाया। परिक्रमा करने वालों में से कुछेक लोग ही

ऐसे थे। हँसमुख, मिलनसार, मददगार। महसूस करता हूँ, इस कठिन यात्रा में वही कैलास के उपहार हैं। उनकी दवा और तसल्ली से राहत मिलती है। मानसरोवर के तट पर बेचैनी थी। बेड पर लेटा था। अभी रात थी। सब सोये, पर मैं जगा था। एक दिन पहले की यात्रा स्मृति को फ़िर याद करता। उन कठिन क्षणों से गुज़रता।

कैलास दर्शन–परिक्रमा या यह स्थल जैन, बौद्ध और हिन्दू सबके लिए पूज्य है। वैदिक काल में यह मेरु के रूप में चर्चित था। पुराणों की मानें तो कैलास पर्वत के चार फलक हैं। चार दिशाओं में उन्मुख। पूरब स्फटिक से, पश्चिम माणिक्य से, दक्षिण लाजावर्त या वैदूर्य से व उत्तरी स्वर्ण से बना। इस तरह कमल के प्रतीक रूप में यह छह पर्वत श्रेणियों जैसा है, हृदय भाग पर विश्व मण्डल केन्द्र के रूप में चौरासी हज़ार योजन ऊँचा विश्व स्तम्भ है। मान्यता है कि इसके शिखर पर ही गंगा स्वर्ग से उतरती हैं।

कैलास परिक्रमा तो पूरी हुई। तीन दिनों की। पर, डेरापुक की ठण्डी बयार, बाथरूम जाने का भय, दूसरे मंज़िल के कमरे में एक बेड पर दो आदमी, खाने की इच्छा नहीं, जैसे तथ्य स्मृति में टँक गये हैं। याद है यात्रा शुरू होने के पहले ही सूचना दी गयी थी कि इस बार कई फ़ीट बर्फ़ है। श्रेष्ठा टूर ट्रेवल द्वारा आयोजित यह पहली टीम थी, जो कैलास परिक्रमा पर जा रही थी। चिन्मय मिशन राँची से 34 लोग थे। कोलकाता, हैदराबाद, दिल्ली, मुम्बई और भुवनेश्वर से भी लोग थे। कुल मिलाकर 66 लोग थे। उड़ीसा के दो लोग शुरू में ही बीमार हुए। उन्हें वापस जाना पड़ा। राँची के 16 लोग यमद्वार से लौट गये। डेरापुक आकर छह लोग और लौटे। इस तरह 66 में से कुल 22 बचे। जिनमें 13 राँची के थे। यह यात्रा कितनी कठिन और महत्त्व की है। कैलास परिक्रमा के दूसरे दिन (जिस दिन सबसे कठिन यात्रा होती है), सुबह–सुबह टूर ट्रेवल के आयोजक ने एक–एक कमरे में आकर इसकी कठिनाई के बारे में बताया। अचानक पोर्टर और घोड़े

वाले भी आ धमके। हाथ के इशारे से यात्रा की कठिनाई के बारे में बताया। कहते हैं, बहुत लोग लौट चुके हैं। हाथ से बताते हैं, सीधे ऊपर चढ़ना–उतरना है। लगता है, ये बरज रहे हैं कि हम अगे न बढ़ें। यात्रा की परेशानियाँ बता–बताकर, गिना–गिनाकर, डराकर।

अलौकिक सौन्दर्य : यात्रा क्रम में एक नीली झील से गुज़रते हुए

दूसरे दिन की यात्रा कठिन क्यों है? इसका एक आध्यात्मिक उत्तर मिला। दूसरे दिन की यात्रा के बाद देर रात में जहाँ हम ठहरने के लिए पहुँचे, वहाँ पुरी से आये महाराज मिले। उनका कहना था, विष्णु भाव के देवता हैं, वे भाव से खुश होते हैं। शंकर साधना और तप से प्रसन्न होते हैं। वह नीलेश्वर हैं। दुनिया के लिए विष को कण्ठ में ढार लिया है। वह दूसरों के लिए हर घड़ी यानी 24 पहर संकट में हैं। तप में हैं। साधना में हैं। उनके पर्वत को देखना, थोड़ी कठिनाई तो होगी ही। दूसरे दिन की कठिनाई को बताना या कहना, नामुमकिन है, यह अनुभवजन्य है, शब्दजन्य नहीं। इस राह में लगभग आठ किमी घोड़े भी नहीं चलते। जहाँ घोड़े से चलना मना है, पग–पग सावधानी, ताकि

पैर न फिसले। वैसे पूरी यात्रा में सवार अगर कुशल है, घोड़ा पटु, तो ठीक है। घोड़ा बिगड़ैल या अड़ियल और सवार नाज़ुक या अनाड़ी तो भगवान शंकर ही मालिक हैं।

यहाँ आकर समझा कि यात्रा के शुरू में घोड़ा आगे बढ़ने से क्यों बिदकता था? वह आगे की राह जानता था। बर्फ़ पर चलना, खड़ी चढ़ाई–खड़ी उतराई। यहाँ चला तो लगा, जाँघों में अब वह ज़ोर नहीं। हाँफना, डग–डग पर बैठना। पर, बड़े पैमाने पर विदेशी युवा–युवतियाँ। अधेड़ भी साथ में। क्या वे महज़ ट्रैकिंग के लिए आये हैं? नहीं। उनमें से अधिसंख्य श्रद्धा और भाव के साथ हैं। हाथ में छड़ी थी। बर्फ़ में छड़ी का सहारा था। एकाध लोगों का पैर इधर–उधर हुआ, तो घुटने तक पैर बर्फ़ में। पल–पल सावधानी चाहिए। हर क़दम पर पाँव फिसलने के आसार। अनगढ़ रास्ता। शुरू में मौसम थोड़ा ठीक रहा, फ़िर बरसात और बारिश से अकल्पित परेशानियाँ। यह पल–पल सचेत रहने वाली यात्रा थी। भारत के कोने–कोने के चेहरे और भाषा बोलने वाले यात्रा में दिखते या मिल जाते थे। प्रायः पत्थरों के बीच में पैर मुड़ता–फिसलता सा लगता। सख़्त मोच या टूटने की स्थिति क़दम–क़दम पर। भोले की कृपा से हम निकलते गये। इस तरह सबसे अधिक ऊँचाई पर दोलमा पास पहुँचे। उस सँकरी पगडंडी से गौरीकुण्ड को देखा, अत्यन्त रमणीक।

बंगाल से साथ चल रहे युवा स्वामी जी ने गौरीकुण्ड से जल मँगवाया। रास्ते में एक अधेड़ दम्पति मिले, वे पोर्टर पर नाराज़ हो रहे थे। उन्हें नीचे देखा था, घुड़सवार पर नाराज होते हुए। बाँग्ला में बोलते–बिगड़ते हुए। शायद तिब्बती पोर्टर और घोड़े वाले भाषा नहीं समझ रहे थे। पत्नी पैदल चल रही थीं। पर, अशक्त थीं। घोड़ा भी साथ में था। पर, पैदल चलना था। कैलास के प्रति भाव में डूबे थे। पत्नी पर नाराज़ हो रहे थे। कुछ देर चलने के बाद देखा, वे पीछे छूट गये हैं। हम सुस्ता रहे थे। फ़िर वे दोनों गुज़रे। उन दोनों की आँखों में आँसू थे। बताया पानी पीने के लिए बोतल नहीं था। बोतल तक नहीं ढो सकने की स्थिति में थे। पत्नी ने बोतल छोड़ दिया। पर, रास्ते में ज़ोरों की प्यास लगी। प्यास से तड़प रहे थे। तभी कोई मिला, उन्हें

सीलबन्द बोतल दे गया। यह है, यात्रा का चमत्कार। पति बार–बार इसे भोलेबाबा का चमत्कार बता रहे थे। श्रद्धा–विनय और आस्था से सिर नवाते–झुकाते, यह भी बता रहे थे कि अब तक की यात्रा भोले बाबा के प्रति गहरी आस्था रखने के कारण सम्भव हो पायी।

यात्रा में ऐसे मुकाम–क्षण आते हैं, जहाँ साहस और धैर्य साथ छोड़ जाते हैं। अन्तर्मन की आवाज़ थी कि परिक्रमा पूरी होगी। आठ किमी कठिन राह तय करने के बाद हम नीचे पहुँचे। पर वहाँ घोड़ा वाला नहीं था। कुछ दूर और पैदल चलना था। हालाँकि नदी थी। कुछ देर के बाद वह मिला और घोड़े वाले ने मुझे बैठाया। अन्य घोड़े वाले नदी पार कराने के बाद बैठाना शुरू कर रहे थे। पर, असल मुसीबत थी, वह बर्फ़बारी और बारिश। हम कई बार भीगे। बर्फ़ के छोटे–छोटे दानों की मार झेली। तन चूर–चूर था। थका हुआ था, पर मन में अपार सन्तोष, सुख।

परिक्रमा करने वालों के शरीर तो थक चुके थे, पर चेहरे पर अद्‌भुत उल्लास, मन में शान्ति, आत्मतृप्ति का अद्‌भुत बोध। राँची से परिक्रमा करने वालों में शामिल थे–डॉ. नरेश, केडी त्रिपाठी, मनमोहने वाले जेपी शर्मा, उल्लेखनीय ढंग से यात्रा करने वाले सुभाष शर्मा–सुनीता शर्मा, विजय साहू–पुष्पा साहू, केएल धूत, केएम अग्रवाल वग़ैरह। कोलकाता से आये काशी झँवर, हैदराबाद से अभिमन्यु गांगुली, दिल्ली से सौरभ जैन, गुजरात से महिलाओं का दल रात तीन बजे यात्रा पूरी कर गेस्ट हाउस पहुँचा था।

ऐसी यात्रा में पल–पल, क़दम–क़दम पर ऐसे क्षण आते हैं, जब लगता है कि अब कुछ नहीं हो सकता। यहीं अन्त है। तभी कोई रोशनी कौंधती है। कोई रास्ता सूझता है। 45 वर्ष की उम्र में गृहिणी प्रेमलता अग्रवाल एवरेस्ट चढ़ गयीं। उनके अनुभव सुनते–सुनते खो गया था। इस संसार में कोई शक्ति–ताकत है। जिसे ईश्वर कहिए या प्रकृति। आपमें आस्था है, भरोसा है, तो चमत्कार होते हैं। एवरेस्ट चढ़ाई के अन्तिम पड़ाव लगभग 27,000 फ़ीट पर उनके एक हाथ का गलोब्स (दस्ताना) निकला और हवा से उड़ गया। उस भयंकर ठण्ड (–20 के आसपास) में अगर वह ऐसे ही रहती, तो हाथ काटना पड़ता

या कुछ भी हो सकता था। उस सरल, सच्ची और अपने ध्येय के प्रति निष्ठावान महिला ने ईश्वर को याद किया। आँखें बन्द कर आँखें खोलीं, तो पाया दायें हाथ का ही (जो भूला था) एक दूसरे रंग का ऊनी ग्लोब्स (दस्ताना) वहाँ पड़ा मिला। अपने जीवन–मौत के, संघर्ष के उन पलों–क्षणों, अनुभवों को जब वह महिला बता रही थीं, उनके चेहरे की आस्था, भाव विश्वास देखने लायक थे। ऐसे अनेक प्रसंग अनुभव उन लोगों से आप सुनेंगे, जो इन अनुभवों या पलों से गुज़रे हैं।

तीसरे दिन हम परिक्रमा के अन्तिम चरण–दौर में थे। एक घाटी से गुज़रे। पैदल। सँकरा रास्ता। नीचे बहती नदी का शोर। बायीं तरफ़ नदी की गहराई देख कर भय होता। यह हिस्सा बगल से कैलास का पाँव पखारता है। उसकी पृष्ठभूमि में हैं। आकाश का नीलापन बताया या लिखा नहीं जा सकता। गहरा नीला। नीले रंग के कई शेड्स हैं, यह वहीं देख कर जाना व समझा।

प्रकृति का यह रूप, परिक्रमा पूरा होने का सन्तोष मन में अजब भाव पैदा कर रहे थे। जो भजन या निर्गुण प्रायः सुनता हूँ, साथ लेकर चल रहा था। उनकी याद आयी, इस परिक्रमा में। इस विराट ब्रह्माण्ड में जीवन है क्या?

आइपॉड क्या है, नहीं जानता था, पिछले साल जाना। कुछ संगीत डलवाये, कैलास यात्रा में सुनने के लिए। ख़ासतौर से कबीर का वह भजन, जो कुमार गन्धर्व ने गाया है। फ़िर भी जिसे बार–बार सुनता हूँ। सुनने का मन होता है। क्यों? नहीं पता।

नैहरवा, हमका ना भावे, हमका न भावे नैहरवा,
साईं की नगरी, परम अति सुन्दर, अति सुन्दर
जहाँ कोई जाय न आवे, चाँद–सूरज जहाँ
पवन, न पानी, को, सन्देश पहुँचावे
दरद यह कासे सुनावे, नैहरवा–नैहरवा
नैहरवा हमका न भावे, नैहरवा–नैहरवा
आगे चले पन्थ, नहीं सूझे, पीछे दोष लगावे

केहि विधि ससुरे जाऊँ मोरी सजनी,
जाऊँ मोरी सजनी
विरह जोर जरावे
विषय रस नाच नचावै, नैहरवा–नैहरवा
बिन सतगुरु आपनो नहीं कोई
आपनो नहीं कोई
जो यह राह बतावै
कहत कबीरा, सुनो भाई साधो
सपने में प्रीतम आवै
तपन यह जिय की बुझावै
नैहरवा–नैहरवा हमको ना भावै
साईं की नगरी परम अति सुन्दर,
जहँ कोई जाय न आवै
चाँद–सूरज जहाँ पवन, न पानी
को सन्देश पहुँचावै
दर्द यह साईं को सुनावै
नैहरवा–नैहरवा

यह आइपॉड सुनकर लिखा गया है, कहीं त्रुटि सम्भव है। कुमार जी के दो तरह से गाया यह भजन किसी मित्र ने दिया था। क्या सुर, ताल, लय, भाव, अभिव्यक्ति। कह नहीं सकत। यह मन ही बूझ सकता है। किसी दूसरे को बूझा या बता नहीं सकता। इस भजन, इस गाने के अन्दाज़, लय, स्वर, कण्ठ में आत्म दर्शन है। सात्विक सुगन्ध है। जीवन जीने की कला को सहज भाव से जानना–समझना। संगीत समझने–गुनगुनाने की, अपनी सीमा जानता हूँ। पर, इसे बार–बार सुनकर अद्‌भुत तृप्ति होती है। गायकी में वह अलौकिक आनन्द, कबीर के शब्दों का मर्म, जीवन दर्शन, इस संसार में रहते हुए नीर क्षीर, विवेक के लिए रोशनी। यहाँ कुमार गन्धर्व के गाये इस भजन को सुनकर अद्‌भुत भाव, शान्ति मिलती है। अर्थशास्त्र का विद्यार्थी रहा।

उपभोग–उपयोग का सिद्धान्त पढ़ा था। पर, वह फॉर्मूला यहाँ लागू नहीं होता। जितनी बार सुनता हूँ यह, हर बार कुछ नया अनुभव। ईश्वर की नगरी में या कैलास के परिवेश में या मानसरोवर के किनारे, उस बोलते, एकान्त या निर्जन में इस भजन को सुनना–गुनना, अलौकिक आनन्द से भरा था। भौतिक सन्दर्भ में, तो शंकर का वास हम इनसानों का नैहर ही है।

कबीर बार–बार याद आते थे। भारत सिर्फ़ सगुण चर्चा में नहीं बँधा। भारत के चिन्तन–दर्शन को समृद्ध किया, कबीर जैसे युग पुरुष ने भी। कबीर हर जगह, हर बोली, गायन और कहावत में। अपढ़ को भी कहावतों में जीवन का मर्म समझाते–बताते। गायकों की दुनिया में उनका रूप कैसा है, 'भये कबीर–कबीर' पुस्तक में हमारे गुरु रहे प्रो. शुकदेव सिंह कहते हैं–

> *'कबीर को लेकर एक वैचारिक संसार का निर्माण हुआ है जिसे विश्वविद्यालयों के अध्ययन में छोटे मुँह और बड़ी बात के रूप में स्थापित किया गया। एक दूसरी दुनिया गायकों की है, जो सड़क से लेकर ओमकारनाथ ठाकुर और कुमार गन्धर्व के 'हम मा, तुम मा, सब मा, बहुरि अकेला' के अकेलेपन में है अथवा 'जतन बताये जैहो, कइसे दिन कटिहैं।' गंगा हो, चाहे जमुना इनके बीच में एक झोंपड़ी बनाने के धुर पंचम सुर में भी कबीर को सुनना है। एक हद तक वहाँ है जहाँ कबीर केवल सुनने की बात करते हैं, कहना हो ही नहीं सकता। समझने की एक अन्तर्मुखी तड़प अर्थात निरन्तर बैखरी से लौटते हुए परा तक पहुँचने की भूमिका। इसे गूँगे का गुड़ या 'समुझ मन हि मन रहिए' की दशा भी कहा जा सकता है।'*
>
> *(साभार : 'भये कबीर–कबीर', प्रो. शुकदेव सिंह)*

इसी पुस्तक की भूमिका (मरिहैं संसारा) में कबीर के बारे में प्रो. शुकदेव जी बताते हैं–

> *'जीवन की ओर से नहीं; मृत्यु की ओर से संसार को देखने वाले कबीर कई तरह से पढ़े गये। मठों में बाबा की तरह जाने कब से,*

पन्थों में पन्थ गायक की तरह, ग्रन्थों में ग्रन्थविरोधी के रूप में। अपने धर्म में न मुसलमान की तरह, आचार में न हिन्दू की तरह, गृहस्थों में साधु और साधुओं के बीच पकरि जुलाहा कीन्हा के व्यथावाचक की तरह, सूफ़ियों में पीर मुर्शिद की भाँति, अगर कण्ठ में सुर हो, तान हो, लय हो, तो सोलह रागों के राग रागनियों रंग और ठाट के सारे तुरुप में एक अनोखे निरगुनियाँ की पहचान लिए हुए। खुद कामगर दस्तकार, लेकिन भिखारियों और साधुओं में कभी माँगते हुए और कभी देते हुए विरक्त की तरह। इसलिए पचास–इक्यावन साल पहले मुझे बताया गया कि कबीर तमाम तरह की किताबों में मिलेंगे लेकिन धूल में, मिट्टी में, दुख में, विषाद में ही असल कबीर मिलेंगे।'

(साभार : 'भये कबीर–कबीर', प्रो. शुकदेव सिंह)

वह कबीर कहीं पीछे छूट गये हैं, जीवन के इस संघर्ष में। स्पर्धा के इस माहौल में। कहें तो, पहाड़, नदियों, एकान्त में रू–ब–रू होने की इस यात्रा में चाहत है, जीवन सत्व की झलक मिले, क्योंकि संसार के बारे में भी कबीर कह ही गये हैं–'हम न मरब, मरिहें संसारा...'

यह भजन, संगीत इंस्ट्रूमेंट ढो रहा था, मानसरोवर–कैलास के परिवेश में सुनने के लिए। पर, हाथ में दास्ताना, कान कई परतों (टोपी वग़ैरह) से ढँका। लगा यह परिवेश–माहौल ही वह भजन है, जहाँ हूँ। फ़िर भोजपुरी के अनेक निर्गुण याद आये। बचपन में सुने भ्रमर गीत। उद्धव के निर्गुण सन्देश और शुष्क जीवन दर्शन के प्रतिउत्तर में गोपियों की विरह वेदना और सटीक उत्तर।

मित्र निराला के दिये भोजपुरी के निर्गुण साथ थे। ख़ासतौर से भोलानाथ मगहरी जी के मार्मिक गीत।

अइसन पलंगिया बनइह बलमुआ
हिले न पावे अलंगियाँ हो राम
अब कइसे भार सही हई देहिंया

मत दिह मोटकी कफनिया हो राम
लाल गाल, लाल ओंठ राख होई जइहें
जर जइहें चाँद सी टिकुलिया
खाड़े, बलम सब देखत रहब
चली ना एकहुँ अकिलिया हो राम
केकरा के तुहुँ पतिया पठइब
केकरा के तुहुँ कहब दुलहनियाँ
कौन पता तोहके बतलाइ
अजबे वो देश के चलनिया हो राम

याद आया एक शाम जमशेदपुर से राँची आते हुए, साथी निराला ने अपने लैपटॉप से यह गीत सुनाया था। गाड़ी में। हम मतदाता जागरूकता अभियान में लगे थे। घूम–घूम कर युवाओं को सचेत करना। लौटने में थकान थी। उसी समय पहली बार यह सुना। सुनते ही इसकी एक–एक पंक्ति, भाव मन में उतर गया। फ़िर लोक चर्चा सुनी कि इसके रचयिता या कवि (गहमर, गाजीपुर के रहने वाले) गहमरी जी ने अपने घर–गाँव वाले, सगे–सम्बन्धियों से कहा था कि मेरे न रहने पर कोई रोये नहीं। चिता सजा कर मेरे निर्गुण गायें। निराला ने उनके कुछेक और निर्गुण सुनाये, भाव और दर्शन की नज़र में अद्वितीय। बार–बार मन में सोचता हूँ कि दैनिक जीवन में ये बातें कैसे स्मरण नहीं रहती हैं। समाज एक दूसरी ही दुनिया में जीता है। शायद यह मान्यता भी सही है कि सिर्फ़ सच, सच और क्रूर सच या यथार्थ से ही इनसान घिरे रहे, तो शायद जीना कठिन हो। मानसरोवर के परिवेश में निराला के संग भोजपुरी के सुने और निर्गुण याद आते हैं। उनकी पंक्तियाँ थीं–

कौन ठगवा नगरिया लूटल हो
आइल बा खबरिया, जाइब आज पिया के नगरिया
सुन ल गोतिन हमरा देहिया पर डाल द चदरिया

इसके आगे की पंक्तियाँ, भाव याद आते हैं। गहमरी जी का एक और चर्चित और महत्त्वपूर्ण निर्गुण हैं–

कौने खोतवा में लुकइलु
अहि रे बालम चिरई

इसके आगे की पंक्तियाँ और मार्मिक हैं। पर भाव याद है, लाइनें नहीं–

लाली–लाली देहिया
हमरी दुअरिया पिया मोरे लेके अइले
अचके में ख़ाली करके खोता, तोता उड़ि रे जइहें ना!

शंकर की धरती पर, जिन्हें श्मशान प्रिय है, इन गीतों का स्मरण एक नया अहसास था। छन्नूलाल मिश्र का गाया एक लोकभजन याद आता है। शिव से जुड़ा–

मसाने में खेले होली
धन–धन नाथ, अघोरी–दिगम्बर खेले
होली खेले मसाने में खेले,
दिगम्बर मसाने में होली

यानी श्मशान में भी वह शिव होली खेलते हैं। भूत, पिशाच, अघोरी के संग। ऐसे देवता कहाँ मिलेंगे? भोजपुरी संगीत के बारे में पण्डित विद्यानिवास मिश्र की एक पुस्तक का एक अंश शिव–पार्वती विवाह का अद्‌भुत प्रसंग स्मरण आया, माँ पार्वती की माता होनेवाले दामाद भोलेनाथ को देखकर कैसे स्तब्ध होती हैं? फ़िर क्या होता है?

'बाजत आवेला ढोल नगाड़ा, उड़त आवेला निसान
नाचत आवेले बर हो महादेव, बरधा भयल असवार
मोरी गउरा सुनर सयानी, तिन्हिकर बर बउराह
धिया लेके उड़बै, धिया लेके बुड़बै, धिया लेके पइठब पताल
अइसन बउरहवा से गउरा न बिआहब, बलु गउरा रहिहें कुँवार
परिछे जे चलेली माई मदागिन, सँपवा उठेला फुफुकार

उहँवा से आवेली माई मदागिन, ठोंकत आपन कपार
माँड़ो उपारेली, कलसा हटावेली, पुरहत देलीं छितराय
कलसा अलोत गउरा, मिनती से बोलेली, सुन सिव अरज हमार
तनी एक ए सिव जटवा उतारीं, नइहर के लोग पतिआय
जटवा उतारि सिव भभुती छोड़वलैं, गंगा करेलै असनान
आठहुँ अंगे सिव चनना धेवरलैं, भइलैं मँड़उआ बीच ठाढ़
माँड़ो गड़ावेली, कलसा धरावेली, पुरहत लेलीं बटोर
अइसन महादेव के गउरा संउपबै, करबै हम गउरा के बियाह

ढोल—नगाड़े बजते आ रहे हैं, निशान (ध्वजा) उड़ता आ रहा है, बैल पर सवार वर महादेव नाचते आ रहे हैं। मेरी सुन्दर सयानी गौरा, उसका वर बौड़म! बेटी को ले के उड़ जाऊँगी, बेटी को लेकर डूब जाऊँगी, ऐसे बौड़म से बेटी को नहीं ब्याहूँगी, भले ही गौरा कुँवारी रह जायें। परिछावन को जब माँ महाभागिन चलती है, साँप फुफकार उठता है, वहाँ से माँ महाभागिन अपना माथा ठोंकते हुए आती हैं। माँड़ो उखाड़ती है, कलस हटाती हैं, चौक पूरा करने के लिए रखा आटा बिखेर देती हैं। कलश की ओट से गौरा विनती से कहती हैं, शिवजी मेरी प्रार्थना सुनिए, जरा अपनी जटा उतार दीजिए ताकि नैहर के लोगों को विश्वास हो। जटा उतारकर शिवजी ने भस्म छुड़ाया, गंगा में स्नान किया, आठों अंगों में चन्दन चढ़ाया, बीच—मंडप में खड़े हुए। (तब माँ) माँड़ो गड़वाती हैं, कलश रखवाती हैं, चौक पूरे करने के लिए आटा बटोरती हैं। ऐसे महादेव को गौरा सौंपूँगी, मैं गौरा का विवाह करूँगी।'
(साभार : 'वाचिक कविता : भोजपुरी', विद्यानिवास मिश्र)

रामायण का भी एक प्रसंग याद आता है। वह भी छन्नूलाल मिश्र का गाया लोक भजन, राम—केवट संवाद है। वन जाने के क्रम में राम, सीता और लक्ष्मण नाव में ही उतरते हैं। राम संकोच में हैं, पसोपेश में, नाव से उतराई, केवट (मल्लाह) को क्या दें? सीता जी अपनी अँगूठी देती हैं। पर, केवट पीछे हट जाता है। मुद्रिका या नग नहीं लेता है। कहता है 'मैं न लेहूँ प्रभु तेरी उतराई' विनती करता 'फिरती बेरिया' जो कुछ आप देंगे, शीश नवा कर लूँगा। अभी तो आपके पास खुद

देने के लिए कुछ है ही नहीं। फ़िर केवट राम से कहता है, 'मैं, तो अपनी नाव में लोगों को इस पार से उस पार ले जाता हूँ। पर, आप तो भवसागर की नाव खेते हैं। इस तरह मेरी और आपकी जाति एक हुई। मैंने उतराई नहीं लिया। खेवा नहीं ली, क्योंकि लोक परम्परा में धोबी, धोबी से धुलाई नहीं लेता। नाई, नाई से पैसा नहीं लेता। मैं नदी पार कराने का धन्धा करता हूँ। आप भवसागर पार कराते हैं, तारते हैं। अगर मैं अपनी जाति (मल्लाह) से उतराई लिया, तो जाति बहिष्कृत हो जाऊँगा। हे प्रभु, याद रखना जब मैं इस संसार को छोड़ भवसागर की घाट पार उतरने आऊँ। तब हे प्रभु, आप भी मुझसे भवसागर उतराई न लेना।

यह मार्मिक संवाद भी अनगिनत बार सुना हूँ। पण्डित छन्नूलाल मिश्र जी ने इसमें प्राण डाल दिये हैं।

मानसरोवर में इन प्रसंगों का स्मरण, शायद यहाँ के पवित्र माहौल की उपज है। जहाँ देखें सृष्टि अनन्त–अन्तहीन, निर्जन, सुन्दर नीला आसमान। मानसरोवर–कैलास का शब्दों से परे सौन्दर्य, एकान्त, सृष्टि का विराट और स्वयं से साक्षात्कार। स्वयं से संवाद।

क्या–क्या चीज़ें मन–मस्तिष्क और कल्पना में उभरती, गूँजती–घूमती हैं? नहीं जानता, साथ के सहयोगी यहाँ आकर क्या सोचते–विचारते हैं नहीं पूछता। शायद मानसरोवर–कैलास के सात्विक व पुण्य क्षेत्र, परिवेश में आकर मानस बदल गया है। मैदान से तरह–तरह के कूड़ा–करकट से भरा दिमाग़ यहाँ लाया, शायद इस परिवेश में वह धुल रहा है। शंकर के समीप होने का यह प्रत्यक्ष असर है। कैलास–मानसरोवर यात्रा के बारे में अन्य लेखकों ने क्या लिखा, उनके अनुभव क्या रहे, यह भी जानने योग्य है। एक सहयात्री मित्र शर्मा जी (जो ख़ुद को शंकर का गण कहते हैं), रामचन्द्र छारिया की पुस्तक दिखाते हैं–'कैलास–मानसरोवर यात्रा।' उसमें लिखा है–

'कैलास भगवान शिव का वास है। यह हिन्दू मानते हैं। बौद्ध इसे कांग रिनपोचे कहते हैं। पवित्र बर्फ़ का पहाड़। जैन धर्म का अष्टपद पर्वत यहाँ है। मान्यता है कि ऋषभ (तीर्थंकर) ने यहाँ

निर्वाण प्राप्त किया था। तिब्बत का पुराना धर्म (बोनपो) मानने वाले इसे नवमंज़िल का स्वस्तिक पर्वत मानते हैं। अलग–अलग धर्मों की अलग–अलग मान्यताएँ हैं। यह भी माना जाता है कि विष्णु पुराण में कैलास पर्वत का विवरण मेरु के रूप में है। इसकी ऊँचाई 84,000 योजन मानी गयी। यहाँ से चार नदियाँ बहती हैं, जिनके नाम हैं– सेनगे–सिन्धु, मेपचू–करनाली, टामहोक–ब्रह्मपुत्र, लांगसन–सतलुज। ये चार नदियाँ कैलास से निकलती हैं। मानसरोवर झील समुद्रतल से 14,900 फ़ीट की ऊँचाई पर है। 412 वर्ग किमी में फैली हुई। बताया जाता है कि कहीं–कहीं पानी 70 मीटर से भी अधिक गहरा है। कैलास पर्वत से 30 किमी दक्षिण में है। झील के चारों ओर आठ बौद्ध गोनपा है। लोग इसकी भी परिक्रमा करते हैं।'

(साभार : 'कैलास–मानसरोवर यात्रा', रामचन्द्र छारिया)

इसी पुस्तक में आगे वर्णन है–

'यहीं है राकसताल झील। 288 किमी में फैली हुई। यहाँ यात्री कम आते–जाते हैं। मान्यता है कि रावण ने शिवजी को ख़ुश करने के लिए यहीं पर साधना की थी। कैलास और मानसरोवर साधकों के लिए आराध्य भूमि रही है। हज़ारों वर्ष से लोग यहाँ आते रहे हैं। 'भागवत' में पाण्डवों के कैलास जाने की चर्चा मिलती है। पर, पुराने साधकों के लिखित विचार–वृत्तान्त नहीं मिलते। एक जापानी यात्री का उल्लेख मिलता है। 1897 में बौद्ध धर्म साहित्य एकत्र करने वह तिब्बत पहुँचे। जापान से समुद्र के रास्ते कलकत्ता। वहाँ से नेपाल, फ़िर कैलास की यात्रा। नेपाल में ठहर कर तिब्बती भाषा का अध्ययन किया। फ़िर साधु बन कर तिब्बत गये। वहाँ तीन साल रहे। दलाईलामा से भी मिले। कैलास को देखा और अपने अनुभव लिखे कि मेरे विचार से कैलास, हिमालय की सबसे सुन्दर बर्फ़ानी चोटी है, जिसे देखते ही मुझमें धार्मिक भावनाएँ

उत्पन्न हों उठीं। मैंने कैलास को बौद्धों का प्राकृतिक मण्डल मान कर अपने अपराधों को स्वीकार किया और फिर अपराध न करने का 108 बार संकल्प लिया। अपनी 28 इच्छाओ की सूची निकाल कर उनकी आपूर्ति भगवान बुद्ध को अर्पित की। अपने आप को भाग्यशाली माना।'

(साभार : 'कैलास–मानसरोवर यात्रा', रामचन्द्र छारिया)

फिर श्री छारिया अन्य यात्रियों के संक्षिप्त अनुभव उल्लेख करते हैं–

'इसी तरह भगवान श्री हमसा मुम्बई के थे। उच्च कोटि के योगी। 1908 में वह कैलास आये थे। उन्होंने लिखा, कैलास दर्शन से मेरे सब कष्ट दूर हो गये। मानसरोवर झील के बारे में उनके अनुभव जानने योग्य हैं। वह 12 दिन झील के किनारे रहे। सुबह–शाम नहाते और ध्यान करते। मानसरोवर झील, शान्ति और पवित्रता का घर है। ऐसा लगता है कि यह धरा का भाग न होकर स्वर्ग का स्थान है। पुण्य आत्माओं की धरती है। दिन में सूर्य उदय होता है, छिपता है। रात्रि में चाँद–सितारे चमकते हैं। यह दृश्य अति सुन्दर है। इनकी कोई तुलना नहीं कर सकता। ऐसे वातावरण में मन अपने आप एकाग्रचित्त हो जाता है और शान्ति का अनुभव करता है।'

(साभार : 'कैलास–मानसरोवर यात्रा', रामचन्द्र छारिया)

आगे श्री छारिया बताते हैं कि–

'स्वामी प्रणवानन्द 1935 से 1945 के बीच हर साल कैलास गये। वह 1936–37 और 43–44 में क़रीब बारह से सोलह महीने तक कैलास में ठहरे। उन्होंने कैलास की 25 बार परिक्रमा की। 23 बार मानसरोवर की परिक्रमा की। तिब्बत और कैलास पर उनकी पुस्तकों को खूब प्रसिद्धि मिली। स्वामी प्रणवानन्द का अनुभव था कि दुनिया में अनेक तीर्थ स्थान हैं। पर, कैलास और मानसरोवर सबसे अधिक

पूजनीय हैं। कैलास–मानसरोवर के क्षेत्र में व्यक्ति का मन एकाग्रचित्त हो जाता है। वह चाहे किसी भी धर्म का अनुयायी क्यों न हो। एक अच्छा साधक, समाधि अवस्था भी प्राप्त कर लेता है। परन्तु जिस प्रकार जुकाम से पीड़ित व्यक्ति इत्र की सुगन्ध का आनन्द प्राप्त नहीं कर सकता। उसी प्रकार धार्मिक भावनाओं से रहित व्यक्ति, धार्मिक वातावरण का अनुभव नहीं कर पाता।'

(साभार : 'कैलास–मानसरोवर यात्रा', रामचन्द्र छारिया)

अन्य योगियों के अनुभव भी श्री छारिया बताते हैं–

'इसी तरह स्वामी तपोवन जी का अनुभव है। वह बड़े योगी थे। 1925–30 में वह कैलास–मानसरोवर गये। पहली यात्रा में उन्होंने साथ में धन नहीं लिया। न खाने की सामग्री। न तिब्बत के अनुरूप ठण्ड के कपड़े। उनके अनुभव यादगार थे। जहाँ जो मिला खाया या उपवास। रहना भी आसमान के नीचे या किसी झोंपड़ी में। उनका कहना था। सांसारिक आदमी के लिए हिमालय की बर्फ़ से ढकी चोटियाँ, उसकी सुन्दरता और उनसे जो आनन्द मिलता है, वह भौतिक है, परन्तु मेरे लिए ये चोटियाँ उनकी सुन्दरता और उनका आनन्द सब दिव्य है। मैं आनन्द में मगन अपने रास्ते पर चलता गया। मेरी सेहत गिर रही थी, परन्तु मानसरोवर और कैलास को समीप जानकर मैं उसकी ओर बढ़ता चला गया। तिब्बत की 16,000 फ़ीट की ऊँचाई पर, मैंने खुले आकाश के नीचे रात गुज़ारी। प्रातः फ़िर आगे चल पड़े। स्वामी जी का स्वास्थ्य ठीक नहीं था। फ़िर भी वह मानसरोवर गये, नहाये, पानी पीया। फ़िर कैलास के लिए गये। कहा, कैलास चाँदी की भाँति चमकने वाला पर्वत, हमारे सामने था। यह शिव और पार्वती का स्थान है। इन्द्र जैसे देवता और कपिल जैसे सिद्ध भी यहाँ नहीं पहुँच सकते। यह विष्णु के लिए भी यात्रा का तीर्थ है। एक ऐसा पर्वत अब हमारे सामने था, उसने दर्शन देकर हमें निहाल कर दिया।'

(साभार : 'कैलास–मानसरोवर यात्रा', रामचन्द्र छारिया)

शान्तिलाल त्रिवेदी, गाँधी जी के अनुयायी थे। उनकी गाँधी जी के प्रति अटूट श्रद्धा थी। खेलने–कूदने की उम्र में राष्ट्र सेवा का प्रण ले लिया। अपनी जन्मभूमि को छोड़, सुदूर पहाड़ी क्षेत्र अल्मोड़ा में आये। अपना पूरा जीवन इस क्षेत्र की सेवा में लगा दिया। आश्रम बनाया। सर्वोदय, रचनात्मक कार्य आरम्भ किया। लोगों के जीवन स्तर को ऊँचा करने का कार्य किया। उन्होंने जून, 1931 में कैलास–मानसरोवर की यात्रा की। अपने अनुभव को 'कैलास–मानसरोवर दैनन्दिनी' में दर्ज किया। वह लिखते हैं–

'जिस कैलास का माहात्म्य शास्त्रों–पुराणों ने गाया है; और जिसकी प्रशंसा से तिब्बती धर्मग्रन्थ भी भरे पड़े हैं, उस श्री कैलास का आज दर्शन करके मैं, स्वयं अपने को कृत्य–कृत्य मानता हूँ। जीवन के साफल्य का सात्विक आत्म सन्तोष है। श्री कैलास, राम–कृष्ण, हनुमान, पाण्डव, बुद्धदेव आदि अनेक तपस्वी ऋषि–मुनियों के समय से अनन्त, अनादिकाल से अस्तित्व धरता है। क्या भव्यता! क्या निश्चलता! क्या तेजस्विता! क्या सौन्दर्यता! क्या अद्भुतता! क्या दिव्यता! क्या आत्मीयता!'

(साभार : 'कैलास–मानसरोवर दैनन्दिनी', शान्तिलाल त्रिवेदी)

इन अनुभवों को जानने से लगता है कि हम यात्री ही नहीं, जिसने भी कैलास और मानसरोवर को देखा, स्तब्ध रह गया। उसकी पलक अटक गयी। प्रकृति की यह अनुपम सौगात है। स्वामी शिवानन्द ने भी यहाँ की यात्रा की थी। स्वामी जी अपने साथियों के साथ कैलास के लिए 1931 में निकले। ऋषिकेश से वह अल्मोड़ा–लिपुलेख के रास्ते कैलास गये। अगस्त 1931 में वापस भारत लौटे उनकी टिप्पणी थी–'कैलास की पुण्यभूमि से फ़िर दुख और पीड़ा की भूमि पर लौट आये हैं।' इसी तरह प्रसिद्ध योगी थे, स्वामी सच्चिदानन्द। 1959 में वह कैलास गये। कैलास को देख कर उनकी टिप्पणी थी–'मैंने अपने परम पिता को पा लिया। इससे अधिक मुझे क्या चाहिए? तुम मेरे सन्मुख–साक्षात् हो, मेरे सब दुख दूर हो गये। मेरा मन प्रफुल्लित है। हे भगवान शिव, मैं आपको सादर प्रणाम करता हूँ। जय शिव।'

पावन कैलास : भाव–भाषा की परिधि के परे

कैलास–मानसरोवर तो वर्ष 2011 में आना हुआ। पर, इस यात्रा की साध–इच्छा पुरानी थी। इस यात्रा से जुड़ी किताबें ढूँढ़–ढूँढ़ कर पढ़ता था। इसी क्रम में वीना शर्मा की किताब पढ़ी। 'कैलास मानसरोवर : ए स्कैअर्ड जर्नी।' रोचक पुस्तक है। पुस्तक के कुछ अंशों का भाव सारांश है–'सात्विक और पवित्र जगहों की कभी कोई शुरुआत नहीं होती। न शुरू, न अन्त। उनकी शुरुआत का कोई इतिहास नहीं है। वे तब से पवित्र हैं, जब से उनका अस्तित्व है। पूर्णतः जीवन्त। अतीत, वर्तमान, इनके माध्यम से ही साँस लेता है, जीवित है। मनुष्य इन्हें देख कर स्तब्ध हो जाता है या भयग्रस्त। क्योंकि हवा में उसे अदृश्य ताक़त की तरंगें मिलती हैं।'

तिब्बत : द लैंड ऑफ स्नोज' के लेखक गिसेप टकी ने यह लिखा–

> *'कैलास पहाड़ ब्लैक ग्रेनाइट से बना है। शिवलिंग की झलक देता हुआ। संस्कृत में कैलास का अर्थ है, जो पानी में झिलमिलाता है। बर्फ़ के आकार में जो पानी कैलास को आच्छादित किये हुए है, वह नितान्त पवित्र है। यह मनुष्य के जाने किसी साँचे में नहीं*

बैठता। यह आकृति या दृश्य के पार है। पास नें मानसरोवर में इसकी झलक और कैलास के रास्ते से मानसरोवर की झलक। यह शिव और शक्ति का संयोग है। उनके एकाकार होने का प्रतीक भी। किसी परिवर्तन और बदलाव से परे (चेंजलेस)। समय और काल से परे। हर क्षण बदलते (एवरचेंजिंग) मनुष्य की कल्पना से परे। प्रकृति के सौन्दर्य के निर्माण की कल्पना कोई कर सकता है? इसका आर्किटेक्ट भला कौन होगा? बहुत बड़े स्वयंभू लिंग के रूप में बना कैलास, यह मनुष्य की कल्पना, श्रम या प्रयास की देन नहीं। यह प्रतीक है, अनन्त का। चुप खड़ा, सृष्टि देखता। सब कुछ देखता, सर्वत्र मौजूद। जिसका जन्म या मूल ज्ञात नहीं। पहाड़ों की श्रृंखला में अकेला खड़ा पहाड़। किसी से जुड़ा नहीं। इसलिए इसके चारों तरफ़ आप परिक्रमा कर सकते हैं। कैलास को सृष्टि का मेरु कहा जाता है। सृष्टि का सृजनात्मक मूल या नोडल प्वाइंट, जहाँ से सृष्टि ने आकृति ली। मौजूदा रूप लिया और फैली। मेरु शब्द संस्कृत के मी और रु से बना है। मी का शाब्दिक अर्थ है, मापना। यह सृष्टि का मापक है। मापक हमेशा सृष्टि से बड़ा ही होगा। सृष्टि को मापने का यही यन्त्र भी है। रु का अर्थ एक बड़े शंखनाद स्वर से है या सेंट्रीफ्यूगल वाइब्रेशन से है। सृष्टि के बीच के वाइब्रेशन से है। मेरु की अवधारणा जैन, बौद्ध और हिन्दू शास्त्रों में है, जिसका तात्पर्य है—एज ए रॉड पियेरसिंग द यूनिवर्स।'

(साभार : 'तिब्बत द लैंड ऑफ स्नोज', गिसेप टकी।)

हिमालय और कैलास बनने का प्रसंग शेखर पाठक बताते हैं—

'भूगर्भीय ऊर्जा और हलचलों का हिमालय के बनने में निर्णायक योगदान रहा है। आज टैथिस हिमालय क्षेत्र बहुत कटा फटा, ऊबड़—खाबड़, तक्षित भूमि वाला और पूरी तरह निर्जन है। यह क्षेत्र छह करोड़ साल पहले अवसादी चट्टानों से निर्मित हुआ। यह अवसाद टैथिस सागर का हिस्सा था। सुप्रसिद्ध भूवैज्ञानिक और हिमालय के अन्वेषकों में एक अगस्त गैनसर ने भूगर्भीय दृष्टि से

कैलास पर्वत को विशिष्ट बताया है, क्योंकि 22 हज़ार फ़ीट से ऊपर तक गये इस पर्वत में इसका स्तर क्षैतिजीय रूप में अक्षुब्ध बना हुआ है, बावजूद इसके कि यह अत्यधिक खड़े आधार शैल से घिरा है। इसके दक्षिणी बाजू में गैनसर को वे चट्टानें (Ophiolite) *मिली, जो करोड़ों साल पहले मौजूद प्राचीन टैथिस सागर के तल में निर्मित हुई थीं। गैनसर के अध्ययन का सार निकलता है कि कैलास पर्वत हिमालय को बनते हुए, उठते हुए और टैथिस सागर को गुम होते हुए देख रहा था और स्वयं भी बनने की प्रक्रिया में था।'*

(साभारः 'अतुल्य कैलास–मानसरोवर', शेखर पाठक)

जॉन स्नेलिंग ने कैलास पर्वत की अपनी साहित्यिक धर्मयात्रा का ब्योरा अपनी पुस्तक 'द स्केअर्ड माउंटेन' में दिया है। वह पुराणों के हवाले से कहते हैं–'मेरु यानी संसार को जीवन देने वाले जल का मूल स्रोत, अक्षय पात्र। स्वाभाविक तौर पर मेरु उच्चतर ईश्वरीय अंश का वास है।'

आगे स्नेलिंग बताते हैं–

'विश्व की व्यवस्था में कोई एक केन्द्र बिन्दु है, वह स्थिर जगह, जहाँ से हर चीज़ को मापा जा सकता है, उनके सम्बन्ध तय किये जा सकते हैं। बहुतायत चीज़ों के केन्द्र में यह बिन्दु है। सर्वे करने वाले बड़े रॉड की तरह। अपनी मौजूदगी से यह चीज़ों को एक रूप और आकार देता है। अन्यथा वे चीज़ें असंगत और बिना रूप होंगी। इसके पास सत्ता है, ऊर्जा है। संक्षेप में अराजकता से सृष्टि को गढ़ने की सभी जगहों में यह सबसे आध्यात्मिक जगह है। मेरु पर्वत इस रूप में दिखाई देता है, जैसे ऊर्जा या आध्यात्मिक ताक़त, बड़े आवेग से नीचे की ओर जा रही है।'

बौद्ध परम्परा में मान्यता है कि गौतम बुद्ध और उनके बोधिसत्व कैलास में रहते हैं। तिब्बत के महान योगी व तान्त्रिक सन्त मिलारेपा भी। शेखर पाठक ने इस पवित्र पहाड़ के प्रवेश द्वारों का उल्लेख

किया है। वह बताते हैं–'इनकी सुरक्षा चीनी बाघ, कछुआ, लाल पक्षी और फ़िरोज़ी रंग का अजगर (ड्रैगन) चार मुख्य जगहों पर कर रहे हैं, यह मान्यता है।'

पुराणों में मेरु के बारे में दैवी शक्ति की बात कही गयी है। 2,000 साल पुराने पौराणिक ग्रन्थों में मिथकों के साथ–साथ भूगर्भीय प्रमाण भी हैं। इनके अध्ययन से यह लगता है कि प्राचीन काल के लोग भूगर्भीय हलचलों से परिचित थे, जो कि क़रीब छह करोड़ साल पहले हुआ था। आज जो हम महाद्वीप और महासागर देखते हैं, यह उसी टेक्टोनिक प्लेटों के खिसकने से बना है। विष्णु पुराण की मानें, तो मेरु की ऊँचाई 84,000 योजन है और उसकी चौड़ाई 32,000 योजन (एक योजन में 14 किमी होते हैं) है। मेरु पर्वत सातों महाद्वीपों के बीच में है। ये महाद्वीप किसी संकेन्द्रीय वृत्त की तरह फैले हैं। इनके चारों तरफ़ सात महासागर और सात मीठे पानी के सागर हैं। मेरु का रंग सुनहरा है। इसके चारों ओर छोटे–छोटे पहाड़ हैं, जो इसे सपोर्ट करते हैं।

पृथ्वी की सतह के अन्दर टेक्टोनिक प्लेटों के खिसकने की व्याख्या भूगर्भशास्त्र में भी की जाती है। माना जाता है कि महाद्वीपीय प्लेट गोंडवाना लैंड, उत्तर की तरफ़ खिसकने लगा। इससे गोंडवाना लैंड और यूरेशियन प्लेट में ज़बरदस्त टक्कर हुई। टेक्टोनिक प्लेटें मुड़ गयीं और टेथियन सागर में मलवे का पहाड़ जमा होने लगा। धीरे–धीरे हिमालयन श्रृंखला विकसित हुई और दुनिया का सबसे बड़ा पठार भी बना। कैलास का निर्माण यूरेशियन प्लेट के टूट कर गिरे मलवे से हुआ। कैलास की जो स्थिति है उसका तादात्म्य मेरु से स्थापित किया जा सकता है। यह उस सेंट्रल रॉड की तरह है, जिसके चारों तरफ़ सार्वभौमिक चीज़ें चक्कर काटती हैं। इसके अतिरिक्त एक ख़ास बात यह है कि कैलास की जो स्थिति है, वह उस जगह पर है, जहाँ दोनों टेक्टोनिक प्लेटें टकराने के बाद एक–दूसरे के ऊपर चढ़ गयीं थीं। यही कारण है कि भूगर्भ में ज्वालामुखीय गतिविधियाँ हुईं और धरती की सतह गैस मुक्त हुई।

शिव और शक्ति का सम्बन्ध क्रमशः नाद और बिन्दु से है। शिव पुराण मानता है कि नाद और बिन्दु के मिलन से ब्रह्माण्ड की उत्पत्ति हुई। नाद अर्थात ध्वनि और बिन्दु अर्थात प्रकाश। इसे अनाहत या अनहद (जो किसी आहत या टकराहट से पैदा नहीं) की ध्वनि कहते हैं। मान्यता है कि इसी ध्वनि को 'ॐ' के रूप में व्यक्त किया जाता है। माना जाता है कि ब्रह्माण्ड का निर्माण गतिशील और अगतिशील चीज़ों से होता है। नाद और बिन्दु से ही ब्रह्माण्ड चलायमान है। इसी से ब्रह्माण्ड भी अस्तित्व में आया।

शेखर पाठक की इस किताब में दी गयी कि सूचनाओं के अनुसार कैलास को केवल मेरु के रूप में ही नहीं देखा जाता, बल्कि यह लिंग रूप में शिव को भी प्रस्तुत करता है। शिव को विध्वंसकर्ता और निर्माता दोनों माना जाता है। उनके पास आकर्षण और विकर्षण है। भय और आशीर्वाद दोनों है, वह आपकी पहुँच में भी हैं। पहुँच से परे भी हैं। जबकि स्वयं वह इन सबसे परे हैं। जब वह मानव रूप में आते हैं, तब वह महान योगी होते हैं, जो अपने अन्तर्धान में लीन रहता है। शक्ति उसके साथ हमेशा मौजूद रहती है। उनके पास कुछ भी नहीं होता, दुनियावी जगत से कोई लेना–देना नहीं। वह अपने शरीर पर श्मशान की राख लपेटते हैं। लेकिन वह स्वर्ग में बैठे देवताओं को भी वरदान देते हैं। हिन्दू देवता काम, जिसे प्यार का देवता कहा जाता है, वह शिव के हाथों मरा। इसके बावजूद वह सबसे प्रेम करते हैं।

शिव को घोर माना जाता है अर्थात् महान विध्वंसक, जिसने प्रचण्ड गंगा को भी अपने बालों में नियन्त्रित करके रखा। वह नटराज हैं। नृत्य के देवता, जिनके नृत्य करने पर विध्वंस और निर्माण होता है। आकाशीय गतिविधियाँ उनके नृत्य पर आगे बढ़ती हैं। भूत, भविष्य और वर्तमान, उनके नृत्य पर ही तय हैं। शिव जब विध्वंस करते हैं, तब ताण्डव करते हैं। वह छोटा–सा वाद्ययन्त्र डमरू बजाते हैं, जिसके वाइब्रेशंस उसी तरह के हैं, जब धरती अपनी प्रारम्भिक अवस्था में रही होगी। शिव जिनकी छवि एक

विध्वंसक के रूप में है, बहुत ही सुन्दर है। उनका रंग तपे हुए ताँबे और उगते–डूबते सूरज की लालिमा की तरह है।

वह बिल्कुल एकान्तप्रिय और शान्त हैं। वह नीलकण्ठ भी हैं, जिन्होंने अपने गले में कालकूट विष का पान किया था। इस विष के ताप से बचने के लिए शिव ने बर्फ़ीले जगह का चुनाव किया। उनके गले में साँप विराजमान रहता है, जो कि जल का प्रतीक है। उनके सिर पर चन्द्रमा और गंगा हैं, जो शीतलता के ही प्रतीक हैं। वह पानी के नज़दीक रहना पसन्द करते हैं, उन्हें उन पर जल चढ़ा कर प्रसन्न किया जाता है।

ऋषिकेश के स्वामी शिवानन्द ने 1940 में कैलास की यात्रा की। तब उनके पाकेट में मात्र पाँच रुपये थे। कैलास यात्रा के उनके अनुभव याद आते हैं। उनका अनुभव था कि श्रद्धालु इस स्थान को भौतिक रूप में नहीं देखते, बल्कि इसे आध्यात्मिक शक्ति के प्रतीक रूप में देखते हैं। स्वामी जी के अनुसार–जब आप यात्रा करते हैं, तो आध्यात्मिक तरंगें आपके शरीर में प्रवेश कर जाती हैं। मन पर जितना आवरण चढ़ा होता है, वह उतर जाता है। सारी धूर्तता, चालाकी दूर हो जाती है। विषय–वासना और भौतिक जगत की चीज़ों से अलगाव हो जाता है। सारी शिथिलता, अज्ञानता, रज, तम में कमी आ जाती है। सत्व का ही वास होता है। मनुष्य के अन्दर आध्यात्मिक तरंगें हिलोरें मारने लगती हैं।

स्वामी प्रणवानन्द ने 25 बार (1928 और 1949 के बीच) इस पवित्र पर्वत की परिक्रमा की और 23 बार पवित्र झील की। मानसरोवर के सन्दर्भ में वह लिखते हैं–

> *'मानसरोवर का दर्शन, लगातार किये जाने वाले प्रार्थना, मन्त्रोच्चारण, ध्यान, उपदेश से भी 100 गुना अधिक प्रभावशाली, मन मोहने वाला, विस्मय कर देने वाला है। यह हमारे पहले के ऋषियों और पूर्वजों की देन है। जो इस धरती माँ के नज़दीक रहे। इस समुद्र जैसी झील की सुन्दरता, भव्यता को देख कर कोई घण्टों तक सुध–बुध खो दे।'*
>
> *(साभार : 'कैलास–मानसरोवर', स्वामी प्रणवानन्द)*

वायु पुराण मानता है कि जिसे भगवान कैलास का आशीर्वाद प्राप्त होता है, वही इस महान रास्ते पर चल सकता है। स्वेन हेडिन ने अपना अनुभव लिखा कि 'बेहद खूबसूरत, आकर्षक, पवित्र झील। कहानियों और नायकों का थीम, तीर्थयात्रियों का लक्ष्य, सभी पवित्र झीलों में सर्वाधिक पवित्र झीलों का झील है–सो माआंग। पुरानी एशिया का नाभि।' विश्व के सभी झीलों में एक मोती की तरह है। कैलास मानसरोवर, जिनके प्राणों में बसता था, वह स्वामी प्रणवानन्द इसे देखकर बोल उठे–

'जिसका कोई अनुमान नहीं लगा सकता। अन्तरिक्ष में फैली शान्ति की तरह। शान्त, स्थिर, ठहरा हुआ और तुरन्त ही प्रचण्ड तूफ़ान से अस्त–व्यस्त होता हुआ। आसपास के भेड़–बकरी भी इस तूफ़ान में झूमते हुए। एक बेहद ख़ूबसूरत झील। मानसरोवर। एक ठोस बर्फ़ में तब्दील मानसरोवर। न जाने उसके कितने रूप–रंग हैं, न जाने वह कितने रंग बदलता है, अपनी दुनिया में रमे मानव को एकाग्र होने, ध्यान करने, सोचने का अवसर प्रदान करता है। साधुओं और हंसों की झील। इसकी जय हो।'

(साभार : 'कैलास–मानसरोवर', स्वामी प्रणवानन्द)

केरी मोरान ने 'द स्केअर्ड माउंटेन ऑफ़ तिब्बत' में लिखा है–

'जैसे मस्तिष्क में हज़ारों विचार पनपते हैं, उठते हैं, उसी तरह मानसरोवर के अनन्त रंग हैं। झील के ऊपर जब बादल मँडराते हैं, बारिश होती है और बार–बार यही प्रक्रिया दोहरायी जाती है, तब मिटना और पुनर्निर्माण के विचार समझ में आते हैं। तिलोपा, मिलारेपा के परदादा कहते हैं, जब मस्तिष्क इस स्थिति में न हो कि उसे कहाँ रुकना है तब वह महान ऊँचाई हमारे सामने होती है। जो इस ऊँचाई को प्राप्त करता है, वह उस सर्वोच्च सत्ता का दर्शन कर पाता है।'

(साभार : 'द स्केअर्ड माउंटेन ऑफ़ तिब्बत', केरी मोरान)

लामा अंगरिका गोविन्द ('द वे ऑफ़ व्हाइट क्लाउड') कहते हैं–

'अगर आप इस पर्वत की महानता को देखना चाहते हैं, इसके स्वरूप को समझना चाहते हैं, तो इससे थोड़ी दूरी बना कर इसके चारों ओर घूमें, इसके बदलते भावों का आभास करें। इसे सूर्योदय और सूर्यास्त के समय देखें। दोपहर और मध्यरात्रि को देखें। सूर्य की रोशनी में भी देखें। बारिश में भी देखें। बर्फ़ में भी देखें। तूफ़ान में भी। गर्मी में भी। शीत में भी और सभी ऋतुओ में भी। वह जो इस तरह इस पवित्र पहाड़ को देखता है, वह पर्वत के जीवन से रू–ब–रू होता है, वह जीवन जो काफ़ी कठिन है और जैसे मनुष्य के जीवन में विविधताएँ हैं, उसी तरह इस पर्वत के जीवन में भी है।'

(साभार : 'द वे ऑफ़ व्हाइट क्लाउड', लामा अंगरिका गोविन्द)

शेखर पाठक उल्लेख करते हैं–

'हिन्दू विश्वासों के अनुसार कैलास पर्वत (इसे अनेक किताब में कैलासनाथ भी कहा गया है) में शिव, उनकी पत्नी गौरी, उनके दो पुत्र गणेश तथा कार्तिकेय व अन्य देवगण निवास करते हैं। शिखर के जड़ पर हनुमान विराजते हैं, हिन्दू समुदाय कैलास को कुबेर के अलावा अन्य अनेक देवताओं का निवास भी मानता है और इसे मेरु पर्वत या अन्तरिक्षीय (ब्वेउपब) पर्वत कहते हैं। पौराणिक राजा मान्धाता महीपति का नाम गुरुला पर्वत से जुड़ा है, जो कि इस क्षेत्र का सर्वोच्च शिखर है। हिन्दू मान्यता में कैलास–मानसरोवर यात्रा को चार धाम (बद्री, केदार, गंगोत्री तथा यमुनोत्री) यात्रा (भारत) का पूरक तथा मुक्तिनाथ और पशुपतिनाथ (नेपाल) की यात्रा के विस्तार के रूप में विकसित माना जाता है।'

(साभार : 'अतुल्य कैलास–मानसरोवर', शेखर पाठक)

तीमेरी एन मुरारी की पुस्तक 'लिंपिंग टू द सेंटर ऑफ़ द वर्ल्ड : जर्नी टू माउंट कैलास' कोलकाता में ख़रीदी थी। 2010 फरवरी में। हरिद्वार में ट्रेन से उतरते वहीं छूट गयी। फिर ढूँढ़ कर मँगवायी। सुन्दर पुस्तक है। एक अनीश्वरवादी, अनास्थावादी, फ़िल्मकार–पत्रकार

की यात्रा के अनुभव। यात्रा में भी साथ ले गया। दो–तीन बार पढ़ी। इसके कुछ हिस्से बहुत पसन्द आये। उस हिस्से का सारांश। भावार्थ। हू–ब–हू, अनुवाद नहीं–

'धरती पर होने वाले तीर्थयात्राओं में यह सबसे कठिनतम यात्रा है। मेरे मन–मस्तिष्क में उस पर्वत का दृश्य क़ैद है। बिल्कुल साफ़ पारदर्शी रूप में। मैं उसे याद करूँ, तो लगता है कि दुनिया के केन्द्र में भ्रमण कर रहा हूँ। मैं इस दुनियावी झमेले से दूर निकल जाता हूँ। मेरा एक भाग आज भी पर्वतों, घाटियों, नदियों के बीच घूमता है। उस नितान्त शान्त और स्थिरता में तारों से भरे आकाश को देखते हुए मेरी आँखें ठहर जाती हैं। किस तरह कैलास यात्रा ने मुझे बदल दिया है। क्या अचानक मेरे अन्दर बहुत बड़ी तब्दीली आयेगी? क्योंकि मेरे अन्दर एक ज्वालामुखी उबल रहा है कि मैं अपने जीवन जीने के रास्ते को बदलूँ। मेरा ह्रदय और मस्तिष्क अचेतन अवस्था में हैं। कैसी भावनाएँ और विचार इनसे गुज़र रहे हैं? मैं नहीं जानता कि यह क्या है? पर, बेसब्री से इन्तज़ार है कि मैं, इस चेतना का आलिंगन करूँ।

मैं, अचानक ही किसी बड़े बदलाव की उम्मीद नहीं कर रहा। मैं, जब वहाँ गया, तब भगवान में नाममात्र ही आस्था थी। पर, जब लौटा तो उसमें मेरी आस्था और मज़बूत हो गयी। उसे मैंने एक ऐसी शक्ति और ऊर्जा के रूप में पाया, जिसने न केवल इस प्रकृति की रचना की, बल्कि पलक झपकते ही ब्रह्माण्ड की भी सृष्टि की। इसके पहले जब भी मैंने प्रार्थना की, तब भगवान की कोई छवि मेरे मन–मस्तिष्क में नहीं थी। लेकिन अब चेहरा तो नहीं, पर आकाश और पर्वत की वह विराट छवि ज़रूर उभरती है। इस प्रकृति से, जो स्थिर है, शान्त है, मौन है, फिर भी परम शक्तिशाली है। इससे बढ़ कर भला और क्या हो सकता है? जिस असीम सत्ता का दर्शन मैंने किया है, मुझे लगता है कि मैं जिस चीज़ की तलाश में था, वह मुझे मिल गयी है। वस्तुतः हम सभी उसी एक चीज़ की तलाश में तो रहते हैं। कोई इस तरह

की सत्ता का अस्तित्व है, जो हमें दिखाई नहीं देती, जो हमारी पहुँच से बाहर है, फ़िर भी हम सब उससे चारों ओर से घिरे हैं। अगर एक पल के लिए भी इस सत्ता का दर्शन करते हैं, तो यह आपके जीवन में एक बड़ा बदलाव लाता है।'

(साभार : 'लिंपिंग टू द सेंटर ऑफ़ द वर्ल्ड : ए जर्नी टू माउंट कैलास', ती.मेरी एन मुरारी)

आगे फ़िर वह कहते हैं–

'मुझे विश्वास नहीं होता कि मैंने पहाड़ों पर एक महीने तक 200 किमी ट्रेकिंग की और क़रीब 5,550 मीटर तक की चढ़ाई की है। आईने के सामने देखता हूँ, तो क्या अपने आप में कोई बदलाव पाता हूँ? कम–से–कम देखने से तो यही लगता है कि मुझमें बदलाव आया है। मेरा वज़न सात किलो कम हुआ है। मैं दुबला दिखता हूँ। मेरे घुटनों में काले धब्बे पड़ गये हैं। ऐसा लगता है, मानो किसी ने इसे आग पर रख दिया है। मैं अभी भी लँगड़ा कर ही चल रहा हूँ। एक सर्जन डॉक्टर से दिखाया, तो उसने कहा कि घुटना मुड़ने, स्ट्रेच करने से बिल्कुल पत्थर जैसा हो गया है। मेरे सगे–सम्बन्धी और परिजनों ने मेरे अच्छे भविष्य की कामना की थी। मैं यह कह सकता हूँ कि मैं बहुत ही भाग्यशाली हूँ। मैं अपने साथ कुछ पत्थर और मानसरोवर झील का पानी लाया हूँ। उन्हें लेकर मैं शहर का एक चक्कर काटता हूँ। मैं उन चीज़ों को जब मित्रों के बीच ले गया, तो उसे श्रद्ध ापूर्वक लिया गया। जानता हूँ, इसे घरों के पूजा घरों में रखा जायेगा। इन यादों, पत्थर के टुकड़ों, मानसरोवर के जल, तस्वीरें आदि के अतिरिक्त भी मुझे एक ऐसी निशानी की ज़रूरत है, जो मेरी इस यात्रा का बोधक हो। मेरे घर में शिव की मूर्ति नहीं है। मैंने शिव की एक मूर्ति ख़रीदी, जो नटराज के रूप में नहीं थी, बल्कि शान्त मुद्रा में बैठे हुए, पैरों को एक–दूसरे पर मोड़ कर बैठे हुए, गले में साँप फुफकारता हुआ, दाहिना हाथ आशीर्वाद देते हुए, अँगूठे से डमरू थामे हुए। डमरू वेद के शब्दों की ही

अभिव्यक्ति है, जबकि साँप जो कि आभूषण की तरह गले में है, अहं पर नियन्त्रण स्थापित करने का प्रमाण है।'

(साभार : 'लिंपिंग टू द सेंटर ऑफ़ द वर्ल्ड : ए जर्नी टू माउंट कैलास', तीमेरी एन मुरारी)

आगे वह बताते हैं–

'मेरे लौटने के एक महीने के बाद मौरीन ने कहा, तुम बदल गये हो। मैंने पूछा, कैसे? जबकि मैं ख़ुद यह जान रहा हूँ कि मैं पहले जैसा नहीं रहा, मुझमें कुछ बदलाव आया है, फ़िर भी उसके नज़रिये से जानना चाहता हूँ। तुम बिल्कुल शान्त, स्थिर और धैर्यवान हो गये हो। यह सत्य है। मैं भीतर से एकदम शान्त और स्थिर महसूस करता हूँ। अब मैं पहले जैसा आवेग में रहने वाला, क्रोधी स्वभाव का नहीं रहा। मैंने अपने आप को समझना शुरू कर दिया है। लेकिन सबसे महत्त्वपूर्ण है कि मैंने यह जान लिया है कि मैं अपने आप से ख़ुश हूँ और भीतर से ख़ुश हूँ। अब वह मिथ्याभिमान नहीं रहा। वह झूठ से ऊपर उठा सिर झुक गया है। मेरी झूठी पहचान अब विलीन हो चली है। अब मुझे मेरा अतीत परेशान नहीं करता। न ही भविष्य का डर सताता है। अब मैं अपनी मृत्यु का बिना किसी भय के इन्तज़ार करूँगा। जीवन में जो इतनी आपा–धापी है, वह वस्तुतः किसी महत्त्व की नहीं है। मुझे अब टीवी देखना भी अच्छा नहीं लगता। अब मुझे कुछ भी नहीं चाहिए। मेरे पास जो कुछ भी है, वह मेरे जीने के लिए पर्याप्त है। मुझे सफलता–असफलता से कोई मतलब नहीं है, हारना–जीतना सब एक ही तो है। मैं वापस लौटना चाहता हूँ, यात्रा करने के लिए नहीं, बल्कि उन पहाड़ों के नज़दीक रहना चाहता हूँ। मैं नहीं जानता, यह कब होगा? मैं इस दिन का बेसब्री से इन्तज़ार करूँगा। मेरे एक मित्र हैं, जो कि इंग्लैंड में रहते हैं, लेखक हैं, कहानीकार हैं। उन्होंने मुझे

एक साल से नहीं देखा है। वह कहते हैं कि तुम बदल गये हो, तुम बिल्कुल अलग दिखते हो। तुम अपने आप में बहुत ही शान्त हो गये हो। तुम मुझे उन संगीतकारों की याद दिलाते हो, जिन्होंने कुछ सालों के लिए परफार्मेंस देना बन्द कर दिया था, लेकिन जब वह लौटे तो पहले की अपेक्षा और अधिक बेहतर प्रदर्शन के साथ।'

(साभार : 'लिंपिंग टू द सेंटर ऑफ़ द वर्ल्ड : ए जर्नी टू माउंट कैलास', तीमेरी एन मुरारी)

मुरारी की पुस्तक के कई और अंश हैं, जो बेहद पसन्द हैं। बार–बार पढ़ा। यात्रा क्रम में सूने आकाश का वर्णन। तारों का सौन्दर्य। उस गाँव में ठहरने का अनुभव, जहाँ प्रतिमा बेदी (प्रख्यात नृत्यांगना) पहाड़ स्खलन में नहीं रही। इस यात्रा के कई लोग उस समय मारे गये थे। भूस्खलन के कारण। पूरी यात्रा में इस किताब को पलटता रहा। इन शब्दों का यथार्थ अनुभव पाने के लिए।

कस्तूरी मृग का इलाका

(परांग, सोमवार, 20.06.2011)

20 जून की रात परांग में गुज़री। मानसरोवर से हम परांग पहुँचे। रास्ते में कहीं–कहीं हिरणों के झुण्ड दीखते थे। किसी सहयात्री ने बताया कि कस्तूरी मृग इधर ही मिलते हैं। दिन के एक बजे परांग पहुँचे। सहयात्री श्रेष्ठा ट्रेवल से नाराज़ थे। देर तक यात्रा कर आगे जाते, दूरी कम होती। कल दिन में लम्बी यात्रा करनी पड़ेगी। पर, लॉजिस्टिक्स की परेशानी रही होगी। इतने यात्रियों का एक साथ बन्दोबस्त आगे नहीं हुआ होगा। पर, हम यात्रियों में लौटने की जल्दी थी।

साथी यात्रियों के साथ लेखक

मिलारेपा की साधना स्थली

(सागा–नायलम, मंगलवार, 21.06.2011)

लौटान–उतरान में तबीयत ख़राब थी। कम नींद, भूख कम, साँस में कभी–कभार दिक़्क़त। यहाँ भी आधी रात में नींद खुली। बाहर आया। षष्ठी का चाँद था। खुला आसमान। तारे मानो धरती पर टपकने वाले हों। धूलरहित, प्रदूषण रहित आकाश में रात देखना। तारों को निहारना, रिफ्रेशिंग था। सुबह आँख खुली, तो पाया ऊँचे पहाड़ों के पीछे से सूर्य की रोशनी छिटक रही थी। वातावरण में भोर की आहट थी। बिस्तर पर गर्म कपड़ों में लेटा था। निराला की कविता याद आयी। रातों में जब चाँदनी दिखती, तो सब कुछ भूल जाता। अपने आप, बग़ैर प्रयास। सिर्फ़ समष्टि या विराट का ही ध्यान रह जाता। 1932 में निराला की यह कविता छपी थी–'रहा तेरा ध्यान।' इसकी आरम्भिक पंक्तियाँ याद आयीं–

रहा तेरा ध्यान
रहा तेरा ध्यान,
जग का गया अज्ञान।
गगन घन–विटपी, सुमन नक्षत्र–ग्रह, नव–ज्ञान
बीच में तू हँस रही ज्योत्सना–वसन परिधान।

आसमान के तारे ब्रह्माण्ड के सौन्दर्य हैं। अद्भुत। अनोखे। हिमालय में उन्हें देखना एक अलग अनुभूति है। इन्हें देखते ही 1925 में निराला की लिखी एक कविता 'प्याला' की चन्द पंक्तियाँ याद आती हैं–

नाचते ग्रह, तारा मण्डल,
पलक में उठ गिरते प्रतिपल,
धरा घिर घूम रही चंचल,
काल गुणत्रय–भयरहित समर।

इस निर्जन बीहड़ में कोई बस्ती नहीं, घर नहीं, चहल–पहल नहीं। सिर्फ़ विराट का बोध होता है। विश्व के होने न होने के भेद और सवाल मन में उठते, तो निराला की कविता 'कण' की कुछ पंक्तियाँ याद आतीं–

तुम हो अखिल विश्व में
या सह अखिल विश्व है तुममें,
अथवा अखिल विश्व तुम एक
यद्यपि देख रहा हूँ, तुममें भेद अनेक?
बिन्दु! विश्व के तुम कारण हो
या यह विश्व तुम्हारा कारण?
कार्य पंचभूतात्मक तुम हो
या कि तुम्हारे कार्य भूतगन?
आवर्तन–परिवर्तन के तुम नायक नीति–निधान
परिवर्तन ही या कि तुम्हारा
भाग्य–विधायक है बलवान?

फ़िर प्रसाद की प्रिय पंक्तियाँ इस निर्जन एकान्त में उभरीं। ऐसे परिवेश में आकर जयशंकर प्रसाद की यह कविता अक्सर स्मरण हो जाती है–

ले चल वहाँ भुलावा देकर,
मेरे नाविक! धीरे धीरे
जिस निर्जन में सागर लहरी।
अम्बर के कानों में गहरी
निश्छल प्रेम–कथा कहती हो,

तज कोलाहल की अवनी रे।
जहाँ साँझ सी जीवन छाया,
ढीले अपनी कोमल काया,
नील नयन से ढ़लकाती हो,
ताराओं की पाँत घनी रे।

तबीयत सुस्त है। कड़ाके की ठण्ड ऊपर से। अगली सुबह छह बजे अँधेरे में रवाना होना है। नायलम के लिए। लम्बी दूरी है। नायलम तिब्बत में प्रवेश का पहला चीनी शहर। जहाँ हम दो दिन ठहरे थे। मौसम के अनुकूल शरीर को ढालने के लिए। ट्रैकिंग के लिए। वहाँ से 22 की सुबह नेपाल सीमा पहुँचना है। शाम तक काठमाण्डू। लौटने में हम सागा में ठहरे। कॉफ़ी पी। छह युआन में एक मग। बड़े–बड़े स्टोर, दुकानें, पता चला सभी चीनी सरकार ने बनवाये हैं। स्टोरों के हेड चीनी हैं। नौकर तिब्बती। तिब्बत में अब भी भेड़ पालन–याक पालन मुख्य धन्धे हैं। पब्लिक ट्रांसपोर्टेशन जैसी चीज़ नहीं दिखी। जुगाड़ गाड़ी (छत विहीन ऑटो जैसा आकार) दिखी। कहीं–कहीं पूरी गृहस्थी, कुत्ते समेत तिब्बती परिवार यात्रा में थे। जुगाड़ गाड़ियों पर। सागा शहर पार करने के बाद हमें ब्रह्मपुत्र का दर्शन हुआ। फ़िर हम वहाँ रुके। हमने तस्वीरें लीं। ब्रह्मपुत्र की ख़राब स्थिति देख पुनः कष्ट हुआ।

बीच–बीच में मोटरसाइकिल और साइकिल से यात्रा करने वाले भी दिखे। सागा से नायलम की सड़क कच्ची है। पर, ठीक है। उसे कंक्रीट करने का काम चल रहा है। इस रास्ते बड़े–बड़े पहाड़ हैं। आसमान छूती बर्फ़ीली चोटियाँ हैं। ऊपर, पहाड़ से नीचे झाँके, तो गहरी खाई, डर लगता है। ऐसे बंजर पहाड़ों की श्रृंखला पार करनी है। पहले कितनी कठिन यात्रा थी। पैदल यात्रा सैकड़ों–हज़ारों मील निर्जन सुनसान मानव विहीन पेड़, पक्षी, जन्तु पक्षी–जन्तुविहीन। बहुत पहले ऐसी यात्रा पर कैसे आये होंगे, स्वामी योगी प्रणवानन्द और राहुल जी वग़ैरह? अब गाड़ियों से पहाड़ों के शिखर से नीचे और नीचे से शिखर तक आते–जाते हैं। 11 जून से 22 जून की शाम तक न हमने

आईना देखा, न चेहरा, न बाल, न दाढ़ी। पर, अद्भुत प्राकृतिक दृश्य मिले। प्रकृति की सोहबत–साहचर्य में एक नया अनुभव संसार पाया। पर, नीचे का संसार बीच–बीच में याद आता रहा। सही ही कहा गया है, मुकम्मल जहाँ एक साथ नहीं मिलते।

नायलम से सागा जाने की सड़क पर, नायलम से पहले एक बस्ती थी। 150–200 घरों की। साथ चल रहे शेरपा ने उन घरों की ओर इशारा कर बताया कि (वे घर जनविहीन, दरवाज़े टूटे हुए, उन पर बुलडोजर चल रहे थे) यहाँ पहले बस्ती थी। सप्ताह भर पहले। अब नहीं है। क्या हुआ? पूछने पर कोई जवाब नहीं। सड़क का चौड़ीकरण हो रहा है। सम्भव है, सड़क को बस्ती की ज़रूरत हो। उसी क्रम में ज़मीन अधिग्रहण हुआ हो। यह हमारा कयास या अनुमान था। कुछ दूर पर एक नयी बस्ती दिखती है। हम अन्दाज़ा लगा सकते हैं कि यहाँ के लोग वहाँ बसाये गये होंगे।

सुबह से निकले हम यात्रा से थके हुए थे। तभी ड्राइवर लोब्सा हमें गाड़ी रोककर बताता है कि यहाँ मिलारेपा केव्स (गुफा) है। नायलम से लगभग 20 किमी पहले। लौटने में। मिलारेपा सबसे बड़े बौद्ध लामा हुए। भारत के तन्त्रों में भी उनकी चर्चा है। मान्यता है कि वही बौद्ध धर्म को तिब्बत ले गये।

इस गुफा के द्वार पर खड़ा होते ही, एक सप्ताह पहले की स्मृतियाँ कौंधीं। यात्रा की शुरुआत में ही यात्रा आयोजक ने कहा, पास में ही (15–20 किमी दूर) योगी मिलारेपा की गुफा है। यात्री अतिरिक्त पैसे देने को भी तैयार थे। पर, तब हम गुफा न देख सके।

लौटान में हमारे सहयात्री बेतरह थके थे। फ़िर भी हमने, अपने ड्राइवर को कहा कि वह मिलारेपा गुफा के सामने ठहरे। ड्राइवर लोब्सा वहाँ ठहरा। झँवर जी अकेले उतरे। स्वामी जी और सर्राफ़ जी थके थे। मना किया। पर, मैं उतरकर साथ हो लिया। हालाँकि शरीर तैयार नहीं था। पस्त थका हारा। पर, मन में उस महान योगी का साधना स्थल देखने की ललक थी। मुख्य सड़क से उतरकर हम सीढ़ी से नीचे उतरने लगे। मैंने सीढ़ियाँ गिननी शुरू कीं। क्योंकि फ़िर चढ़ना भी था। पर, चार सौ पहाड़ी सीढ़ियाँ उतरने के बाद गिनना बन्द कर

दिया, क्योंकि साहस जवाब दे रहा था। बैठना, फ़िर उतरना। फ़िर बैठना और फ़िर उतरना। ऊँचाई पर साँस लेने में दिक़्क़त। डेग–डेग पर हँफनी। अन्ततः एक बड़े हाल में पहुँचे। वहाँ 20 युआन प्रवेश शुल्क था। लगभग 800 भारतीय रुपये का प्रवेश टिकट। एक युवती वहाँ थी। देखभाल के लिए। वह बड़े हाल से हम यात्रियों को वहाँ ले गयी। नीचे का सारा माहौल अत्यन्त रहस्यात्मक और गम्भीर। अन्ततः उसने दरवाज़ा खोला। उस गुफा में हम घुसे। बताते हैं कि वहाँ मिलारेपा की पादुका है। वह जगह है, जहाँ बैठ कर साधना करते थे। आज भी निर्जन है। डरावना भी। पर, हज़ारों वर्ष पहले, तो यह जगह और भी एकान्त और सुनसान रही होगी। तब मिलारेपा क्या खाते थे? कैसे रहते थे? कैसी साधना उन्होंने की। मन में ये सवाल उठे, पर, भाषा की समस्या थी। कोई बताने वाला नहीं था।

लामा धर्म मानने वाले, उन्हें बुद्ध अवतार के रूप में देखते हैं। उनके जीवन की प्रामाणिक सूचनाएँ नहीं मालूम। कई जगह से जानकारियाँ एकत्र कीं। बिमल दे की पुस्तक 'महातोर्थ के अन्तिम यात्री : ल्हासा–कैलासनाथ–मानसरोवर' में कुछ चीज़ें मिलीं। बिमल दे के अनुसार भी उनके बारे में तरह–तरह की कहानियाँ या किंवदन्तियाँ सुनी जाती हैं। अविश्वसनीय और स्तब्ध करने वाली। बताते हैं, महातान्त्रिक मिलारेपा का जन्म 1052 ई. के आसपास तिब्बत में हुआ था। गुन्थांग प्रदेश के कियांग–सा उपत्यका में। कहते हैं, वह जब सात वर्ष के हुए, तो पिता नहीं रहे। उन्होंने अपने सगे–सम्बन्धियों को बुलाया और कहा, मैं मर रहा हूँ। बहुत सम्पत्ति जीवन में एकत्रित की। मेरा बेटा मिलारेपा छोटा है। जब तक वह बड़ा न हो, आप लोग इसके अभिभावक रहें।

उनके मरते ही क़िस्मत पलट गयी। मिलारेपा का परिवार सड़क पर आ गया। मिलारेपा के चाचा ने सारी सम्पत्ति हड़प ली। मिलारेपा, उनकी माँ और बहन को खदेड़ दिया। तरह–तरह से तंग करने लगा। तब मिलारेपा की माँ ने अपने बेटे को शपथ दिलायी कि वह बदला ले। कहा तू प्रतिशोध लेगा। 11वीं सदी में तिब्बत तान्त्रिकों के देश के

रूप में जाना जाता था। मिलारेपा की माँ ने सर्वश्रेष्ठ तान्त्रिक के पास शिशु मिलारेपा को भेजा। उन्होंने अपनी प्रतिभा से मारन, उच्चाटन, वशीकरण, वग़ैरह की विद्या सीखी। इस विद्या को उन्होंने अपने चाचा के ख़िलाफ़ इस्तेमाल किया। भयानक क्षति हुई। उनके मन में सवाल उठने लगे। वे सोचने लगे, किसी को दुख पहुँचाकर क्या दुख पर विजय मिल सकती है? हिंसा से हिंसा पर क्या जीत मिलती है? साधना के उच्चमार्ग में उठने का सोपान तो यह नहीं है। निर्जन में एकाकी बैठकर वे स्वयं से प्रश्न करते रहे—मैं किस पथ पर जा रहा हूँ? ध्वंस नहीं, मृत्यु नहीं, आनन्द चाहिए, मुक्ति चाहिए। मारन, उच्चाटन, वशीकरण, ध्वंस—वज्रपात यह सब, तो जगत के विषय हैं, जगत के बाहर जो आनन्दलोक है वहाँ जाने का पथ क्या है? मुझे अब वही पथ ढूँढ़ना होगा।

मिलारेपा ने आत्मसाक्षात्कार किया, ख़ुद को पहचाना। गुप्तविद्या में सिद्धिलाभ कर उन्होंने स्वयं को ध्वंस के जाल में फँसा लिया था। मुक्ति के बदले बन्दी बन गये थे। उनकी अन्तरात्मा सिसक उठी। मुक्ति का पथ, आनन्द का पथ पाने के लिए शुद्ध गुरु चाहिए, ऐसे गुरु कहाँ मिलेंगे, कौन ऐसे गुरु का सन्धान देगा? मिलारेपा का जीवन परिवर्तित हो गया। जीवन मुक्ति के लिए वे योग्य गुरु तलाशने लगे।

कहते हैं तिब्बत के तान्त्रिक विक्रमशिला (भागलपुर, बिहार) में आकर सीखते थे। वह विश्व प्रसिद्ध महाविहार था। श्रीज्ञान अतीश दीपांकर उसके सर्वेसर्वा थे। अनेक योगियों ने उनका दर्शन तिब्बत में फैलाया, उनमें गुरु नारोपा का नाम अग्रणी है। गुरु नारोपा के शिष्य मारपा कहलाते हैं। अनेक दुर्लभ ग्रन्थ भारत से तिब्बत ले गये। मिलारेपा उनके पास गये। ज्ञान साधना के लिए। पर, यह साधना अत्यन्त कठिन थी। गुरु अत्यन्त कठोर थे। उन्होंने कहा, एक दस मंज़िला मकान बनवाना चाहता हूँ। दूर से पत्थर ढोकर लाना है और एक पर एक रखना है। फ़िर मकान सजाना है। भवन सुन्दर गोलाकार चाहिए। काम अकेले करना होगा। तुम जादू और तन्त्र के जानकार हो। हम तुम्हारी प्रतिभा देखना चाहते हैं। मकान बन जाये, तो दीक्षा दूँगा।

'यह आग से गुज़रने जैसी परीक्षा थी। पत्थर काटना, फ़िर ढोना। फ़िर सजाकर दीवाल उठाना। यह असम्भव काम था। बिना जादू तन्त्र के उन्हें काम करना था। कहते हैं कि पत्थर ढोते–ढोते उनके पीठ में तरह–तरह के घाव हुए। हाथ और पाँव फट गये, फ़िर भी वह काम में जुटे रहे। पहली मंज़िल का ख़ाका बना। गुरु मारपा देखकर झुँझलाये, किसने कहा था ऐसी इमारत बनवाने के लिए? यह ठीक नहीं है। इसे तोड़ना होगा। बिना प्रतिवाद गुरुवाक्य को मिलारेपा ने अन्तिम सच माना। दोबारा उन्होंने फ़िर एक मंज़िल तैयार की और फ़िर उसे गुरु मारपा ने ख़ारिज किया। वह स्वतः निर्मित मकान गिरने लगे। मिलारेपा फ़िर नये मकान में जुटे। बदन जवाब दे चुका था। पीठ घावों से भरा था। हाथों में पट्टियाँ बँधी थी। पूरा शरीर क्षत–विक्षत. लहूलुहान। इसी तरह बनाने और बिगाड़ने का क्रम अनेक बार चला। मिलारेपा बिना बोले इस काम में लगे रहते। धुन के साथ। पर, उनकी सेहत साथ छोड़ने लगी। गुरु पत्नी उन्हें खाना खिलाने लगी। उन्हें दया आयी। अपने पति से गुज़ारिश की, ऐसे शिष्य पर रहम खाने के लिए। पर, गुरु नहीं पसीजे। मिलारेपा ने किसी से कोई याचना नहीं की। पर, गुरु इन्हें फटकारते रहे। एक बार उन्होंने कहा कि मैं आपकी आज्ञा का पालन नहीं कर पा रहा हूँ। मुझे अनुमति दें, तो यहाँ से चला जाऊँ।

गुरु ने कठोर आवाज़ में कहा, तुम कहाँ जाओगे? तुमने अपनी देह और मन मुझे समर्पित कर दिया है। अब खुद तुम्हें, तुम्हारे शरीर पर अधिकार नहीं। तुम्हें यहीं रहना होगा।

मिलारेपा ने माना गुरु ठीक कहते हैं। वह फ़िर गुरु की सेवा में लग गये। गुरु की पत्नी अत्यन्त संवेदनशील और कोमल स्वभाव की थीं। वह अपने पति से काफ़ी नाराज़ थीं। दोनों के बिगड़ते आपसी सम्बन्ध को देखकर एक सुबह मिलारेपा कहीं चले गये। कुछ दिनों बाद वह फ़िर लौट आये। स्वस्थ होकर। फ़िर गुरु की सेवा में लग गये। गुरु पत्नी ने अपने पति से निवेदन किया कि इसे दीक्षा दें। गुरु डिगे नहीं। गुरु पत्नी ने काफ़ी सम्पत्ति और धन देकर पति की सहमति से उनके

प्रधान शिष्य (जो दर्शन शास्त्र के ज्ञाता थे) के पास भेजा। लगातार इस तपस्या–आँच में निखर कर वह बड़े योगी बने। फ़िर अपने गाँव गये, जहाँ उन्होंने तन्त्र से अपने पारिवारिक दुश्मनों को तबाह किया था। उन लोगों ने तरह–तरह की यातनाएँ मिलारेपा को दीं। पर, वह अविचलित रहे। प्रतिशोध या प्रतिकार नहीं किया। यातना की आग में जले। वहीं उनका बैर, ईर्ष्या, द्वेष, अहंकार भी जल गया। तप में लीन। इस तरह वह अत्यन्त सिद्ध योगी हुए। वह जहाँ रहते लोग उनके पीछ–पीछे भागते। वे अज्ञानी, ग़रीब लोगों के लिए ईश्वर के प्रतीक बन गये। उनके उपदेशों को आज भी तिब्बत में लोग गाते हैं।

उनकी प्रसिद्धि और पूजा से चिढ़ कर एक तान्त्रिक ने उन्हें ख़त्म करने की योजना बनायी। एक महिला को उसने जहर देकर मिलारेपा के पास भेजा। जो महिला ज़हर लेकर गयी, उसे उन्होंने सारा रहस्य बताया। फ़िर बैर रखने वाला वह तान्त्रिक भी खुद आया। क्षमा माँगी। पर, मिलारेपा ने वह विष पिया। उनके बारे में आज भी किंवदन्ती है कि वह जब जहाँ चाहते, पहुँच जाते। उनके उपदेश गीतों के रूप में गाये जाते हैं। आज भी वह अत्यन्त श्रद्धा के साथ याद किये जाते हैं।

उनका यह भी मानना था, सभी वासनाओं की परिणति दुख है, दुख देकर दुख पर विजय नहीं मिलती, हिंसा से भी दुख नहीं हटता। जागतिक आनन्द जग में सीमित है, असली आनन्द महाजगत में है, जो चिरानन्द है, उसकी कोई सीमा नहीं है। ध्यान में मन शान्त होता है। शान्त मन में आत्म जिज्ञासा हो, तो पथ भी मिल जाता है। मानव जीवन का लक्ष्य यह होना चाहिए कि सभी जीवों को समान माना जाये। चिन्ता शून्यता एक महासागर है, उस सागर में अवगाहन करने से अमृत का सन्धान मिलता है। वह शून्यता रिक्तता नहीं है। देह बोध शून्यता की वृद्धावस्था है, वज्रयान की चरम परिणति यही है।

जीवन तुच्छ है, तुच्छ जीवन के तुच्छ आनन्द के पीछे न भागकर चिरजीवन के महाआनन्द को ढूँढ़ना चाहिए। जगह–ज़मीन–घर–द्वार–धन–दौलत भक्त, सब साधारण जीवन के लिए है, कोई भी अज्ञानी इसका अधिकारी हो सकता है। किन्तु जिनमें ज्ञान है, वे इन

सबको तुच्छ मानकर चिरन्तन सत्य का जप करें। देह में जब शक्ति है, तभी उस साधना के पथ पर अग्रसर होना चाहिए। इस कथन को उन्होंने एक गीत में यूँ पिरोया था—

'उर्वर खेत तज किसान किसी और ठौर को धाया।
लौटा जब झाड़—झंखाड़ों से वन बना खेत पाया।।'

अर्थात् जब खेत की तरह देह में शक्ति व सामर्थ्य है, तभी साधना मार्ग पर साधना के बीज बोने चाहिए, अन्यथा उस किसान की दशा होगी, जो अपने खेत को झाड़—झंखाड़ों से भरा पाता है और फ़सल नहीं उगा पाता।

मिलारेपा ने अपने शिष्यों से कहा था, 'देह नश्वर है, उसके पीछे भागकर कुछ नहीं होगा। देहधारी कोई महान पुरुष ही क्यों न हो, उसकी देह का कोई मूल्य नहीं। मेरी मृत्यु पर कोई शोक न मनाया जाये, मेरे शव को लेकर कोई अनुष्ठान न हो। यदि यह देह किसी गुफा में पड़ी रहे, उसे कीट व पशु खा जायें, तब भी तुम लोग इसके लिए चिन्ता नहीं करोगे। मृत्यु के बाद मैं क्या करूँगा, कहाँ जाऊँगा, इसे लेकर भी कोई अटकलें नहीं लगायेगा, क्योंकि मुक्त आत्मा का कोई गन्तव्य नहीं होता, यही परम मुक्ति है।'

उसी महान मिलारेपा की साधना स्थली देखकर हम लौट रहे थे। एक—एक सीढ़ी चढ़ना यातना ही थी। थकान के बाद ऊँचाई पर, ऑक्सीजन की कमी, फ़िर भी मिलारेपा की गुफा दर्शन ने एक अजीब सुकून दिया।

तिब्बत की हवा में आदिम गन्ध है। एकान्त और जनविहीन तिब्बत में जीवन से जुड़े सवाल बार—बार उठते हैं। जब भी रात को आसमान निहारता, एक अजीब कशिश होती। शायद अकेलापन, एकान्त और निर्जन जगहों से अध्यात्म का गहरा रिश्ता है। आत्मा और अनन्त से सम्बन्ध, इन जगहों पर बनता है। महात्मा गाँधी अपने सत्याग्रह आन्दोलनों के क्रम में अक्सर एकान्तवास में चले जाया करते थे। मौन रहते थे। शायद आत्म—साक्षात्कार के लिए। साबरमती, सेवाग्राम के आश्रम में मौन चिन्तन करते हुए, चरखा कातते। आत्ममग्न रहते। महर्षि अरविन्द तो पांडिचेरी में अपने कमरे में ही 22 वर्षों तक रहे। उस कमरे

के सामने जा कर उस महान साधना की झलक का अहसास हुआ। निकले ही नहीं। महर्षि रमण तो अपने आश्रम से कहीं बाहर गये ही नहीं। महर्षि का आश्रम देखा हूँ। जब वह रहे होंगे, तो निर्जन जंगल का ही हिस्सा रहा होगा। क्या अकेले बैठा व्यक्ति एकान्त, प्राकृतिक परिवेश में चिन्तन के लिए बाध्य होता है? यहीं बैठे–बैठे एक अंग्रेज़ बिशप का कहा याद आया–'जब मैं युवा था और मुक्त था, तब विश्व बदलने का सपना देखा। समझदार हुआ, तो पाया कि संसार नहीं बदलेगा। तब फ़ैसला किया कि मैं अपना देश बदलूँगा। कुछ सार्थक प्रयासों के बाद मैं इस निष्कर्ष पर पहुँचा कि यह भी सम्भव नहीं हैं। अपने जीवन के अन्तिम दौर में अब सोचा कि अपने परिवार को ही बदल दूँ। पर, वे जस–के–तस रहे, जैसे पहले थे। अब मैं मृत्युशय्या पर हूँ। अब मेरा लक्ष्य है कि मैं अपने को बदलूँ। अगर मैंने ख़ुद को बदल लिया होता, तो अपना परिवार बदल चुका होता। शायद भाग्य थोड़ा साथ देता, तो ख़ुद के बदलाव और परिवार के बदलाव से शायद देश पर यह असर डाल रहा होता, तो कौन जाने इस संसार पर भी कोई असर होता?'

दस दिनों की यात्रा में जो हर पल साथ हैं, वे ही नये साथी हैं। नया परिवार। आत्मीय, जीवन का यह बन्धन भी अजीब है। हम स्थूल स्तर पर इन सम्बन्धों को समझते हैं, पर दर्शन स्तर पर इन सम्बन्धों को लेकर कहीं गूढ़ बातें भी याद आती हैं।

ऊपर लौटता हूँ। धीरे–धीरे बैठते हुए। सीढ़ियाँ चढ़ते–उतरते। अनेक विदेशी मिलते हैं। कैमरे से लैश। युवा–युवतियाँ। समूह में। बौद्ध धर्म के प्रति इनमें आकर्षण है। पश्चिम की टूट, अकेलापन, अवसाद और डिप्रेशन से राहत मिलती है, बुद्ध की शरण में। हम थके, बिल्कुल निढाल, नायलम पहुँचते हैं। रात में हल्का खाते हैं, सोते हैं।

वापस काठमाण्डू

(बुधवार, 22.06.2011)

22 जून की सुबह फ़िर फ्रेंडशिप ब्रिज होते हुए काठमाण्डू लौटते हैं। लौटने या तिब्बत छोड़ने में चीनी कस्टम और पासपोर्ट जाँच केन्द्र में समय कम लगता है। संकेत समझ में आता है। चीन प्रवेश में कई घण्टों का इन्तज़ार करना पड़ता है। चीन छोड़ने में तुरन्त विदाई। नायलम से हम चीन–नेपाल सीमा पर जा रहे हैं। विशाल पहाड़ों की चोटियों पर हैं हम। अनगिनत झरने एक साथ दिखाई देते हैं। दूर से दूधिया रंग, न जाने ऊपर से नीचे कहाँ तक झरने दिखते हैं। सिर्फ़ झाग ही झाग। सुनसान घाटियों में गर्जना के घोर शोर। नीचे एक छोटी धारा दिखती है। इसका नाम है, ब्रह्मकोसी। नदी जैसा, झरनों से गिरता पानी, हकारता, धुधकारता आगे बढ़ता है। हम पेड़–पौधे के इलाक़े में लौट आये हैं। पहाड़ों के शीर्ष से तलहटी में। हरियाली है। सूर्योदय हो चुका है। पर, हम जिस घाटी में हैं, वहाँ रोशनी नहीं है। दूर ऊपर झाँकने पर पहाड़ की चोटी पर सूरज की रोशनी दिखती है। हम खाई में हैं। तलहटी में हैं। बिल्कुल नीचे और ऊपर सूर्य की रोशनी में बर्फ़ से आच्छादित चोटियाँ दिखती हैं। कई रंगों में। पीली–सुनहरी, सूर्य के बदलते रंग के अनुसार। कोई कहता है, तिब्बत से निकलकर ब्रह्मकोसी, नेपाल में नारायणी में मिलती है। फ़िर भारत में कोसी कहलाती है। इस तरह नदियों का उद्‌गम स्थल तिब्बत है। ग्लोबलाइजेशन के सूत्र समझने की कोशिश करता हूँ। ग्लोबल दुनिया ने हमें एक सूत्र में बाँधा। सबके हित, सबका स्वार्थ एक–दूसरे से जुड़े।

पर, प्रकृति ने तो सृष्टि गढ़ते समय ही शुरू में दुनिया को एक सूत्र में बाँध दिया है। एक का हित, दूसरे से जुड़ा है। इस तरह नदियों को बचाना है। बाढ़ से मुक्ति पानी है, तो भारत, नेपाल, बांग्लादेश, चीन, तिब्बत सबको एक–दूसरे के हितों के बारे में सोचना होगा। कोई एक तबाह हो, तो दूसरा बाक़ी बचे, यह सम्भव नहीं है। यही वसुधैव कुटुम्बकम् है। एक का पर्यावरण ख़तरे में, तो दूसरा कैसे सुरक्षित?

हम उतार यात्रा में हैं। शिखर से सतह पर। किनारे–किनारे पहाड़ी–पथरीली नदी। जगह–जगह कई हज़ार फ़ीट से नीचे गिरते झरने, सर्पीली सड़क। ऊपर से नीचे उतरती–चढ़ती गाड़ियों का रेंगना, पहाड़ों की विशाल चोटियों पर चमकता सूर्य और घाटी में पसरा अँधेरा। नीचे की ज़मीन या तलहटी नहीं दिखती। कहीं अँधेरा मिलता है। हम ऊपर हैं। पतली पहाड़ियों पर उम्दा सड़क। सड़कों की उत्तम गुणवत्ता या चाक–चौबन्द प्रबन्ध। कहीं–कहीं ऊपर पहाड़ से गिरे पत्थर हैं। भूस्खलन से दबी सुरंगें हैं। सुरंगों पर गिरते झरने और नीचे घाटियों में तेज़ स्वर से गिरता पानी। सुन्दर भी, डरावना भी। मोहक भी। मारक भी। प्रकृति तेरे रूप अनेक। सौन्दर्य में भी ख़तरा है। सड़क सुन्दर है, प्रकृति सुन्दर है। पर, पग–पग पर भूस्खलन के ख़तरे हैं।

एक शेरपा बताते हैं, तिब्बत के जिस पतली नदी के किनारे–किनारे हम चल रहे हैं, इसे नेपाल में भोटोकोसी कहते हैं। कहते हैं भोटा या भूटिया शब्द तिब्बतियों के लिए है। यानी तिब्बत से बहने वाली कोसी आगे जाकर नेपाल की कोसी में मिलती हैं। फ़िर बिहार में कोसी। नेपाल की सीमा में फ़िर वही टूटही बस, ख़राब सड़कें और घण्टों प्रतीक्षा, डफल बैग पाने की। यात्रियों के बीच सीट कब्जा करने की अफरा–तफरी। इस तरह कई दिनों बाद हम काठमाण्डू लौटते हैं। शाम में सबकी पहली कोशिश है, अच्छी तरह नहायें, कपड़ा बदलें, दाढ़ी बनायें। बँटने–बिखरने के पहले, अपने अनुभव बाँटें।

देश वापसी

(गुरुवार, 23.06.2011)

अगले दिन सुबह होटल से काठमाण्डू एयरपोर्ट लौटते हैं। बस में हैं। पुरी के बाबा जी भी साथ हैं, श्री सच्चिदानन्द दास। उनसे पुराने तिब्बती यात्रियों के बारे में पूछता हूँ। वह स्वामी निगमानन्द का प्रसंग सुनाते हैं। तब मानसरोवर–कैलास आने–जाने का रास्ता वर्ष में एक–डेढ़ माह ही खुलता था। रास्ता भर बर्फ़ ही बर्फ़ था। कोई सड़क सुविधा नहीं। तब झुण्ड में साधु जाते थे। स्वामी निगमानन्द 1905–1910 के बीच, ऐसे ही कुछ साधुओं की जमात में मानसरोवर गये। वहाँ पहुँचे, तो तबीयत ख़राब हो गयी। आठ–दस दिन साधुओं के जत्थे ने इन्तज़ार किया। वह ठीक नहीं हुए। स्वामी निगमानन्द जी ने कहा कि वे लोग उन्हें भगवान के भरोसे छोड़ दें। वे चलें जायें, नहीं तो फ़िर से रास्ते, नदियाँ, सब ढक जायेंगी। सब मारे जायेंगे। सबको देह छोड़ना पड़ेगा। क्योंकि डेढ़ माह छोड़कर रास्ता बन्द रहता है। बर्फ़ के कारण। साथी साधु उन्हें छोड़कर चले गये। पर, चमत्कार हुआ मानसरोवर की उस सुनसान–जनविहीन धरती पर। निगमानन्द जी धीरे–धीरे स्वस्थ होने लगे। कहीं दूर उन्हें एक तिब्बती परिवार मिला। उन्होंने शरण दी। वह तिब्बत में एक साल रहे। रोज़ पहाड़ों पर घूमते। एक दिन पहाड़–कन्दरा में एक महान योगी सुमेरु दास मिले। उन्होंने स्वामी निगमानन्द को योग–समाधि की शिक्षा दी। छह माह तक योगशास्त्र की शिक्षा दी। भोजपत्र में लिखा योगशास्त्र भी दिया। दूसरे साल, फ़िर साथी साधु आये। स्वामी निगमानन्द जी को देख हतप्रभ। फ़िर स्वामी

निगमानन्द जी उनके साथ लौटे। असम में युगेश्वर विश्वास के घर पहुँचे। कोकिलामुखी में (गुवाहाटी से 300 किमी दूर)। वहीं उनका मुख्य आश्रम है। योग साधना की। पाँच–छह सालों बाद स्वामी निगमानन्द जी को निर्विकल्प समाधि मिली। बाबा सच्चिदानन्द जी के अनुसार, वह भक्तिशास्त्र, तन्त्रशास्त्र, योगशास्त्र और ज्ञानशास्त्र, चारों शास्त्रों में बड़े निपुण सिद्ध पुरुष हुए। उन्होंने चार ग्रन्थ लिखे–'योगी गुरु', 'ज्ञानी गुरु', 'तान्त्रिक गुरु' और 'प्रेम गुरु'।

इस तरह के साधकों, योगियों और ज्ञानवालों की वन्दनीय भूमि कैलास–मानसरोवर से उतरकर हम मैदानी इलाक़ों में आ गये थे। फ़िर उसी रट में, जीवन के उसी कोलाहल में, आपाधापी में।

साधु–सन्तों का जीवन बचपन से खींचता रहा है। अनेक किताबें पढ़ीं, जिनमें हिमालय–तिब्बत में विलक्षण योगियों–सन्तों का वर्णन पढ़ा। इस यात्रा के पीछे एक मक़सद भी रहा कि उस पवित्र धरती का स्पर्श कर अवलोकन करूँ, जहाँ हमारे मनीषी, ऋषि–मुनि रहे हैं। साधु का अर्थ, तो समझा विद्यानिवास मिश्र जी के वर्णन से–

> *'साधु की एक सटीक परिभाषा उच्छिष्ट होना है, सबसे बाहर होना है, सबका अनचखा रस अपने में समाहित करना है। साधु इसलिए महलों में नहीं रहता, मामूली–सी कुटिया में रहता है। घर की सुरक्षा में नहीं रहता, वन में रहता है। उसे तरह–तरह की दालों की आवश्यकता नहीं, उसे तरह–तरह के व्यंजनों की आवश्यकता नहीं, उसे परिजनों की आवश्यकता नहीं। ऐसे साधु के मत का मूल्य संख्या के बल पर नहीं, अनुभव की विशालता के आधार पर आँका जाता है।'*

शान्तिलाल त्रिवेदी ने आत्मज्ञानी आन सिंह का उल्लेख अपनी 'कैलास–मानसरोवर दैनन्दिनी' में किया है। वह बताते हैं–

> *'जिनके दर्शन से पाप की वासना अदृश्य हो, हृदय में सात्विक भाव उत्पन्न हो जिनके शब्द सुनते ही मन में अद्‌भुत आनन्द हो*

और जिनके चरण स्पर्श से चित्त में भगवत् प्रेम की बिजली–सी दौड़ जावे, वही पवित्रात्मा आत्मज्ञानी महात्मा हैं। साधु आन सिंह के दर्शन से मुझे उपरोक्त अनुभव हुआ।'

(साभार : 'कैलास–मानसरोवर दैनन्दिनी', शान्तिलाल त्रिवेदी)

वह उल्लेख करते हैं–

'आन सिंह, श्री कैलास की लगभग पच्चीस मील की तथा मानसरोवर की लगभग पचास मील की परिक्रमा, अनेक बार कर चुके हैं। कैसी कष्टजनक साधना सिद्ध की है। उस दुर्गम अगम्य हिमालय में फलाहार कहाँ से प्राप्त हो? इसलिए घास भाजी, पाले से शरीर रक्षा करते हैं। अब तो वह भी दुर्लभ हो गया। तब पत्थर की जड़ में महीन घास के तृण (तिनके) खोज कर आहार कर लेते हैं। यानी दूब, दूर्वा के तृण। विज्ञान सिद्ध करता है कि गाय, घोड़ा, बकरी, चँवर, याक आदि घास से ही पोषण प्राप्त करते हैं, तो मनुष्य भी उससे पोषण ले सकते हैं। साधु आन सिंह भौतिक विज्ञान के ज्ञाता नहीं हैं। पर, आत्मज्ञानी तो हैं न?'

(साभार : 'कैलास–मानसरोवर दैनन्दिनी', शान्तिलाल त्रिवेदी)

वह आगे बताते हैं–

'साधु का एक गुण अपरिग्रह व्रत है। यह साधु सच्चे अर्थ में इस व्रत का पालन कर रहे हैं। स्वयं के हाथ से कते ऊन की एक चादर शरीर के चारों तरफ़ लपेट लेते हैं। एक दूसरा कम्बल है। जो ओढ़ने–बिछाने का साधन बेडिंग–बिस्तर जो कहो वही है। हिमालय की भयंकर ठण्ड में एक ही कम्बल से काम चलाना, वह तो आश्चर्यजनक तितिक्षा की पराकाष्ठा है। बर्फ़ तथा बजरी व ओले की वर्षा में हमारे जैसे लोग तीन–चार गरम कपड़े पहिनने के अलावा रेनकोट आदि के साधन होते हुए भी करारी ठण्ड के कारण स्थिर न रहे वहाँ यह साधु मौज से रहता है।'

(साभार : 'कैलास–मानसरोवर दैनन्दिनी', शान्तिलाल त्रिवेदी)

आगे वह बताते हैं–

> *'महाराज मैसूर हाल ही में इसी वर्ष (1931) कैलास यात्रा को आये थे। तब साधु आनसिंह को मैसूर आने का आमन्त्रण दिया। पर, उस निःस्पृही साधु ने उत्तर दिया, मैं भला और हिमालय भला। पूर्व जन्म यहाँ था। अतः यह जन्म भी यहीं बीतेगा।'*
>
> *(साभार : 'कैलास–मानसरोवर दैनन्दिनी', शान्तिलाल त्रिवेदी)*

कैलास–मानसरोवर यात्रा के लगभग एक दशक पहले, इस किताब पर नज़र पड़ी, 'What is Man' (selected writings of Sri Madhav Ashish) ख़रीदी। पाया डॉ. कर्ण सिंह ने पुस्तक की भूमिका लिखी है। इसी किताब से माधव आशीष जी के बारे में जाना। जीवन क्या है? हम पैदा क्यों हुए? क्या मौत के साथ ही इस सबका अन्त है? ऐसे ही सवालों पर इस पुस्तक में उन्होंने विचार किया था। जीवन के इन शाश्वत और सनातन सवालों पर सृष्टि–उदय के साथ ही विचार हो रहा है। पर, ऐसे सवालों पर विदेश से आकर एक नये परिवेश में जीवन लगा देना, अद्‌भुत प्रसंग लगा। इसी क्रम में जाना माधव आशीष जी के बारे में। उनके गुरु श्री कृष्ण प्रेम के बारे में। बाद में सीबीआई डायरेक्टर रहे त्रिनाथ मिश्र ने माधव आशीष जी के बारे में बताया कि जीवन में इतना सुन्दर पुरुष काया नहीं देखी। बिल्कुल ग्रीक सौन्दर्य, लम्बाई और व्यक्तित्व। देश–दुनिया से लोग उन दिनों इस आश्रम में आते। भारतीय साधना में रम जानेवाले ऐसे लोगों के बारे में छिटपुट पढ़ता रहा। पर, गाँधीवादी शान्तिलाल त्रिवेदी जी की पुस्तक 'कैलास–मानसरोवर दैनन्दिनी' में श्री कृष्ण प्रेम और माधव आशीष जी की आध्यात्मिक ऊँचाई, पृष्ठभूमि और अतीत के बारे में आत्मीय उल्लेख मिला।

1928 में गाँधी जी के आदेश पर शान्तिलाल त्रिवेदी अल्मोड़ा (हिमालय) आये। आज़ादी की लड़ाई की लौ जलाने। जेल, पुलिस बर्बरता और आज़ादी के संघर्ष के बीच भी हिमालय के सात्विक माहौल और आध्यात्मिकता ने उन पर गहरा असर डाला। वह अपनी पुस्तक में बताते हैं–

'हिमालय में साधु–सन्त पवित्र आत्माओं की आन्तरिक अभिलाषा सदा से रही है। हिमालय में अब पचपन वर्ष रहते दरम्यान अनेक अद्भुत अध्यात्म–सम्पन्न सन्त, पवित्र आत्माओं के दर्शन हुआ करते हैं। आज ऐसे अपूर्व, अनोखे तथा अजीब अंग्रेज़ गौरांग साधु के संस्मरण (परिचय) देने में आनन्द होता है।'

(साभार : 'कैलास–मानसरोवर दैनन्दिनी', शान्तिलाल त्रिवेदी)

शान्तिलाल जी अल्मोड़ा के शान्ति कुटीर में रहने लगे। अल्मोड़ा का सौन्दर्य, प्राकृतिक भव्यता और हिमालय का आकर्षण उन्हें आसपास घूमने को विवश करता। इसी क्रम में वह अल्मोड़ा के दक्षिण में गये, तो रामकृष्ण आश्रम के नीचे चिल्कापेट बंगले में पहुँचे। फिर बताते हैं–

'श्री कृष्ण प्रेम (अंग्रेज़ साधु) तथा उनकी 'गुरु माँ यशोदा माँ' के प्रथम दर्शन करते ही हृदय में अद्भुत आनन्द का सात्विक अनुभव हुआ। मानो कि जन्म–जन्म के पूर्व परिचित प्रेमी हों, इस तरह मिले। मेरी उम्र लगभग 23 वर्ष की होगी। और वे तो बहुत बड़े थे परन्तु प्रेम में छोटे–बड़ों का प्रश्न ही नहीं रहता। 'सबसे ऊँची प्रेम सगाई।'

यशोदा माँ–(पूर्वाश्रम का नाम श्रीमती मोनिका देवी) में मातृवत्सलता विपुल मात्रा में भरी पड़ी थी। अभी झरते नेत्रों में से प्रेम तो निखारता रहता था, मुझे पुत्र की तरह अपनाकर अन्त तक आत्मीय जन बना लिया, दो वर्ष की उम्र में माता का स्वर्गवास हो जाने से मातृविहीन पुत्र को मातृ प्रेम प्राप्त हुआ। वे तो कितनों की माता बनी।

श्री श्री कृष्ण प्रेम वैरागी (Sri Henry Ronald Nixon) अंग्रेज़ सद्ग्रस्थ रहे। कैम्ब्रिज यूनिवर्सिटी के ग्रेजुएट होने पर प्रथम विश्व युद्ध (सन् 1914 से 18) में हवाई जहाज़ में योद्धा (पायलट) का काम किया था। परन्तु संस्कार पवित्र थे। धार्मिक मनोवृत्ति जन्म से रही। कहा जाता है कि एक बार इन्हें हाथ में बंसरी धारण किये मोर मुकुट धारी दर्शन मूर्ति की झाँकी हुई। बहुतों को पूछा 'यह क्या हो गया',

परन्तु कोई सन्तोषजनक उत्तर नहीं मिल पाया। किसी ने कहा, 'कोई भारतीय शायद बतला सकें।'

इंग्लैंड में उस समय भारत–लखनऊ यूनिवर्सिटी के वाइस चांसलर श्री ज्ञानेन्द्र नाथ चक्रवर्ती तथा उनकी पत्नी मोनिका देवी आये हुए थे। जिज्ञासु अंग्रेज़ युवक चक्रवर्ती दम्पति को मिले। अपनी रामकथा सुनाई उत्तर मिला 'यह तो हमारे श्रीकृष्ण हैं।' जिन्होंने गीता, अर्जुन को सुनाई। उन्होंने गीता का अंग्रेज़ी में अनुवाद श्री एनीबेसेंट रचित दिया। जिज्ञासा तीव्रतर होती गयी। और अन्त में इंग्लैंड छोड़कर इस युगल दम्पति के साथ भारतवर्ष आने का निर्णय कर लिया। वाइस चांसलर ने लखनऊ यूनिवर्सिटी में श्री निक्सन को अंग्रेज़ी का प्रोफ़ेसर नियुक्त किया। शिक्षक बनने पर भी वे तो शिक्षार्थी ही रहे। भारतीय संस्कृति, धार्मिकता तथा आध्यात्मिकता के विद्यार्थी की हैसियत से अष्टांग अध्ययनशील बने। वेद वेदान्त, पुराण, वैष्णव धर्म, रामानुज, बौद्धधर्म तथा तन्त्रशास्त्र आदि धर्मशास्त्रों का गहन अध्ययन किया। अंग्रेज़ी तो मातृभाषा थी ही। परन्तु संस्कृत, हिन्दी, बंगला, आदि भाषा अच्छी तरह सीख ली। संस्कृत के तो अच्छे विद्वान बन गये।'

(साभार : 'कैलास–मानसरोवर दैनन्दिनी', शान्तिलाल त्रिवेदी)

श्री ज्ञानेन्द्र नाथ चकवर्ती रिटायर्ड हो कर लखनऊ से काशी चले गये। श्री निक्सन भी गुरु माँ के साथ काशी आ गये। वहाँ मालवीय जी के आग्रह पर बनारस हिन्दू विश्वविद्यालय में पढ़ाने लगे। श्री चक्रवर्ती की पत्नी श्रीमती मोनिका देवी चक्रवर्ती ने 1927 में पति से आज्ञा ले कर संन्यास ले लिया।

फ़िर शान्तिलाल जी बताते हैं–

'श्रीमती मोनिका देवी चक्रवर्ती जी सन् 1927 में अल्मोड़ा आ गयीं। और यहाँ वैष्णव धर्म श्री गौरांग देव चैतन्य महाप्रभु के सम्प्रदाय के अनुसार दीक्षा लेकर संन्यास ग्रहण करके 'यशोदा माँ'

वैरागनी बन गयीं। पति ज़िन्दा होने पर पति की आज्ञा से उन्हें गुरु मानकर संन्यास लिया था। यशोदा माँ से श्री निक्सन दीक्षा लेकर 'श्री कृष्ण प्रेम वैरागी' साधु बन गये। इस तरह यशोदा माँ के गोपाल बने। श्रीकृष्ण भगवान तथा यशोदा माँ–इस तरह यह भी यशोदा माँ के गोपाल बन गये। एक समय के अप–टू–डेट अंग्रेज़ युवक पायलट योद्धा गोरा साहब, प्रोफ़ेसर आज गेरुआ वस्त्रधारी वैष्णव साधु गोपाल दा बनकर साधना करने लगे।

गेरुआ–(भगवा) रंग का अंचल देह पर लपेट लिया, शिखा रखी। कान छिदवाकर उसमें मणिका पहनी। सिले हुए वस्त्र धारण नहीं करने का व्रत लिया। लकड़ी के तख्त पर या भूमि पर सोना, लकड़ी की चाखंडी (खड़ाऊँ, चट्टी) पहनना, मधुकरी कर आटा, दाल, सब्ज़ी स्वयं पकाना, बर्तन साफ़ करना, कपड़ा धोना, सफ़ाई करना आदि का अभ्यास (आदत) करने पर कठिन तपश्चर्या तितिक्षा बढ़ने लगी। सन्ध्या, पूजन, भजन, जप, ध्यान–धारण, स्वाध्याय और प्रातः मध्यान सायं आरती, नैवेद्य आदि में समय व्यतीत होने लगा। सात्विक साधक, यम–नियम, संयम के व्रत पालन करते हुए सर्वधर्म का गहरा अध्ययन करके ज्ञान प्राप्त करने पर भी स्वयं को 'प्रेममय भक्त' होना पसन्द किया। प्रेम विचार, वाणी, आचरण में आप ही आप प्रकट हुआ करता था। 'श्री कृष्ण प्रेम' नाम सार्थक बना। शंकर भगवान शिवजी के सर्प की तरह गले में रुद्राक्ष की माला सुशोभित है। पूरे छह फीट मज़बूत, हट्टे–कट्टे देह पर भगवा चादर ओढ़ी है। भगवी धोती कमर पर लपेटी है। सिर पर गेरुआ रंग का साफ़ा बँधा हुआ है। हज़ारों में से नर शार्दूल की तरह अलग पहचाने जायें। गौरांग अंग्रेज़ साधु को देखो, जिसकी आँख से अभी झरती मधुरता, कपाल तप से तेजस्वी बना है, चेहरा सदा हँसता हुआ, प्रथम दृष्टि से जिनके प्रति पूज्य भाव प्रकट हो,

यह सब जिस भव्य, दिव्य मूर्ति में दर्शन हो, तब समझो कि यह—'श्री कृष्ण प्रेम वैरागी' है।'

(साभार : 'कैलास—मानसरोवर दैनन्दिनी', शान्तिलाल त्रिवेदी)

श्री कृष्ण प्रेम वैरागी जी से मिलने देश—विदेश से लोग इनके आश्रम पहुँचने लगे। कैसे—कैसे लोगों का मानस बदला? कितने अंग्रेज़, वहाँ साधक बन कर आये? पढ़िए, शान्तिलाल त्रिवेदी जी द्वारा दिया विवरण—

'श्री कृष्ण प्रेम के इंग्लैंड निवासी कुछ मित्रगण भी भारतीय संस्कृति, धार्मिकता तथा आध्यात्मिकता से आकर्षित होकर भारत में श्री कृष्ण प्रेम के सत्संग के लिए आने लगे। कुछ तो उनसे दीक्षा लेकर स्थायी रूप से साधु बनकर रहने लगे। और साधु की साधना करते हुए देह भी भारत भूमि में त्याग दिये। डॉ. एलेक्जेंडर (Indian Medical Service I.M.S.) *मद्रास में सिविल सर्जन थे। वे श्री कृष्ण प्रेम के पुराने मित्र थे। उन्होंने अपना स्थानान्तरण उत्तर प्रदेश लखनऊ मेडिकल कॉलेज में करा लिया। जिससे अल्मोड़े में रहने वाले 'यशोदा माँ' तथा 'श्री कृष्ण प्रेम' के सत्संग करने के सुअवसर बार—बार मिल सकें। शनि—रवि और एकाध दिन की छुट्टी लेकर हर हफ़्ते या हर माह, कार द्वारा अल्मोड़ा पहुँच जाते थे। कैसी अपूर्व जिज्ञासा? अन्त में नौकरी से त्यागपत्र दे दिया और ब्रह्मचारी बनकर 'श्वेत वस्त्र धारी' सत्संग में सतत रहने लगे। अभी गेरुआ वस्त्रधारी साधु नहीं बने थे, इस दरमियान दूसरा विश्व युद्ध शुरू हो गया। डॉक्टरों की कमी होने से अनिवार्य मिलिट्री में आने का ऑर्डर मिला। मिलिट्री में यानी हिंसा युद्ध में जाने की डॉ. एलेक्जेंडर की अनिच्छा थी। अंग्रेज़ मिलिट्री बोर्ड के सामने कानपुर में स्वयं इस तरह उपस्थित हुए कि सभी सदस्य आश्चर्यचकित रह गये।*

गेरुआ अंचल पहिना हुआ, हाथों में कमण्डल, गले में माला, सिर सफाचट—मुण्डन किया हुआ। वैष्णवी त्रिपुण्ड (तिलक) कपाल पर धारण करके, इस अंग्रेज़ डॉ. एलेक्जेंडर को देखकर के मैम्बरान

दिग्मूढ़ से बन गये–Are you Dr. Alexander I. M. S.? उत्तर हुंकार में दिया।

राष्ट्र पर विपत्ति आयी है, आप टेक्निकल डॉक्टर हैं, तो मिलिट्री में सम्मिलित होने के लिए राष्ट्र सेवा का उपदेश दिया। उत्तर दिया कि 'मैं मानव सेवा करने के लिए तैयार हूँ। घायलों की सेवा करने में आनन्द आवेगा। परन्तु मैं ब्रह्मचारी वैष्णव साधु हूँ। मिलिट्री यूनिफॉर्म पहनने की आज्ञा मेरे गुरु तथा सम्प्रदाय की नहीं है। इस वेश में मानव सेवा करने को तैयार हूँ।'

साधु के लिए क्या हो? इस पर मिलट्री बोर्ड के सदस्य सोचने लगे। अंग्रेज़ी क़ानून में तो रोमन कैथोलिक प्रोटेस्टैंट साधु को तो Conscription यानी अनिवार्य सेवा से मुक्त रखने का नियम है। पर, भारतीय वैष्णव साधु हालाँकि वह अंग्रेज़ है तो क्या करना चाहिए? डॉ. एलेक्जेंडर की दृढ़ता तथा भारतीय संस्कृति और आध्यात्मिकता के प्रति अगाध, अटल श्रद्धा की विजय हुई। उन्हें मुक्त कर दिया।

स्वामी श्री हरिदास नाम धारण करके श्री कृष्ण प्रेम से दीक्षा लेकर डॉ. एलेक्जेंडर चुस्त वैष्णव साधु बन गये और उत्तर वृन्दावन में मरते दम तक दरिद्र नारायण, बीमारों की सेवा अनासक्त होकर निष्काम सेवा प्रेमभाव से करते रहे। श्री हरिदास ठेठ अंग्रेज़ होने पर भी ग्रामीण जनता की सेवा करते हुए टूटी–फूटी हिन्दी भाषा बोलने लगे थे। एक बीमार ग्रामीण को औषधि देते हुए कहा–'अभ्यास करना' वह तो कुछ समझा नहीं गोपाल दा को पूछा 'अभ्यास क्या?' गोपाल दा गम्भीर विचार में पड़ गये परन्तु हिन्दी के अच्छे ज्ञाता होने पर अर्थ बतलाया अभ्यास और व्यायाम करो। हम सब लोग ख़ूब हँस पड़े। ऐसे पवित्र आत्मा का कहाँ का जन्म और कहाँ का मरण? निर्वाण गति। रबर्ड जोर्ज पूल साहब अच्छे चित्रकार थे। बहुत शान्त और सौम्य मूर्ति, वर्षों तक यशोदा माँ तथा श्री कृष्ण प्रेम के साथ भारतवर्ष (अल्मोड़ा उत्तर वृन्दावन) में रहने के बाद इंग्लैंड गये।'

(साभार : 'कैलास–मानसरोवर दैनन्दिनी', शान्तिलाल त्रिवेदी)

इन अंग्रेज़ या पश्चिमी साधकों में अनेक ऐसे हुए, जिन्होंने अन्तिम साँस यहीं ली। कुछेक अपने देश भी लौट गये। श्री शान्तिलाल त्रिवेदी जी आगे बताते हैं–

> *'श्री कीटली साहब वयोवृद्ध साधक सज्जन उत्तर वृन्दावन में काफ़ी समय रहकर (गोलोक) सिधार गये। यहीं उनका निर्वाण हो गया। श्रीमती वेब* (Mrs. Webb) *वृद्धा महिला ने इंग्लैंड से आकर उत्तर वृन्दावन में सत्संग, स्वाध्याय करते हुए यहाँ निर्वाण गति प्राप्त की। Mr. Fibbs साधना के लिए कुछ समय तो रहे। पर, उनके संस्कार यहाँ की साधना, संयम, तप और तितिक्षा के लिए साथ न दे सकने के कारण इंग्लैंड चले गये।*
>
> *'परमात्मा सर्वत्र है, सबका है' के अनुसार उत्तर वृन्दावन के साधक तपस्वियों में से कुछ यहीं निर्वाण गति पा गये। शिखाधारी, मालाधारी, भगवाधारी शान्त सौम्य मूर्ति आशीष दा सबको आनन्द और आशीर्वाद दे रहे हैं। श्री कृष्ण प्रेम को एक अनन्य भक्त समर्पित भावना सहित प्राप्त हो गये। वह अंग्रेज़ नवयुवक टाटा एअरलाइंस के हवाई जहाज़ में इंजीनियर थे। वे जिज्ञासु प्रवृत्ति के थे ही पवित्र संस्कार भी थे। आध्यात्मिकता तथा शान्ति की शोध में दक्षिण में श्री रमण महर्षि, श्री रामदास स्वामी, योगी श्री अरविन्द आदि अनेक सन्तों के सत्संग के बाद उत्तर वृन्दावन में प्रथम बार आये थे, तब एक नागा बाबा ने भविष्यवाणी की कि अन्त में उत्तर वृन्दावन में आना पड़ेगा। साधु की भविष्यवाणी सत्य हुई। गुरु की शोध में अन्त उत्तर वृन्दावन में साधक ब्रह्मचारी रूप में रही और शीघ्र ही श्री कृष्ण प्रेम से दीक्षा लेकर श्री माधव आशीष नाम धारण करके आज भी उत्तर वृन्दावन में आश्रम के उत्तराधिकारी के रूप में स्थित हैं। गोपाल दा की तरह ऊँचे कद्दावर भरी पूरी देह, गौरवर्ण, शिखाधारी, मालाधारी, भगवाधारी–गेरुआधारी, शान्त सौम्य मूर्ति आशीष दा सबको आशीर्वाद दे रहे हैं।'*
>
> *(साभार : 'कैलास–मानसरोवर दैनन्दिनी', शान्तिलाल त्रिवेदी)*

यशोदा माँ की बेटी मोती रानी ने भी संन्यास लिया। शान्तिलाल जी उन प्रसंगों को बारीक़ी से बताते हैं–

'उत्तर वृन्दावन की एक अद्‌भुत, अपूर्व और अनोखी विभूति यशोदा माँ की पुत्री मोती रानी यहाँ स्थायी निवास करके गोपाल को गुरु बनाकर दीक्षा लेकर अर्पिता देवी नाम धारण करके साध्वी बन गयी थी। वर्षों तक साधन–भजन भक्ति भाव में लीन रही। यशोदा माँ की तरह अनेक रोग पालकर सदा बीमार रहने पर भी बद्रीनाथ की यात्रा गुरु के साथ पैदल की। उस समय पैदल ही यात्रा करनी पड़ती थी। विश्व में गुरु की सेवा करने वाले तो सैकड़ों मिल सकते हैं। पर, शिष्यों की सेवा महीनों तक निष्ठा तथा प्रेमपूर्वक करने वाले गुरु तो दुर्लभ ही हैं। शिष्या अर्पिता देवी अन्त में गुरु की गोद में ही श्री कृष्ण प्रेम के चरणों में सदा के लिए समाधिस्थ हो निर्वाण गति प्राप्त हुई। कैसी निष्काम सेवा? यशोदा माँ तो श्री श्री कृष्ण प्रेम की माता ही हैं न? गोपाल–गोपाल कहते माँ थकती नहीं थी। बीमार माँ ने पुत्र का नाम गोपाल रखा था और गोपाल का भी माँ, माँ कहते हुए मुँह सूख जाता था। गुरु–शिष्य के सम्बन्ध, माता–पुत्र का पवित्र प्रेम स्पष्ट दिखाई देता था। माँ जब मधुर आवाज़ से सुरीले स्वर में संगीत मय भजन गाती थीं, तब स्वयं सरस्वती देवी अवतरित हो हिमालय में गुंजन करती हुई, ऐसा मालूम पड़ता था।

चित्रकला में तो माँ चित्रलेखा की कलामय सखी ही रही। भागवत् के अनेक प्रसंगों में जीते जागते जीवन्त भववाही चित्र बनाये हैं कि देखने वाले दंग हो जायें। बोधि वृक्ष के नीचे बुद्ध देवता का सजीव चित्र आलेखा है। औषधि की ज्ञाता तो थीं, मानो धन्वन्तरि का अवतार हों। दवा के साथ दुआ, आशीर्वाद देकर जनसेवा, निष्काम भाव से करते हुए जनता की श्रद्धा भाजन रहीं। मातृ प्रेम, मातृ वात्सल्य की साक्षात् मूर्ति यशोदा माँ को शत प्रणाम।'

(साभार : 'कैलास–मानसरोवर दैनन्दिनी', शान्तिलाल त्रिवेदी)

यशोदा माँ की आध्यात्मिकता की लौ कैसे पश्चिम में उन दिनों फैली, शान्तिलाल जी इसका भी उल्लेख करते हैं–

यशोदा माँ भक्त प्रेमी होने पर भी उनमें ज्ञान की तेजस्विता भी रही। श्री निक्सन, श्री एलेक्जेंडर, श्री कीटली, श्री पूल, श्रीमती वेब आदि अनेक विदेशी शिष्य बने। भारतीय तो अनेक शिष्य थे ही। यूरोपियनों को आकर्षिण करने की शक्ति उनकी आध्यात्मिकता व तप के कारण थी। वह अपूर्व और कमाल की रही। इंग्लैंड, फ्रांस, जर्मनी, स्विट्जरलैंड, इटली आदि अनेक देशों का पर्यटन उन्होंने कई बार किया है।

यशोदा माँ की मातृभाषा बंगाली है। हिन्दी और अंग्रेज़ी अच्छी तरह धारा प्रवाह बोल सकती हैं और लिख सकती हैं। संस्कृत का भी ज्ञान है। एकान्त सेवन तथा साधना के लिए काशी से हिमालय अल्मोड़ा आयीं। अधिक एकान्त के लिए अल्मोड़ा से 15 मील जागेश्वर के पास मिरतोला, उत्तर वृन्दावन आयीं। यहाँ भी एकान्त सेवन करने के लिए मन्दिर से थोड़ी दूर भूमिगत गुफा बनाई है। जहाँ रोज़ जप ध्यान करती हैं। भक्ति, शान्ति इसलिए दोनों दम्पति के प्रति यशोदा माँ तथा गोपाल दा का अद्‌भुत प्रेम रहा। पूर्व जन्म का ही ऋणानुबन्ध होगा। सौराष्ट्र, गुजरात से 1928 में सौराष्ट्र, समुद्र किनारे से हिमालय में भोली–भाली 14 वर्ष की भक्ति देवी पवित्र आत्मा की दैवी सम्पत्ति लेकर पहुँची। तब यशोदा माँ ने पुत्र–वधू की तरह प्रेम से स्वागत किया। इस अनजान दूर स्थान में मातृ वात्सल्य की अमिट दृष्टि की वर्षा भक्ति पर हुई। भक्ति को और मुझे भी हिन्दी भाषा बिल्कुल आती नहीं थी। मानो हिन्दी सिखाना शुरू किया। सचित्र महाभारत तथा अन्य धार्मिक पुस्तक पढ़ने को देती रहीं। इतना ही नहीं, भक्ति की बुद्धि तथा अन्य गुप्त गुणों का विकास करने में माँ निमित्त बनीं। ऊन कताई तथा स्वेटर बनाना आदि निटिंग कार्य भी सिखाती रहीं।'

(साभार : 'कैलास–मानसरोवर दैनन्दिनी', शान्तिलाल त्रिवेदी)

यशोदा माँ ने 'माँ' की तरह शान्तिलाल जी समेत असंख्य लोगों को स्नेह दिया। आज़ादी की लड़ाई में शरीक शान्तिलाल जी के लिए उसके मन में कैसा ममत्व था? देश आज़ाद कराने वालों को इन आध्यात्मिक तेज़–दृष्टि वाले लोगों ने कैसे मदद की? सुनिए शान्तिलाल जी से ही–

'स्वतन्त्रता संग्राम सन् 1942 का आन्दोलन ज़ोर से चल रहा था। भारत छोड़ो (Quit India) *का बुलन्द नारा हिमालय से रामेश्वरम तक और द्वारिका से जगन्नाथपुरी तक गूँज उठा। यशोदा माँ का हृदय व्यथित हो उठा। उस समय श्री कृपाल सिन्धु मिश्रा* (I.C.S.) *ज़िले के डिप्टी कमिश्नर थे। वे माँ के नजदीक के रिश्तेदार थे। उन्हें कहना तो नहीं चाहिए था, पर मातृ प्रेम के कारण कहा। मेरा एक पुत्र शान्ति है। उन्हें अन्याय न हो। परन्तु ब्रिटिश सरकार के इस रक्षक ने हमारा श्री गाँधी आश्रम ज़ब्त किया। सारे आश्रम भाई गिरफ़्तार कर लिए। फाँसी से तो बच गये परन्तु ज़ेल में जाना ही पड़ा। इस समय माँ का हृदय हाहाकार करता रहा। व्यथित हुआ। कल्याण के लिए प्रार्थना करते रहे। जेल से 15 माह बाद छूटने पर (बरेली सेंट्रल जेल) अल्मोड़ा जिले के साथी जो अन्य जेलों में थे, उनके गाँवों में घरों में पहुँच कर घर वालों को सान्त्वना यथा शक्ति आर्थिक सहायता देने का प्रयत्न किया। इस यात्रा में सुश्री सरलादेवी* (Miss Catlenne Mery Heilenous) *भी साथ थीं। उस समय उत्तर वृन्दावन माँ तथा गोपाल दा के चरणों में जेल से छूटने पर 45 दिन बाद प्रणाम किया। यशोदा माँ ने व्यथित हृदय से कहा, 'सरकार ने तुमको फाँसी पर न चढ़ाकर शहीद होने से बचा तो लिया पर हमारी भक्ति बहू की कैसी करुण कहानी रही? उसके पुत्र का इस बीच देहावसान हो चुका था। रामायण में लक्ष्मण की उर्मिला की सीता से भी करुण दशा रही। वैसे ही भक्ति का बलिदान तो अज्ञात पर अभूतपूर्व रहा। अब शीघ्र ही उनके पास बम्बई पहुँच जाओ। चार–पाँच दिन हमारे पास विश्राम करो।'*

वह आगे उल्लेख करते हैं–

'अल्मोड़ा जाने पर तो 50 दिन की आज़ादी के बाद रात बारह बजे दोबारा कृष्ण मन्दिर (जेल) में पहुँच गये। असल में गिरफ़्तारी का वारंट तो घूमता हुआ उत्तर–वृन्दावन पहुँच गया था। जब हम वहाँ थे। परन्तु पुलिस आफ़िसर यशोदा माँ का भक्त था। मुझ पर भी प्रेम था। उन्हें तो मालूम था कि अभी तो जेल से ही छूटे हैं। फ़िर आश्रम में गिरफ़्तार करने के लिए उनकी अन्तरात्मा तैयार नहीं थी। अतः लिख दिया कि वहाँ से चले गये।'

आश्चर्यकारक एक घटना और घट गयी। उत्तर वृन्दावन से 22 मील की पैदल यात्रा करके अल्मोड़ा पाताल देवी से श्री श्री आनन्दमयी माँ के आश्रम में सरला बहन के साथ पहुँचे। तब प्रेम से भोजन का निमन्त्रण दिया। हमारा कोई ठिकाना तो था नहीं। कपड़े भी नहीं थे। अतः माँ का प्रेम भरा निमन्त्रण स्वीकार किया। स्नान भोजन के बाद दीवाल के सहारे हम दोनों बैठे थे। श्री श्री आनन्दमयी माँ आँगन में घूम रही थीं। बातें चल रही थीं। हमारा कार्यक्रम पूछा। हमने कहा अब जेल से मुक्त हुए हैं, तो बम्बई घर वालों से मिलने जायेंगे। माँ थोड़ी देर बाद बोलीं। अभी तो बम्बई जाना नहीं होगा। इस समय तो वह बात गम्भीरता से नहीं ली। पर उसी दिन रात को 12 बजे पुलिस थाने के कमरे के बिस्तर पर सोया। तब माँ का कहना याद आया। बम्बई के बदले जेल (कृष्ण मन्दिर) में आ जाना पड़ा। सन्तों की वाणी सत्य सिद्ध हुई। भविष्यवाणी भी गम्भीरता से कह देते हैं। पर हम साधारण मनुष्य बाद में समझते हैं। प्रणाम हो, वन्दन हो मातृ शक्ति के लिए। श्री रामकृष्ण ने काली देवी की माँ के रूप में उपासना करके भक्ति की अद्‌भुत और आसान साधना बतलाई। माता की गोद में भक्त आराम से सोता है। माँ के प्रेम से सराबोर हो जाता है। कैलास–मानसरोवर की यात्रा से दिनांक 6 सितम्बर, 31 के दिन उत्तर वृन्दावन में यशोदा माँ तथा गोपाल दा के दर्शन और आशीर्वाद से यात्रा की पूर्णाहुति हुई। आत्म शान्ति हुई।'

(साभार : 'कैलास–मानसरोवर दैनन्दिनी,' शान्तिलाल त्रिवेदी)

यशोदा माँ और गोपाल दा, महात्मा गाँधी से मिले। अल्मोड़ा में। गाँधी जी ने अल्मोड़ा–कौसानी, हिमालय के परिवेश में ही रहकर 'अनासक्ति योग', 'गीता' पर पुस्तक लिखी।

श्री कृष्ण प्रेम की गहरी आध्यात्मिक साधना थी। महर्षि अरविन्द के ख़ास सहयोगी विलक्षण प्रतिभा सम्पन्न दिलीप राय ने उन्हें 'असल योगी' कहा है। भारत में, बाहर भी निमन्त्रण आने पर बोलने जाते। परन्तु बाद में मौन साधक बने। उन्होंने किस तरह शिष्या अर्पिता देवी की सेवा की, यह उनके श्रेष्ठ साधक होने का नमूना है।

आज़ादी के बाद देश जिस दौर से गुज़रा, उसमें गोपाल दा या आशीष दा की कैसी मानवीय भूमिका रही, यह अध्यात्म का असल पहलू है। ये महान योगी जब गाँधी जी जैसे व्यक्तित्व से मिले, तो इनमें कैसा संवाद हुआ, यह जानना रोचक है। शान्तिलाल जी उल्लेख करते हैं–

> *'राष्ट्रपिता बापू से तीन प्रश्न पूछे थे। बहादुर और कायर में क्या फ़र्क़? संकट पड़ा, तो द्रौपदी ने श्रीकृष्ण का स्मरण किया, तो सहायता दी। सूरदास, तुलसीदास जैसे भक्तों ने नम्रता से प्रार्थना की। निर्बल के बल राम तू दयालुदीन हो। वह आत्मबल की प्रार्थना की। बापू ने सन्तोषजनक उत्तर दिया। उनमें से एक प्रश्न गोपाल दा से पूछा। दोनों के उत्तर लगभग एक से ही रहे। मनुष्य के जीवन में अकस्मात् आफत आ जाने पर दिल धड़कता है तो दोनों में क्या फ़र्क़? इस स्थिति में आपका क्या अनुभव है? मेरे कहने का मतलब था कि राष्ट्रध्वज सत्याग्रह में जब डिक्टेटर मैं था तब* Disperse within five minutes *का ऑर्डर था। मारना या गोली चलाना। उस समय दिल धड़कने लगा। तो कायर और बहादुर में क्या फ़र्क़? बापू और गोपाल दा ने कहा ऐसे समय मनुष्य का दिल धड़कता है। परन्तु फ़िर सोच विचार कर आत्मबल से मज़बूत होकर मोर्चे पर डटे रहता है। वह बहादुर। भागने वाला कायर। दिल मनुष्य का तो धड़केगा ही। शैतान या*

पत्थर या देवता को शायद ऐसा न हो। पर, मनुष्य के लिए वह होना स्वाभाविक है। पर, अन्त में आत्मबल अटल रखता है।'

(साभार : 'कैलास–मानसरोवर', दैनन्दिनी, शान्तिलाल त्रिवेदी)

'गीता' को गोपाल दा ने जीवन में आत्मसात किया। वह इसके मर्म को जीये। जीवन में उतारा। आश्रम की देखभाल उन्होंने कैसे की, बता रहे हैं शान्तिलाल त्रिवेदी जी–

'गोपाल दा, 'गीता' के अभ्यासी थे ही। इनका सारा मन्दिर बगीचा, गाँव भूमि सहित साधन सम्पन्न आश्रम है। पर उनके एकमात्र ट्रस्टी ही श्री गोपाल दा रहे। परन्तु ट्रस्टी मात्र अनासक्त होकर सारी सम्पत्ति ठाकुर जी को मानकर वे मात्र व्यवस्था करने वाले यन्त्र मात्र हैं। श्री कृष्णार्पण समर्पण भावना–

यत् करोषि मदश्रद्धि यज्जुहोषि ददासि यत्।
यत्तपस्यसि कौन्तेय तत्कुरुष्व मदर्पणम्।।

इसी कृष्णार्पण भावना से नैवेद्य रसोई बनाते रहे। पुष्प चुनते रहें। राधा रानी के बगीचे से। चावल, दाल साफ़ करना, लेखन, स्वाध्याय आदि जीवन व्यवहार के समय हर समय हरिमय भावना बनी रहती। यानी तदाकार हेतु अनासक्त भावना की मात्रा बढ़ती गयी। अधिकांश पुस्तक अल्मोड़ा में श्री रामकृष्ण आश्रम तथा डिग्री कॉलेज को अर्पण कर दी। अधिकांश फ़र्नीचर भी जनता में वितरण कर दिया। उसमें लोखढ़ झूला शिष्या अर्पिता देवी को स्वयं बनाकर दिया। वह बढ़ई कार्य में भी होशियार थे।

मन्दिर का अधिकांश फर्नीचर स्वयं अपने हाथ से बनाया था, सब वितरण कर दिया। मन्दिर में पूजा के लिए लगभग 35 देवी–देवताओं की मूर्ति तथा यशोदा माँ के द्वारा आलिखित भगवान के प्रसंगों से चित्र आलेखे वितरण कर दिये थे। गोपाल दा पहले स्वयं आरती करते थे। मृदंग से भजन गाते थे। वह सब बाद में बन्द हो गये। वैराग्य के साथ पूर्णतः त्याग, 'त्याग न टकेरे वैराग्य बिना' यानी आसक्ति से भी अनासक्ति। परन्तु अब तो आसक्ति से भी अनासक्ति। श्री कृष्ण प्रेम का साधना मन्त्र :

सर्वधर्मान्परित्यज्य मामेकं शरणं व्रज।
अहं त्वा सर्वपापेभ्यो मोक्षयिष्यामि मा शुचः।।
उत्तर वृन्दावन के अनेक साधक तथा विभूतियों को वन्दन।'
(साभार : 'कैलास–मानसरोवर दैनन्दिनी', शान्तिलाल त्रिवेदी)

इसी तरह 'लिविंग विथ द हिमालयन मास्टर्स, स्पिरिचुअल एक्सपेरिएंसेज़ ऑफ़ स्वामी राम' नामक चर्चित पुस्तक (स्वामी अजय द्वारा सम्पादित) में पढ़ा, एक अनीश्वरवादी या नास्तिक सन्त के बारे में–

'एक स्वामी थे, जो कि काफ़ी पढ़े–लिखे और ऊँचे स्तर के विद्वान थे। वे ईश्वर के अस्तित्व में विश्वास नहीं करते थे। जो कोई भी इसमें विश्वास करता था, वह बड़ी चालाकी से अपनी बातों से इसकी काट प्रस्तुत करते थे। कई विद्वानों ने उनसे किनारा किया, पर उनके साथ मेरी दोस्ती अच्छी थी। मैं उनके प्रति इसलिए आकर्षित था कि वे अपनी बातों को तर्क और ज्ञान की कसौटी पर रखकर बोलते थे। उनका पूरा दिमाग़ और ऊर्जा एक ही चीज़ पर केन्द्रित होती थी कि कैसे अपनी बात रखें। वे विद्वान थे। पर, उनमें हठता थी। वह कहा करते थे कि मैं नहीं जानता कि लोग क्यों मेरे पास कुछ सीखने के लिए नहीं आते? मैं उनसे कहा करता कि आप उनके विश्वास और आस्था को तोड़ते हैं, इसलिए आपके पास किसी को क्यों आना चाहिए? वे आपसे डरते हैं। वह बड़े ही जाने–माने व्यक्ति थे। उन्होंने एक पुस्तक लिखी थी, जिसमें उन्होंने सभी ऊँचे दर्शन या विचारों के खण्डन का प्रयास किया था। मानसिक कसरत के लिए यह एक अच्छी किताब है। यह है– 'षड् दर्शन : सिक्स सिस्टम्स ऑफ़ इंडियन फ़िलॉसफ़ी।'

(साभार : 'लिविंग विथ द हिमालयन मास्टर्स स्पिरिचुअल एक्सपेरिएंसेज़ ऑफ़ स्वामी राम', स्वामी अजय)

स्वामी राम फ़िर बताते हैं–

'तिब्बती और चीनी विद्वानों ने उन्हें एक तर्कशील व्यक्ति माना और उन्हें चीन आने का न्योता दिया। उन्होंने यह भी निर्णय किया कि यदि भारत में कहीं कोई विद्वान व्यक्ति है, तो यह व्यक्ति ही हो सकता है। वे भगवान में विश्वास नहीं करते थे, फ़िर भी वे सन्त थे। वह कहते कि वे इसलिए संन्यासी बने, ताकि साधु–संन्यासियों की सच्चाइयों को सामने ला सकें। वह कहते कि ये सारे के सारे झूठे हैं। वे समाज पर बोझ हैं। मैंने यह पाया है कि इनमें कुछ भी सच्ची बात नहीं है और मैं यह चीज़ दुनिया को बताने जा रहा हूँ। उन्होंने प्रण लिया कि यदि कोई भी उन्हें यह विश्वास दिला सका कि भगवान हैं, तो वह उस व्यक्ति के शिष्य बन जायेंगे। एक बार उन्होंने मुझसे पूछा कि क्या तुम मेरा प्रण जानते हो? मैंने उत्तर दिया, वह व्यक्ति बहुत बड़ा मूर्ख होगा, जो आपको अपना शिष्य बनायेगा। उन्होंने कहा, तुम्हारे कहने का मतलब क्या है? मैंने कहा, कोई आपके बेवकूफ़ी भरे दिमाग़ का क्या करेगा? आपने अपने मस्तिष्क को केवल एक ही दिशा में लगाया है, लेकिन आपने दूसरी तरफ़ कुछ भी नहीं जाना है। उन्होंने प्रत्युत्तर में कहा, तुम भी उन्हीं मूर्खों में से एक हो। तुम भी अज्ञात चीज़ों के बारे में बात करते हो। यह सब अनाप–शनाप, बकवास और कल्पना से भरी बातें हैं।'

(साभार : 'लिविंग विथ द हिमालयन मास्टर्स स्पिरिचुअल एक्सपेरिएंसेज़ ऑफ़ स्वामी राम', स्वामी अजय)

स्वामी राम आगे बताते हैं–

'मैंने ईश्वर का ध्यान किया और कहा, चाहे कुछ भी हो जाये, चाहे मेरी ज़िन्दगी भी दाँव पर लग जाये, पर मैं इस आदमी को कुछ गहन सच से परिचित कराऊँगा। एक दिन मैंने उनसे पूछा, क्या आपने हिमालय को देखा है? उन्होंने उत्तर दिया, नहीं, कभी नहीं। मैंने बताया, गर्मियों में पहाड़ों की यात्रा करना बहुत ही आनन्ददायक होता है। मैंने योजना बनायी कि किसी ऊँचे पहाड़ पर उनको ले जाया जाये। एक छोटे तम्बू, कुछ

बिस्किट और सूखे मेवे के साथ हम कैलास के लिए निकल पड़े। यह सितम्बर का महीना था, जब बर्फ़ गिरनी शुरू होती है। मैं ईश्वर में गहन आस्था रखता था। मैंने ईश्वर से प्रार्थना की कि वह कुछ ऐसी परिस्थिति बनाये कि यह स्वामी असहाय होकर भगवान की मदद के लिए पुकार उठे। मैं युवा था और लापरवाह भी। उन्हें एक कठिन और दुरूह राह पर लेकर चल पड़ा। मुझे भी नहीं पता था कि हम कहाँ जा रहे हैं। जल्द ही हम खो गये।'

(साभार : 'लिविंग विथ द हिमालयन मास्टर्स स्पिरिचुअल एक्सपेरिएंसेज़ ऑफ़ स्वामी राम', स्वामी अजय)

वह फ़िर बताते हैं–

'मेरा जन्म हिमालय में ही हुआ था, इसलिए मैं ठण्ड बर्दाश्त कर सकता था। ठण्ड से बचने का एक अलग ही तरीक़ा होता है, साँस लेने की एक अलग तकनीक होती है, इसी के सहारे मैं ठण्ड से अपना बचाव कर रहा था। लेकिन स्वामी ठण्ड से बुरी तरह काँप रहे थे। उन्हें पहाड़ों की ठण्ड के बारे में अन्दाज़ा नहीं था। मुझे उन पर दया आ रही थी। फ़िर यह दिखाने के लिए भी कि वो मुझे प्रिय थे, मैंने उन्हें अपना कम्बल दे दिया। मैं उन्हें 14,000 फ़ीट की ऊँचाई तक ले गया। इस ऊँचाई पर पहुँचने के बाद उन्होंने बताया कि उन्हें साँस लेने में तकलीफ़ हो रही है। मैंने उन्हें कहा कि मुझे तो कुछ भी परेशानी नहीं है। उन्होंने कहा कि आप तो जवान हैं, इसलिए आप बर्दाश्त कर सकते हैं। मैंने कहा, हार मत मानिए। हर दिन स्वामी जी मुझे दर्शन पर लेक्चर देते थे और मैं उन्हें पहाड़ों की ख़ूबसूरती के बारे में बताता था। मैं उनसे कहता, प्रकृति के नज़दीक रहना कितना सुन्दर होता है।'

(साभार : 'लिविंग विथ द हिमालयन मास्टर्स स्पिरिचुअल एक्सपेरिएंसेज़ ऑफ़ स्वामी राम', स्वामी अजय)

स्वामी राम आगे जो बताते हैं, उसे जानकार अचरज होता है—

'चार दिनों तक पहाड़ों पर भटकने के बाद बर्फ़बारी शुरू हो गयी। हमने 15,000 फ़ीट की ऊँचाई पर जाकर कैम्प किया। हमारे पास एक छोटा—सा टेंट था, चार गुना पाँच फ़ीट का। जब दो फ़ीट तक बर्फ़ गिरी, तो मैंने कहा कि क्या आप जानते हैं कि यहाँ सात से आठ फ़ीट तक बर्फ़ गिरती है और हो सकता है कि हमारा टेंट भी इसमें दब जाये। हम लोग इस टेंट के अन्दर ही दब जायेंगे। वे आश्चर्यचकित होकर बोले, ऐसा न कहो। मैंने कहा, यह सच है। क्या हम लौट सकते हैं? स्वामी जी यहाँ से निकलने का कोई रास्ता नहीं है। अब हम क्या करेंगे? मैंने उत्तर दिया, मैं ईश्वर से प्रार्थना करूँगा। उन्होंने कहा, मैं तथ्यों में यक़ीन करता हूँ। उन वाहियात चीज़ों पर नहीं, जिसकी बात आप कर रहे हैं। मैंने कहा, ईश्वर की कृपा से, बर्फ़बारी बन्द हो जायेगी। यदि आप अपने दर्शन और ज्ञान से इसे रोक सकते हैं, तो आपका स्वागत है। प्रयास कीजिए। उन्होंने कहा, मुझे कैसे पता चलेगा कि तुम्हारी प्रार्थना के कारण ऐसा होगा? मान लीजिए कि आप प्रार्थना करते हैं और बर्फ़बारी बन्द हो जाती है। तब तो मैं भगवान में विश्वास नहीं ही कर पाऊँगा, क्योंकि बर्फ़बारी किसी भी तरह रुक ही जायेगी। तब तक हमारे टेंट के चारों ओर चार फ़ीट तक बर्फ़ जम चुकी थी। इस बीच उनका दम घुटने लगा। मैंने बर्फ़ में एक छेद किया, ताकि उसके जरिये साँस लिया जा सके। पर यह जल्द ही बन्द हो गया। मैं यह पहले से ही जानता था। अब या तो हम मरेंगे या फ़िर वो भगवान में विश्वास करते।'

(साभार : 'लिविंग विथ द हिमालयन मास्टर्स स्पिरिचुअल एक्सपेरिएंसेज़ ऑफ़ स्वामी राम', स्वामी अजय)

स्वामी राम बताते हैं कि आगे क्या हुआ?

'अन्ततः ऐसा हुआ। उन्होंने कहा, कुछ करिए। आपका मास्टर बहुत ही महान आदमी है और मैंने उन्हें कई बार अपमानित

किया है। यही कारण है कि आज मैं इस तरह के ख़तरे और भयंकर स्थिति में पड़ा हूँ। वह भयभीत होने लगे। मैंने कहा, यदि आप भगवान से प्रार्थना करेंगे, तो पाँच मिनट में बर्फ़बारी बन्द हो जायेगी और सूरज बाहर निकल आयेगा। यदि आप ऐसा नहीं करते हैं, तो आप तो मरेंगे ही, मुझे भी मार डालेंगे। ईश्वर ने मुझसे ऐसा कहा है। उन्होंने कहा, सचमुच? तुम उन्हें कैसे सुन रहे हो? मैंने कहा, वह मुझसे बात कर रहे हैं। वह मुझ पर विश्वास करने लगे। उन्होंने कहा, यदि धूप नहीं निकलती है, तो मैं तुम्हें मार डालूँगा, क्योंकि मैं अपनी प्रतिज्ञा तोड़ रहा हूँ। मैंने जीवन में केवल एक ही प्रतिज्ञा की है। वह है– ईश्वर के अस्तित्व को नकारना।'

(साभार : 'लिविंग विथ द हिमालयन मास्टर्स स्पिरिचुअल एक्सपेरिएंसेज़ ऑफ़ स्वामी राम', स्वामी अजय)

स्वामी राम फ़िर बताते हैं–

'आने वाली मृत्यु के भय से काँपते उस आदमी ने अपनी प्रतिज्ञा तोड़ी और शीघ्र ही पूरे समर्पण के साथ ईश्वर की प्रार्थना में जुट गया। अपनी आँखों में आँसू लेकर वह प्रार्थना करने लगा। मैंने सोचा कि यदि पाँच मिनट के अन्दर बर्फ़ गिरनी बन्द नहीं हुई तो उसका मन पहले से भी अधिक कठोर हो जायेगा। इसलिए मैंने भी प्रार्थना की। ईश्वर की कृपा से, पाँच मिनट के अन्दर ही बर्फ़बारी बन्द हो गयी और सूरज आकाश में चमकने लगा। वे चकित हो गये और मैं भी। उन्होंने कहा, क्या हम लोग ज़िन्दा बचेंगे? मैंने कहा, हाँ, ईश्वर की यह इच्छा है कि हम जीवित रहें। उन्होंने कहा कि अब मैं महसूस करता हूँ कि वास्तव में कोई ज़रूर है, जिसे मैं नहीं समझ सका था। उसके बाद, उन्होंने आजीवन चुप रहने का प्रण किया। वे फ़िर 21 साल तक रहे और इस दौरान कभी किसी से कुछ नहीं बोले। यदि कोई उनसे भगवान के बारे में बात करता, तो वह भावविभोर होकर रोने लगते। इसके बाद उन्होंने

कई पुस्तकें लिखीं। उसमें से एक था—महिमास्रोत—ईश्वर की स्तुति पर टीका।'

(साभार : 'लिविंग विथ द हिमालयन मास्टर्स स्पिरिचुअल एक्सपेरिएंसेज़ ऑफ़ स्वामी राम', स्वामी अजय)

स्वामी राम ईश्वर के अस्तित्व को लेकर महत्त्वपूर्ण बात कहते हैं, जिसका सार—संक्षेप है—

'जब हमारे मस्तिष्क में ईश्वर के अस्तित्व को लेकर भारी उथल—पुथल मचता है, तब हम उसके पीछे अपने सारे ज्ञान को लगाते हैं। एक समय ऐसा आता है, जब हमारा ज्ञान धरा का धरा रह जाता है। तब हमारी अन्तरात्मा ही हमारा पथप्रदर्शक होती है। ज्ञान के ज़रिये हम किसी चीज़ के परीक्षण करने, गणना करने, निर्णय करने, किसी चीज़ को स्वीकार करने या इनकार करने पर बल देते हैं। ये वो चीज़ें होती हैं, जो दिमाग़ में चल रही होती हैं। लेकिन आपकी अन्तरात्मा से निकली आवाज़ बिना किसी रुकावट के उस तक पहुँचती है। इस तरह की स्थिति तब प्राप्त होती है, जब आपका मस्तिष्क सन्तुलन, शान्त और समभाव की स्थिति में पहुँचता है। यह सहज ज्ञान ही मनुष्य की चेतना को विस्तार देता है, तब वह चीज़ों को साफ़—साफ़ देख पाता है। पूरा जीवन धन्य हो जाता है और जीवन से अज्ञानता दूर हो जाती है। अनुभवों की एक शृंखला के बाद, सीधा अनुभव ही मार्गदर्शन करता है और तब सहज ज्ञान की धारा से आदमी ओत—प्रोत होता रहता है।

अचानक, दिमाग़ में बात कौंधी और मैंने एक महान सन्त, तुलसीदास के कथनों को याद किया कि मन में ईश्वर का भय न हो, तो उसके लिए प्रेम भी सम्भव नहीं और ईश्वर के लिए अगर प्रेम नहीं है, तो फ़िर उसे महसूस करना या तादात्म्य स्थापित करना भी सम्भव नहीं। मन में ईश्वर का भय हो, तो उसके प्रति आदमी की चेतना बनी रहती है और दुनिया का भय, डर और ख़तरा उत्पन्न करता है। यह नास्तिक स्वामी ईश्वर

से तब डरा, जब उसने ईश्वर के होने को स्वीकार किया। यदि आप सही में ज्ञान की साधना करते हैं, तो ईश्वर के प्रति प्रेम उत्पन्न होता है, जो कि हर तरह के भय से दूर होता है।'

(साभार : 'लिविंग विथ द हिमालयन मास्टर्स, स्पिरिचुअल एक्सपेरिंसेज ऑफ़ स्वामी राम', स्वामी अजय)

हमारे मानस में, हिमालय और कैलास की भूमि, सन्तों, महात्माओं और साधुओं की लीला भूमि ही है। पॉल ब्रंटन की पुस्तक 'गुप्त भारत की खोज' की भूमिका में पाठकों से उनका किया निवेदन हमेशा याद रहा। वह बताते हैं–

'भारतवर्ष में एक विशेष कोटि के रहस्यपूर्ण व्यक्ति होते हैं, जिन्हें कोई तो फकीर कहते हैं और कोई योगी। उनके बारे में सदा अद्‌भुत वृत्तान्त सुने जाते हैं। पर, क्या इन गाथाओं की तह में कोई सत्य भी है? बार–बार यह बात दोहराई जाती है कि भारतवर्ष के प्राचीन विज्ञान का भण्डार अत्यन्त रहस्यपूर्ण है और उसके अनुसार आचरण और अभ्यास करने से निश्चय ही मानसिक शक्तियों का असाधारण विकास हो जाता है। क्या ये कथन सत्य के आधार पर स्थित हैं? इस रहस्य का पता लगाने के लिए मैं एक लम्बे सफ़र पर चल पड़ा और यह कथा मेरी इसी खोज का एक संक्षिप्त ब्योरा है। इन कथनों से आकृष्ट होकर कड़ाके की धूप और झुलसाने वाली लू सह कर तथा कितनी ही रातें बिना सोये हुए बिता कर इन साधुओं की खोज में मैं भटकता फिरा। पर, अन्त में अधिकांश धर्म–ग्रन्थों के गुलाम, मूढ़, धनलोलुप नट, बाजीगर अथवा हाथ की सफ़ाई दिखाने वाले मदारी ही निकले। ऐसे व्यक्तियों के वर्णन से इस पुस्तक के पन्नों को काला करना, न तो पाठकों के लिए उपयोगी होगा और न यह कार्य मुझे रुचिकर है। अतः अपने समय की बरबादी की इस कहानी को इतने में ही समाप्त करता हूँ। यह मेरा अहोभाग्य था कि भारतीय जीवन का एक ऐसा

अप्रकट अंग भी मुझे देखने को मिला, जो प्रायः साधारण पश्चिमी यात्रियों की दृष्टि अथवा उसकी बुद्धि के परे रहता है। इस विशाल भारत में रहने वाले अंग्रेज़ों में बहुत ही कम ऐसे होंगे, जिन्होंने इस पहलू का अध्ययन करने का कष्ट उठाया हो।'

(साभार : 'गुप्त भारत की खोज', पॉल ब्रंटन)

ब्रंटन आगे बताते हैं–

'योगियों को जन्म देनेवाले देश भारतवर्ष में ही सच्चे योगी अब उँगलियों पर गिने जा सकते हैं। उनकी संख्या अब नहीं के बराबर ही समझनी चाहिए। वे अपनी सिद्धियों को जनसाधारण से गोपनीय रखना पसन्द करते हैं और जानबूझ कर साधारण लोगों के सामने अपने को मूढ़ सिद्ध करना चाहते हैं। चीन, तिब्बत या भारत में यदि कभी कोई पश्चिमी यात्री की भूले–भटके इन योगियों तक पहुँच हो जाती है, तो वे बड़ी खूबी से अपने को अनाड़ी के रूप में प्रकट करते हैं। और उनके असलियत की उन गोरे मुसाफ़िरों को टोह तक नहीं मिलती। पता नहीं उनके इस तरह के आचरण का कारण क्या है; शायद वे 'जानन्नपि हि मेधावी जडवल्लोक आचरेत' वाली सूक्ति को ठीक मानते हैं। वे तो दूरवर्ती निर्जन स्थानों में रहने वाले संसार से विरक्त जीव हैं। किसी भी नये और अपरिचित व्यक्ति से भेंट होने पर वे उसको अपनी वास्तविकता से परिचित नहीं होने देते। कम से कम आगन्तुक का गहरा परिचय न होने तक वे उससे खुल कर बातें नहीं करते।'

(साभार : 'गुप्त भारत की खोज', पॉल ब्रंटन)

अपनी पुस्तक के बारे में चर्चा करते हैं–

'इस पुस्तक का नाम उन्होंने 'गुप्त भारत' क्यों रखा है? यह उस भारत की कथा है, जो हज़ारों वर्ष से परखने वालों की आँखों

से ओझल रहा है। जो संसार से इतना अलग और एकान्त रहा है कि आज उसके बचे–खुचे चिह्न ही रह गये हैं और जिनके शीघ्र ही मिट जाने की सम्भावना है।'

(साभार : 'गुप्त भारत की खोज', पॉल ब्रंटन)

ब्रंटन भारत के उस गौरव का उल्लेख करते हैं, जिनसे आधुनिक भारत का ताक़तवर वर्ग भी अनजान है। वह बताते हैं–

'बहुत कम लोग यह जानते हैं कि भारत में एक ऐसी अमूल्य निधि भी है, जो अन्त में संसार के सामने भारत के सोने–चाँदी और जवाहरातों से भी अधिक क़ीमती ठहरेगी। किसी अँधेरी गुफा में बैठे अर्धनग्न भारतीय साधु अथवा शिष्यों से घिरे हुए ज्ञानवार्ता को चलाने वाले महात्मा को साष्टांग दण्डवत करना शायद ही किसी अंग्रेज़ को पसन्द आयेगा। इस कोटि के लोगों ने अपने तथा बाहरी संसार के बीच ऐसा अनिवार्य पर्दा डाल दिया है कि यदि किसी उदार स्वभाव के विवेकी अंग्रेज़ को ब्रिटिश रहन–सहन छोड़ कर किसी योगी के संग ऐसी गुफा में रहना पड़े, तो उसे न तो योगी के साथ रहना रुचिकर होगा और न वह योगी की विचारधारा को ही समझ सकेगा। हिन्दुस्तान के विभिन्न प्रकार के लोगों से मिलते समय अपने जातिगत गर्व को मैं पूर्ण रूप से भुलाये रहा। भारतीयों की बड़ी–बडी बातें हमदर्दी से मैंने सुनीं और समझने की कोशिश की। गोरे–काले के झूठे भेद को मैंने हमेशा दूर रखा। जहाँ शील था वही मेरे लिए उपासना के योग्य था। मेरा समस्त जीवन सत्य का अन्वेषण करने में ही बीता है। अतः सत्य की खोज करने में मैं हर प्रकार की ऊँच–नीच बातें सहने को तैयार था। साधुओं के चरणों के निकट बैठकर मैंने उनके भक्तों और चेलों की विभिन्न भाषाओं में कहे गये आख्यान सुने हैं। इन एकान्तवासी और साधारण जनता से बात न करने वाले साधुओं का मैंने पता लगाया और अत्यन्त विनम्र होकर उनके अधिकारपूर्ण उपदेशों को सुना।'

(साभार : 'गुप्त भारत की खोज', पॉल ब्रंटन)

इसी पुस्तक में ब्रंटन ने लिखा है–

'योगियों और उनके आध्यात्मिक ज्ञान की खोज में मैंने पूरब की यात्रा की। दिल के एक कोने में किसी आध्यात्मिक गुरु के दैवी व्यक्तित्व के दर्शन की लालसा भी लगी हुई थी, पर यह मेरा प्रधान ध्येय नहीं था। हिन्दुस्तान की पवित्र नदी, मरकत सलील गंगा, विशाल यमुना और रम्य गोदावरी के तटों पर इसी खोज में मैंने बहुत भ्रमण किया, देश के चारों ओर चक्कर लगाया। हिन्दुस्तान ने मुझे अपने अन्तस्थल में स्थान दिया और मुझ जैसे अपरिचित पाश्चात्य व्यक्ति को इस देश के लुप्त प्राय महात्माओं में से कैसे कितनों ने ही अपनी शरण दी।'

(साभार : 'गुप्त भारत की खोज', पॉल ब्रंटन)

अपनी किताब में एक जगह उन्होंने ज़िक्र किया है–

'मैंने इस पुस्तक में इस देश के कुछ ऐसे महापुरूषों का प्रामाणिक वर्णन करने का प्रयत्न किया है, जो दृढ़ता, गम्भीरता और प्रशान्ति की उस पराकाष्ठा को प्राप्त हुए हैं, जिसकी हम संसारी जीव सदैव याचना करते रहते हैं। इस समय जबकि मैं इंग्लैंड के देहाती जीवन में घिरा हुआ इस पुस्तक को लिख रहा हूँ, ये सब बातें मुझे अविश्वसनीय प्रकट हो रही हैं। पश्चिम की शक्की दुनिया के लिए इन बातों का वर्णन करने में मुझे स्वयं ही अपने साहस पर आश्चर्य हो रहा है।'

(साभार : 'गुप्त भारत की खोज', पॉल ब्रंटन)

पॉल ब्रंटन भारत में अनेक सन्तों से मिले, योगियों से भी। उन्होंने रमण महर्षि के बारे में भी अपना एक अनुभव लिखा है, जो अक्सर याद आता है। ब्रंटन बताते हैं–

'मैं दालान में प्रवेश करता और महर्षि को प्रणाम करके पालथी मार कर फ़र्श पर बैठ जाता। कुछ समय तक लिखते या पढ़ते, किसी अन्य सज्जन के साथ बातचीत करते या किसी समस्या के हल करने के लिए महर्षि से प्रार्थना करते या ध्यान में

डूबते वह समय बीत जाता। लेकिन चाहे जो भी काम करता रहूँ, मैं यह कभी नहीं भूलता था कि चारों ओर एक रहस्यमय प्रभाव फैला है, एक कृपा पूर्ण प्रभा मेरे मन में पैठती है। महर्षि की सन्निधि में बैठने से ही मुझे एक प्रकार की अकथनीय आनन्दमय, प्रशान्तिमय अनुभूति का स्वाद मिलता था। गौर से परिशील (अभ्यास) करते–करते और बार–बार प्रत्यवेक्षण का आश्रय लेते–लेते मैं इस निश्चय पर पहुँच गया कि जब–जब हम दोनों की मुलाक़ात होती है, तब–तब एक सम्पूर्ण विश्वास मेरे दिल में स्थान कर लेता है और कुछ आन्तरिक परिवर्तन हुआ करता है। यह परिवर्तन बहुत ही सूक्ष्म था, किन्तु मेरे इस अनुभव में कोई भूल नहीं हुई है।'

(साभार : 'गुप्त भारत की खोज', पॉल ब्रंटन)

रमण महर्षि के आश्रम के बारे में उन्होंने संस्मरण लिखा है, वह जानने योग्य है। मनुष्य क्या है? उसकी क्षमता या शक्ति क्या है? उसकी आन्तरिक सम्भावनाएँ क्या हैं? यह सोचते हुए रमण महर्षि के आश्रम के बारे में लिखा पॉल ब्रंटन का यह प्रसंग अक्सर याद आ जाता है–

'शाम का समय था। एक महाशय बड़े ठाट से दालान में आते दिखाई दिये। वे महर्षि की चौकी के बहुत ही समीप आकर बैठ गये। उनका रंग एकदम काला था, तो भी चेहरा बहुत ही तेजस्वी मालूम होता था। उन्होंने बोलने की कोई चेष्टा नहीं की। पर, महर्षि ने सुन्दर मुस्कान से उनकी अगवानी की। उन आगन्तुक महाशय के चेहरे का मेरे ऊपर असर पड़ा। वे मानो मूर्तिधारी बुद्धदेव थे। उनके मुखमण्डल से शान्ति और प्रसन्नता की छवि छलकी पड़ती थी। जब हमारी निगाहें मिलीं, वे मेरी ओर देर तक ताकते रहे, यहाँ तक कि मैंने अपनी दृष्टि विवश होकर उनसे फेर दी। शाम तक उनके मुँह से एक शब्द तक नहीं निकला।

सारे दिन बिना किसी प्रकार की आकांक्षा या आशा किये उनसे मेरी मुलाक़ात हुई। मेरा नौकर राजू कुछ सामान लाने के लिए शहर गया था। मैं भी दालान छोड़ कर चाय बनाने के लिए अपनी कुटिया पर पहुँच गया। कुटिया का दरवाज़ा खोल कर मैं, भीतर क़दम रखने ही वाला था कि कोई जन्तु फ़र्श पर रेंगते हुए मेरे पाँवों से कुछ दूर पर ही रुकता हुआ दिखाई दिया। उसके रेंगने के ढंग और अव्यक्त फुफकार की आवाज़ ने मुझे होशियार कर दिया कि मेरे कमरे में साँप घुस गया है। मैं, उसकी ओर टकटकी लगा कर देख रहा था। पर, मेरे अन्दर घोर भय समा गया। मेरी नसें एकदम तन गयीं। मेरे दिल में जुगुप्सा ने घर कर लिया। मेरी नज़र उस ज़हरीले जन्तु के सुन्दर फन पर गड़ी हुई थी। अचानक घटना से मैं बिल्कुल चकित–सा हो गया। वह क्रूर सर्प अपना फन फैला कर खड़ा हो गया और मुझे अपनी कुत्सित दृष्टि से घूरने लगा। जैसे–तैसे होश में आकर मैं पीछे हट गया। डंडे से मैं उसकी कमर तोड़ने ही वाला था कि कल के आगन्तुक महाशय कुटिया के बाहर की जगह में चलते हुए दिखाई दिये। उनके गम्भीर मुख, उनके विचार और विमर्शमय प्रशान्त दृष्टि की शीतल छाया में मैं, कुछ शान्त हो गया। वे मेरी कुटी पर पहुँचे। पल भर में सारी बातें जान कर वे स्थिर भाव से कमरे में प्रवेश करने लगे। ज़ोर से चिल्ला कर मैंने उन्हें सचेत कर दिया, किन्तु उन्होंने इसकी कुछ भी परवाह नहीं की। यह दूसरा अवसर था जब कि उन्होंने मुझे चकित कर दिया। वे निहत्थे थे और दोनों हाथ बढ़ाये साँप की ओर चल रहे थे। कैसे अचरज की बात थी! साँप अपनी दोनों जीभें निकाल कर उन पर फुफकार मार रहा था, किन्तु वह हटना नहीं चाहता था। उसी समय मेरी पुकार सुन कर दो सज्जन तालाब की ओर से अपना नहाना छोड़ कर दौड़े आये। जब तक वे हमारे निकट पहुँचे तब तक आगन्तुक महाशय साँप के बहुत ही पास पहुँच गये थे। उनके सामने फुफकारते साँप

ने सिर झुका लिया, तो आगन्तुक महाशय धीरे–धीरे उसकी पूँछ सुहलाने लगे। उन दोनों के आते–आते साँप ने अपना कुत्सित स्वभाव छोड़ दिया और जंगल की सुरक्षित झाड़ियों में छिप गया। पीछे आये हुए व्यक्तियों में एक उसी शहर के एक प्रमुख व्यापारी थे। उन्होंने कहा– 'यह एक छोटी नागिन है।' मैंने अचरज प्रकट किया कि क्योंकि पहले के आगन्तुक महोदय ने निर्भीकता से साँप की पूँछ सहलायी थी।'

(साभार : 'गुप्त भारत की खोज', पॉल ब्रंटन)

आगे क्या हुआ? पॉल ब्रंटन से ही सुनिए–

'व्यापारी ने इसका मर्म समझाते हुए मुझे बताया–ये योगी रामय्या हैं, महर्षि के प्रधानतम शिष्य। ये बहुत पहुँचे हुए हैं, इन योगी से कोई भी बातचीत नहीं कर सकता है, क्योंकि इन्होंने मौन व्रत धारण कर लिया है। ये तेलुगू (आन्ध्र) प्रान्त के हैं। अंग्रेज़ी ये बिल्कुल नहीं समझते। ये प्रायः अपने को तनहा रखते हैं और आश्रम के और लोगों से नहीं मिलते। ये एक छोटी पथरीली कुटी में रहते हैं। यह कुटी पोखरे के एक किनारे बड़ी चट्टानों के तले खड़ी है। योगी रामय्या को महर्षि का शिष्य हुए दस साल हुए हैं।

बहुत शीघ्र हम दोनों के बीच का भेद–भाव दूर हो गया। वे एक दिन पोखरे के पास पीतल का कमण्डल ले पानी भरने आये। उनकी उस काली, रहस्यभरी किन्तु प्रसन्न चितवन ने मेरे मन को बरबस खींच लिया। उस समय मेरी जेब में एक छोटा कैमरा था। मैंने इशारा करके उन्हें जता दिया कि मैं उनका फोटो उतारना चाहता हूँ। उनकी ओर से कुछ भी उज्र नहीं था। फोटो उतारने के बाद वे मेरे साथ झोंपड़ी तक चले भी। वहाँ हमें एक भूतपूर्व स्टेशन मास्टर मिले। वे मेरी ही कुटिया के बाहर मेरी इन्तज़ारी में आसन जमाये बैठे

थे। मुझे मालूम हुआ कि वे तेलुगू के समान अंग्रेज़ी के भी अच्छे ज्ञाता हैं। अतः योगी रामय्या और मेरे बीच में वे दुभाषित का काम बख़ूबी कर सकते थे। रामय्या जी कुछ बोलते तो न थे, किन्तु काग़ज़ पर लिख कर अपने विचार प्रकट करने में उन्हें कोई बाधा प्रतीत नहीं हुई। प्रायः योगी रामय्या न तो किसी से बात करते हैं न मिलना ही चाहते हैं, किन्तु उनसे उनके बारे में और कुछ बातें जानने में मुझे काफ़ी कामयाबी हाथ लगी।'

(साभार : 'गुप्त भारत की खोज', पॉल ब्रंटन)

पॉल योगी रामय्या के बारे में आगे ज़िक्र करते हैं–

'रामय्या जी अधेड़ उम्र के हैं। ज़िला नेल्लूर में उनकी कुछ ज़मींदारी है। बाह्य रूप से उन्होंने संन्यास ग्रहण नहीं किया है। अपने कुटुम्ब के लोगों पर ज़मींदारी की देखभाल की सारी ज़िम्मेदारी उन्होंने छोड़ दी है, ताकि उन्हें योग साधन के लिए अधिक समय प्राप्त हो। नेल्लूर के इर्द–गिर्द उनके कई चेले हैं, किन्तु वे हर साल महर्षि का दर्शन कर लेते हैं और लगातार दो–तीन महीने तक आश्रम ही में रहते हैं।

बचपन में उन्होंने सारे दक्षिण भारत का फेरा लगाया था और बड़ी धुन व लगन के साथ गुरु की खोज में लग गये थे। अनेक आचार्यों की उन्होंने चरण–सेवा की है और कई प्रकार की विभूतियाँ प्राप्त कर ली हैं। प्राणायाम और ध्यान–धारण तथा समाधि उनके लिए बायें हाथ के खेल हैं। जल्द ही इन बातों में अपने गुरुओं से वे आगे बढ़ गये। उन्हें कुछ ऐसे अनुभव प्राप्त हुए जिनका मर्म उनके लिए दुरूह साबित हुआ। अतः अपनी शंकाओं के समाधान करने के लिए वे महर्षि के यहाँ आये और उनकी बातों से योगी रामय्या की सारी शंकाएँ दूर हो

गयीं। उन्हें अपने अनुभवों का सच्चा अर्थ मालूम हो गया और योग–मार्ग में महर्षि के वचनों से अधिक सहारा मिलने लगा।'

(साभार : 'गुप्त भारत की खोज', पॉल ब्रंटन)

पॉल आगे फ़िर बताते हैं–

'योगी रामय्या ने मुझसे कहा कि दो महीने तक वहाँ ठहरने का उनका विचार था। अतएव वे अपने एक परिचारक को साथ लाये थे। उन्हें आनन्द हुआ कि मैं, पश्चिम का एक निवासी, प्राच्य विज्ञान में अभिरुचि दिखा रहा था। मैंने उन्हें एक सचित्र अंग्रेज़ी पत्र दिखाया तो उन्होंने एक चित्र की अजीब समालोचना की। 'तुम लोग इंजनों के वेग को और बढ़ाने की कोशिश छोड़ कर अपनी आत्मा की झाँकी लेने लगोगे, तो तुम्हें सच्चा सुख मिलने की अधिक गुंजाइश होगी। क्या आप सोचते हैं कि प्रत्येक नयी ईजाद के साथ आप लोगों को अधिक आनन्द और तृप्ति होती है?' योगी रामय्या के चले जाने के पहले मैंने उनसे उस नागिन वाली घटना के बारे में प्रश्न किया। मुस्कराकर कागज़ पर उन्होंने लिख दिया। 'मुझे किसी चीज़ का क्या भय हो सकता है। सभी के प्रति गहरे प्रेम के साथ बिना द्वेष रखे, मैं उस नागिन के पास पहुँचा।' मैंने सोचा कि योगी के इस भावमय कथन के तले और अधिक तत्त्व छिपा हुआ है, किन्तु मैंने और कोई प्रश्न नहीं किया। रामय्या जी पोखरे के उस पार अपने एकान्त कुटी की ओर बढ़े। इसके बाद कुछ सप्ताह के अन्दर योगी जी के बारे में मुझे अधिक जानकारी प्राप्त हुई। मेरी झोंपड़ी के बाहर खुली जगह में, या पोखरे के किनारे, अथवा उनके आवास के बाहर, कहीं–न–कहीं हम दोनों की भेंट प्रायः हो जाती। उनके दृष्टिकोण में अपनी प्रवृत्ति के अनुकूल कुछ बातें मुझे दिखाई दीं। उनके बड़े, काले तथा प्रशान्त नेत्रों में कोई अनुपम मोहिनी शक्ति है। हम दोनों में एक विचित्र मूक मित्रता पैदा हो गयी, यहाँ तक कि एक दिन उन्होंने मेरे मस्तक

पर हाथ फेरते, मेरे दोनों हाथों को अपने हाथों में लेते हुए मुझे असीसा था।'

(साभार : 'गुप्त भारत की खोज', पॉल ब्रंटन)

पॉल आगे कहते हैं–

'स्टेशन मास्टर के दुभाषिये बनने के समय की थोड़ी बातचीत को छोड़, हम दोनों के बीच किसी प्रकार की बातचीत नहीं होती थी। तब भी हमारा आपस में एक अटूट सम्बन्ध पैदा होते दिखाई दिया। कभी–कभी मैं, उनके पीछे–पीछे जंगल की सैर करने जाता। एक–दो बार दोनों ने पहाड़ के बड़े–बड़े टीलों पर चढ़ते हुए पहाड़ की पथरीली, खुरदुरी चोटी पर पहुँचने की कोशिश भी की थी। चाहे कहीं भी जायें, उनकी वह प्रशान्त और गम्भीर प्रवृत्ति ज्यों–की–त्यों बनी रहती और मेरे मन को मोह लेती। इसके अनन्तर बहुत दिन बीते नहीं होंगे कि मुझे इन योगी की अद्भुत शक्ति का एक और अविस्मरणीय परिचय प्राप्त हुआ।'

(साभार : 'गुप्त भारत की खोज', पॉल ब्रंटन)

निछान जंगल, जंगली जानवर, तय रास्ते का न होना। पर, वहाँ ध्यानमग्न योगी रामय्या, साथ में बैठे पॉल ब्रंटन। पॉल गम्भीर निजी परेशानियों में उलझे थे, लन्दन से एक निजी सूचना पाकर। रामय्या मौन योगी थे। अंग्रेज़ी नहीं जानते थे। पर, उस दिन पॉल की निजी चिन्ता–परेशानी को रामय्या भाव से समझ गये। उन्हें शाम को एक जंगल में ले गये तालाब के किनारे। यहाँ प्रायः वह अकेले ध्यान–साधना के लिए जाते थे। उस दिन पॉल को भी ले गये। पॉल ने भी साथ ही ध्यान किया उन्हें अद्भुत शान्ति मिली। पॉल के शब्दों में उस शाम की स्मृति–

'योगी जी अपनी आदत के अनुसार ध्यानानुकूल आसन मार कर बैठे थे। अपनी अँगुली से निर्देश करके मुझे उन्होंने और भी निकट बुला लिया। तब अपने शान्त और गम्भीर बदन को स्थिरता के सामने की जलराशि की ओर घुमा कर स्थिर दृष्टि

से ताकने लगे और शीघ्र ही गहरी समाधि में विलीन हो गये। समय की गति बड़ी ही मंद थी। धीरे–धीरे काल चक्र फिरने लगा, किन्तु रामय्या अचल थे, मूर्तिवत स्थिर बन गये। उनका चेहरा समीपवर्ती निर्मल जलराशि की सतह के समान ही प्रसन्न और गम्भीर हो गया। उनकी वह अचल मूर्ति, नूक प्रकृति का मानो एक अंग–सी बन गयी और हवा की मन्द हिलकोरी से भी अपनी गम्भीरता खोने वाले सघन कुंज के सामने प्राकृतिक दृश्य में विलीन हो गयी। आधा घण्टा बीत गया। योगी उसी ताड़ के तले, उस निराली अन्तर्मुखी मूकता में शान्त बैठे थे। उनके चेहरे की वह शान्ति, अब प्राकृतिक शान्ति से निराली हो गयी। उनकी स्थिर दृष्टि या तो शून्य में या दूर की पर्वत श्रेणी में, निविड़ता में लगी थी, कुछ कहा नहीं जा सकता। बहुत देर नहीं लगी कि उस परम गम्भीरता और शान्ति भरे माथे की आश्चर्यजनक प्रसन्न, प्रशान्ति दोनों का मेरे ऊपर असर पड़ने लगा। धीरे–धीरे मेरी आत्मा, उस सौम्यता और शान्ति के मोहक प्रभाव से ओत–प्रोत हो गयी, जिसको इससे पहले कभी भी पाने के मेरे भाग्य नहीं थे। व्यक्ति के दुख को अपने शीतल स्पर्श से भुला देने वाली प्रशान्ति की वह गम्भीर विजय, मुझे आज बहुत सहज ही प्राप्त हो गयी। इस बात में मुझे रत्ती भर भी शंका नहीं थी कि योगी जी अपने निराले ढंग से मुझ दुखी की जीवन–नैया रास्ते पर लगा रहे हैं। रामय्या ध्यान की इतनी गहराई तक पहुँच गये थे कि उनकी अचल मूर्ते से साँसें भी मुश्किल से गुज़र पाती थीं। उनकी इस अवस्था का मर्म क्या हो सकता है? उनसे चारों ओर छिटकने वाली उन सुखद शान्ति की हिलकोरियों की उत्पत्ति क्यों कर हुई?'

(साभार : 'गुप्त भारत की खोज', पॉल ब्रंटन)

उस दृश्य–माहौल का उल्लेख करते हैं–

'सन्ध्या का समय समीप था। सूर्य की धूप धीमी पड़ जाती थी। गरम बालू शीतल होने लगा। ढलने वाले सूर्य की स्वर्ण आभा

की एक किरण योगी के मुखमण्डल पर गिरी और उनका वह अचल शरीर तेजोमण्डल से घिर कर पवित्र मूर्तिवत भासने लग गया। मैंने उनके बारे में विचार और वितर्क करना छोड़ दिया, ताकि अपने ऊपर पड़ने वाली निरन्तर वर्तमान शान्ति–तरंगों का अनुभव कर लूँ। जैसे–जैसे मैं अपनी आध्यात्मिक सत्ता के आलोक में विचरने लगा, वैसे–वैसे आधिभौतिक व्यक्तित्व के परिवर्तन और सम्भावनीय सत्ता के यथा योग्य दशान्तरों को पहुँच गया। आश्चर्यजनक स्पष्टता के साथ मेरे ऊपर यह बात प्रकट हो गयी कि यदि मनुष्य अपनी आध्यात्मिक सत्ता में लीन हो जाये, तो वह अनासक्त और गम्भीर भाव से अपने ऊपर बीतने वाले सारे दारुण दुखों को देख सकता है। सांसारिक, वैषयिक कामनाओं के पीछे पड़े रहना सरासर भूल है, जबकि सम्पूर्ण भाव के स्वीकार करने पर एक ध्रुव, अटल, शाश्वत, दैवी ज्योति मुझ पर अनुग्रह करने को तत्पर है। बुद्धिशाली ईसा मसीह के 'कल की फ़िक्र में न पड़ने' के उपदेश का उचित कारण यही था कि एक अधिक उत्तम शक्ति ने उनके शिष्यों की रक्षा का भार अपने ऊपर लिया था। मुझे यह भी भासने लगा कि जब एक बार किसी आदमी को अपनी आत्मा की वाणी पर भरोसा रखने का न्योता मिलता है और वह उसे स्वीकार करता है, तब निडर होकर अपने पथ से हटे बिना दुनियावी तकलीफ़ों का वह सामना कर सकता है। मेरा विश्वास है कि ऐसा व्यक्ति एक अनुपम दशा के बहुत निकट पहुँच जाता है, जिसकी शीतल छाया में किसी प्रकार के दुख का टिके रहना असम्भव हो जाता है। इस ढंग से आध्यात्मिक ज्योति का अनुभव करते ही मेरे दिल से एक बहुत भारी बोझ टल–सा गया।'

(साभार : 'गुप्त भारत की खोज', पॉल ब्रंटन)

पॉल अपने अनुभव को दर्ज करते हैं–

'इस सुन्दर अनुभूति के बाद, समय बीतना महसूस नहीं हुआ। धीरे–धीरे गोधूलि का परदा पड़ने लगा। मेरे स्मृति पट के किसी

धुँधले कोने से एक आवाज़ उठती–सी मालूम हो रही थी कि इस देश में रात की जवनिका बहुत ही जल्द या अचानक आ गिरती है। तो भी, मुझे इस बात की कोई भी चिन्ता नहीं थी। मैं इस बात से सन्तुष्ट था कि मेरे बगलगीर योगी रामय्या मेरे साथ रह कर, मेरे रहनुमा बन, मुझे अन्तर्मुखी मार्ग पर आरूढ़ बना कर सार्वभौम श्रेय, शान्ति की ओर ले चलने के लिए तैयार हैं। कुछ देर बाद उन्होंने मेरे हाथ छू कर उठने के लिए इशारा किया। रात उतर आयी। चारों ओर घोर अँधेरा छा गया। रात के नीले परदे से घिरे हम दोनों उस निर्जन–एकान्त मरुभूमि में भटकते हुए घर की ओर चलने लगे। न हाथ में कोई रौशनी थी, न राह का कुछ पता ही। योगी रामय्या की उस स्थान की विचित्र जानकारी ही राह दिखैया थी। दूसरा समय होता, तो परिस्थिति ख़ौफ़ पैदा कर देती। क्योंकि रात के समय जंगल में रहने की पुरानी विकट स्मृतियाँ मेरे मन–पट पर अब भी अंकित थीं। उस समय मुझे मालूम पड़ता था कि निकट ही अज्ञात जन्तु समुदाय मेरे चारों ओर भटक रहा है।'

(साभार : 'गुप्त भारत की खोज', पॉल ब्रंटन)

भारत की आध्यात्मिक पूँजी–विरासत, कैलास–मानसरोवर की यात्रा में साथ है। यह स्मृति ही ऐसी जगहों की महान ऊर्जा–सम्पदा का स्रोत है। रमण महर्षि के आश्रम को छोड़ते समय पॉल ब्रंटन को कैसा महसूस हुआ? ब्रंटन बताते हैं–

'महर्षि के सामने बैठे–बैठे मैं ध्यान के संसार में डूब गया। एक अनिवार्य शक्ति से प्रेरित होकर मैं इस भौतिक जगत में उतर आया। धीरे–धीरे त्वरित भाव से मुझे अपने पास–पड़ोस का बोध हुआ। मैंने अपने को महर्षि के दलान में तब भी बैठा हुआ पाया। दालान सूना था। आश्रम की घड़ी पर मेरी निगाह पड़ी। भास हुआ कि आश्रमवासी ब्यालू करते होंगे। तब मेरी बायीं ओर किसी के उपस्थित होने की आहट मिली। वे वही 74 वर्ष के बूढ़े, भूतपूर्व स्टेशन मास्टर थे। वे मेरी बगल में ही फ़र्श पर बैठे करुणा भरी दृष्टि से मेरी ओर ताक रहे थे। उन्होंने मुझसे कहा–'आप क़रीब

दो घण्टे तक समाधि में लीन हो गये थे।' उनके चेहरे पर बुढ़ापे की झुर्रियाँ पड़ गयी थीं। उम्र भर की कठिनाइयों की छाप उस वृद्ध के शान्त मुखमण्डल पर दिखाई दे रही थी। उनके मुँह पर मुस्कान की चाँदनी छिटक गयी और मालूम पड़ता था कि वे आप भी आनन्द के भागी हो रहे हैं।

मैंने जवाब देने की चेष्टा की, किन्तु मैं यह देखकर चकित हो गया कि बोलने की मेरी शक्ति ही नहीं रही। पन्द्रह मिनट वाक्–शक्ति मेरे क़ाबू में नहीं आयी। तब तक उस वृद्ध ने अपनी बातें पूरी कर दीं। कहा–'अन्त तक महर्षि ने बड़े ग़ौर से तुम्हारे ऊपर अपनी दृष्टि गड़ायी थी। मेरा विश्वास है कि उनके विचारों ने तुम्हारी बड़ी मदद पहुँचायी है और तुम्हें सही राह पर चलाया है।'

(साभार : 'गुप्त भारत की खोज', पॉल ब्रंटन)

फ़िर पॉल आगे कहते हैं–

'महर्षि ने चौकी पर अपने आसन को कुछ ऊँचा कर लिया और एक के ऊपर दूसरा पाँव डाल, दाहिनी जाँघ पर अपनी कुहनी टेकी और हथेली पर चिबुक धरी। उनके गाल पर हाथ की दो उँगलियाँ लगी हुई थीं। हम दोनों की नज़रें मिलीं। वे तल्लीन होकर मेरी ओर ताकते ही रहे।

सोने का समय निकट था। आदत के अनुसार परिचारक दालान के लैम्प बुझाने लगा। तब महर्षि के प्रशान्त नेत्रों की अनूठी ज्योति ने एक बार फ़िर मेरे मन को हरा दिया। दालान की उस धुँधली रोशनी में वे दो दिव्य ताराओं के समान चमक रहे थे। मुझे स्मरण होने लगता है कि भारत के ऋषि प्रवरों की सन्तति के इस अन्तिम सितारे के आँखों–सी विलक्षणता और कहीं नहीं मिली। जहाँ तक नेत्रों में दिव्य शक्ति प्रतिबिम्बित हो सकती है, वहाँ तक सचमुच ही इस महात्मा की आँखों में वह प्रतिबिम्बित है। धूप–द्रव्यों की महक से भरा हुआ धुआँ चक्कर मेरे चारों ओर फैल रहा था। मैंने उन अनिमिष, अचंचल नेत्रों

की कान्ति की ओर टकटकी लगायी थी। इसी विचित्र दशा में कोई 40 मिनट बीते होंगे। हम दोनों मौन साधे थे। बातचीत की कौन–सी ज़रूरत ही थी, जब मौन व्याख्या ही से वस्तुसत्ता का ज्ञान हो रहा था। शब्द व्यवहार के बिना ही हम एक–दूसरे को अच्छी तरह समझ रहे थे। इस गम्भीर मौन दशा में हम दोनों के मन एक अति सुन्दर संगीत में लीन हो गये। इस चाक्षुष मनोग्रहण में मुझे एक सुस्पष्ट अनुक्त (बिना कहा हुआ) सन्देश मिल ही गया। जीवन के बारे में महर्षि के दृष्टिकोण की एक संस्मरणीय रहस्यभरी झाँकी मुझे मिल गयी। मेरा अभ्यन्तर जीवन उनकी ज्योति से मिलकर घुलने लगा।'

(साभार : 'गुप्त भारत की खोज', पॉल ब्रंटन)

इसी तरह महर्षि से अपनी एक और मुलाक़ात का ब्योरा देते हैं, ब्रंटन। उन्हीं के शब्दों में–

'गोधूलि के समय तक महर्षि के अतिरिक्त बाक़ी सबों से मैंने छुट्टी ले ली थी। मुझे इस बात की प्रसन्नता थी कि आध्यात्मिक आधार को पाने में मैं विजयी हुआ था। इस संग्राम में जीत पाने के लिए अपनी प्रिय विचार शक्ति को ताक पर रख कर अन्धविश्वास का मुझे आश्रय नहीं लेना पड़ा। लेकिन थोड़ी देर बाद मेरे साथ महर्षि आँगन में चलने लगे, तो मेरा सारा सन्तोष एकबारगी ग़ायब हो गया। यह महात्मा किसी अजीब ढंग से मुझ पर ग़ालिब हो गये। इस कारण इनसे विदा होते मेरे दिल में तूफ़ान–सा उठ रहा था। उन्होंने मुझे लोहे की जंजीरों से दृढ़ परन्तु अदृश्य बन्धनों द्वारा अपनी आत्मा से बाँध लिया। किन्तु वह भी एक भूले हुए मानव को सच्चाई का बोध करा कर, स्वस्थिति में कायम रखने के लिए था, उसे विमुक्त करने के लिए था, न कि बाँध कर रखने के लिए। वे मुझे मेरे अध्यात्म के कृपालोक में ले चले। मुझ मन्दबुद्धि पश्चिम की सन्तान

को उन्होंने अर्थरहित शब्द मात्र के रहस्य का उन्मीलन करके उसको एक जीती–जागती आनन्दमय अनुभूति में परिणत करने में बड़ी सहायता पहुँचायी।'

(साभार : 'गुप्त भारत की खोज', पॉल ब्रंटन)

पॉल आगे बताते हैं–

'विदाई का समय निकट था। मेरा दिल आगा–पीछा कर रहा था। मेरे हृदय में लहर मारने वाले अथाह भावावेग के कारण कुछ कहते नहीं बनता था। नील गगन में हमारे मस्तकों पर अगणित तारागण बिखरे हुए थे। उदीयमान चन्द्र के रजतमय प्रकाश की एक रेखा दूर दिखाई दे रही थी। वाम भाग में सन्ध्या काल के जुगुनू हर कहीं झाड़ियों के बीच में टिमटिमाते हुए चमक रहे थे। उनके बीच में से दीर्घकाय ताल–वृक्ष अपने पत्रमय (पत्तों से आच्छादित) उन्नत मस्तकों को उठाकर नीले आकाश से मूक सम्भाषण में लवलीन हो रहे थे।

मेरे काया पलट की एक अद्‌भुत कहानी यहीं समाप्त होती है। किन्तु मेरा विश्वास था कि निरन्तर भ्रमणशील कालचक्र के फेर में मैं, यहाँ फ़िर आऊँगा ही। मैंने अपने हाथ उठाकर आचार के अनुसार प्रणाम किया और थोड़े शब्दों में विदाई की सूचना दी। महर्षि मुस्कराये और अचल दृष्टि से मेरी ओर ताकने लगे। किन्तु उनके मुँह से एक शब्द भी नहीं निकला। आख़िरी बार महर्षि की ओर एक दृष्टि, लैम्प की उस धुँधली कान्ति में खड़े होने वाले दिव्य नेत्र वाली तेजोमूर्ति की ओर एक आख़िरी चितवन, और विदा होने का मेरा इशारा, उत्तर में उनका दाहिना हाथ उठा और संकेत करना, फ़िर मेरा बिछड़ना। फाटक पर आकर मैं एक बैलगाड़ी पर चढ़ा। गाड़ीवान ने उन बेचारे बैलों को कोड़ा लगाया। वे आश्रम की पवित्र भूमि से होकर शहर

की सड़क पर आ गये और मल्लिका की भीनी महक सुरभित भारत की उस उज्ज्वल रात में अपने गन्तव्य स्थान की ओर दौड़ने लगे।'

(साभार : 'गुप्त भारत की खोज', पॉल ब्रंटन)

जीवन महज़ वही नहीं है, जो हम देखते हैं, मन की ताकत, प्रकृति का साहचर्य, दुर्लभ सन्तों के सान्निध्य की अनुभूति को भी शब्द कहाँ निरूपित कर सकते हैं? फ़िर भी पॉल ने महर्षि से मिलने, अलग होने, महर्षि के साथ के क्षणों का जो चित्रण किया है, पश्चिमी वैज्ञानिक दृष्टि से माप–तौल व छान कर, आज से लगभग 100 वर्षों पहले, वह भारतीय अध्यात्म की विरासत व ऊर्जा है। आज की बेचैन, आत्मकेन्द्रित व आत्मलीन दुनिया में दुनिया और उपभोक्तावादी–भौतिकवादी मानस को नयी दृष्टि और ऊर्जा देती हैं, पॉल की रचनाएँ।

'ए हरमिट इन द हिमालयाज' (हिमालय में एकान्तवासी या संन्यासी) में पॉल ब्रंटन लिखते हैं–'मौन संवाद सबसे प्रभावी है, बातचीत या भाषण नहीं।' हिब्रू बाइबल का एक उद्धरण भी वह देते हैं कि 'शान्त–स्थिर हो, तब जानें कि ईश्वर क्या है?' वह बताते हैं, 'मेरे पथ प्रदर्शक ने कहा, इसके लिए हिमालय जाओ और प्रकृति के लय के साथ लीन हो जाओ, निःशब्द तब जानें कि ईश्वर खुद हूँ।'
फ़िर वह आगे उल्लेख करते हैं–

'अनन्त काल से भारतीय ऋषि, मुनि, तपस्वी, जंगलों, पहाड़ों और हिमालय में जाते रहे हैं। ध्यान, मौन व एकान्तवास के लिए। इस कारण मेरा विचार हुआ कि बर्फ़ आच्छादित कैलास (तिब्बत के हिस्से में) जाऊँ। यह समस्त एशिया में हिन्दुओं और बौद्धों के लिए सबसे पवित्र जगह है। कैथोलिक क्रिश्चियन लोगों के लिए जो महत्त्व रोम का है, मुसलमानों के लिए मक्का का, यहूदियों के लिए यरूशलम का, वही कैलास हिन्दुओं के लिए है। यह निर्वाण–मुक्ति का पर्वत है। ईश्वर और उनके देवदूतों का निवास भी। निर्वाण या मुक्ति इसके बर्फ़ीली चट्टानों

पर प्रतिष्ठित है। यह महज़ अन्धविश्वास नहीं, इस मान्यता या धारणा के पक्ष में अन्तरभूत या गुह्य (गुप्त) कारण या आधार हैं।'
(साभार : 'ए हरमिट इन द हिमालयाज', पॉल ब्रंटन)

फ़िर पॉल, कैलास का महत्त्व बताते हैं–

'खुद बुद्ध ने अपने शिष्यों से कहा कि जो ध्यानमग्न होना चाहते हैं, निर्वाण के इच्छुक हैं, वे कैलास जायें। वह कैलास का तिब्बती अर्थ स्पष्ट करते हैं, 'बर्फ़ आच्छादित अलंकार, गहना, मणिरत्न या अनमोल चीज़ें। मशहूर तिब्बती योगी मिलारेपा ने यहीं की एक कुटी या गुफा में साधना की थी।'

पॉल, रमण महर्षि को अपना गुरु मानते थे। कैलास के महत्त्व को बताते हुए वह उल्लेख करते हैं कि दक्षिण भारत में 'अरुणाचल पर्वत' को प्राचीन भारतीय पुस्तकों में 'दक्षिण कैलास' कहा गया है। इसका बड़ा गहरा आध्यात्मिक रिश्ता–सम्बन्ध, तिब्बत के कैलास से है। उल्लेखनीय सांस्कृतिक सम्बन्ध है। इस तरह कैलास–मानसरोवर से भारत का संवेदनशील या रागात्मक सम्बन्ध–भाव है। इस कारण कैलास जाना, पॉल ब्रंटन का पवित्र ध्येय बन गया। इस कैलास–मानसरोवर यात्रा की अनुमति के लिए पॉल ब्रंटन हर सम्भव कोशिश करते हैं। पर, दिल्ली की ब्रिटिश सरकार उन्हें तिब्बत जाने की अनुमति नहीं देती। फ़िर वह वायसराय से अपील करते हैं। पॉल की चर्चित पुस्तक 'ए सर्च इन सीक्रेट इंडिया' वायसराय ने पढ़ी है। जानते हैं। सम्मान करते हैं। पॉल के 'स्पेशल परमिट को खेद व्यक्त करते हुए इसलिए ख़ारिज कर देते हैं कि तिब्बती, किसी भी यूरोपवासी के पवित्र तिब्बत में आने के ख़िलाफ़ हैं।'

पॉल ब्रंटन कैलास दर्शन के लालायित थे। वह हिमालय की तलहटी से लन्दन बैठे 'सेक्रेटरी ऑफ़ स्टेट फॉर इंडिया' से अनुमति माँगते हैं। वह भी पॉल ब्रंटन की आध्यात्मिक रुचि से वाक़िफ़ हैं। पॉल के आध्यात्मिक खोज–लेखन से भी। पर, वह भी बहुत साफ़गोई और विनम्रता से पॉल को सन्देश देते हैं कि अगर ब्रिटेन की सरकार तिब्बत

से अनुरोध करे, वह ख़ारिज हो जाये, तो सही नहीं होगा। बाद में पॉल एक भारतीय योगी से सम्पर्क करते हैं। उनके साथ कैलास जाने की योजना बन चुकी थी। वह सुझाव देते हैं कि गेरूआ वस्त्र पहन कर, पॉल चोला बदल लें, फ़िर उक्त योगी के साथ वह निर्भय हो कर यह यात्रा कर पायेंगे। पर, पॉल सहमत नहीं होते। पुनः वह एक तिब्बती मित्र से सम्पर्क करते हैं, जो पॉल की आध्यात्मिक रुचि और पुस्तकों से परिचित हैं। वह रास्ते के बौद्ध मठों–लामाओं को पत्र लिख चुके हैं। पर, ल्हासा की सरकार को वे सहमत नहीं करा पाते, पॉल ब्रंटन को कैलास यात्रा की परमिट दिलाने में। अन्त में पॉल कहते हैं कि जब मैं अपने गुरु रमण महर्षि के आश्रम से विदा ले रहा था, तो अचानक एक दिन पहले उन्होंने कहा, 'कैलास पर्वत, तो तुम्हारे अन्दर है।' इसके बाद टिहरी–गढ़वाल हिमालय की निर्जन जगह के सानिध्य में पॉल एकान्तवास करते हैं, जहाँ अद्‌भुत प्राकृतिक सौन्दर्य है।

पॉल ब्रंटन अपनी इसी पुस्तक 'ए हरमिट इन द हिमालयाज' के दसवें अध्याय में बताते हैं कि वह हिमालय प्रवास में हैं। वहीं उनसे मिलने योगी प्रणवानन्द आते हैं। कश्मीर से माउंट कैलास की उनकी यात्रा का उल्लेख करते हैं। पश्चिमी तिब्बत में प्रणवानन्द जी की यात्राओं का प्रसंग बताते हैं। फ़िर यह भी कहते हैं कि कैसे उनके गुरु महाराज उस बर्फ़ में वहाँ नंगे बदन रहते और साधना करते थे।

पॉल बताते हैं कि स्वामी प्रणवानन्द के साथ ही उन्होंने कैलास यात्रा की योजना बनायी थी। स्वामी जी यह जानकर बहुत ही निराश हुए कि मुझे तिब्बत जाने का 'परमिट' नहीं मिला। उन्हें यक़ीन हो गया कि सरकार का यह फैसला अन्तिम है, तो स्वामी जी ने अकेले कैलास जाने का निर्णय किया। उनके लिए प्रवेश आसान था। उनका कद काठी, व्यक्तित्व प्रभावशाली था। उनकी बड़ी–बड़ी आँखों में चमक थी। तेज़ था। चेहरे पर घनी दाढ़ी। वह भगवा वस्त्र पहने थे। उनका गम्भीर चेहरा अत्यन्त प्रभावी था। दीप्तिपूर्ण आभा। उन्हें कैलास पर्वत और मानसरोवर से रागात्मक लगाव–प्रेम है। इसके पहले वह, दो बार

कैलास–मानसरोवर हो आये हैं। पहली बार 1928 में। जब वह सबसे लम्बे मार्ग से गये। पश्चिमी रास्ता, कश्मीर, गरटोक, कैलास, फ़िर कश्मीर। पुनः 1935 में दक्षिण मार्ग से। जो अपेक्षया छोटा, सुरक्षित और कम चुनौतियों वाला था। अल्मोड़ा होते हुए। इस बार वह तीसरी बार जा रहे थे। अबकी यात्री के रूप में नहीं, पूरे एक वर्ष रहने और साधना के लिए जा रहे थे। वहाँ का सबसे बड़ा बौद्ध विहार या मठ उनका प्रवास होगा। वह अकेले हिन्दू योगी होंगे, जिन्हें तिब्बतियों ने विशेष आदर के साथ अनुमति दी है। वह, तप, ध्यान, अध्ययन और एकान्तवास में अपना वक़्त गुज़ारेंगे। प्रणवानन्द जी साल के दो तिहाई हिस्से भारत से कटे रहेंगे। कारण, भारी बर्फ़बारी से पश्चिमी तिब्बत का रास्ता व दर्रे ही बन्द हो जायेंगे। पॉल उनसे कहते हैं, भयानक ठण्ड में आप कैसे रहेंगे? पर, प्रणवानन्द जी आश्वस्त और बेफ़िक्र हैं। कैलास का उल्लेख होते उनकी आँखों में श्रद्धा, आदर और प्रेम उमड़ पड़ता है। एक अद्‌भुत चमक और ख़ुशी की लौ। वह कहते हैं, 'कैलास दुनिया में मेरे लिए सबसे प्रिय और श्रेष्ठ जगह है। मेरी मातृभूमि से भी अधिक प्रिय।' फ़िर वह बताते हैं कि पिछली यात्रा में भयावह ठण्ड, खाने के अभाव, बुनियादी ज़रूरत की चीज़ों के उपलब्ध न होने के कारण, वह आदिम इनसान की तरह बिना ज़रूरी चीज़ों–सुविधाओं के रहे। पर, जब कैलास प्रवास की अवधि ख़त्म हुई, तो स्वामी प्रणवानन्द को लगा कि उनके अब तक के जीवन का सबसे बड़ा दुख, कैलास से यह बिछोह–विदाई है। वह बताते हैं, कि भारत के सभी तीर्थस्थलों पर घूमा, पर कैलास जैसा आध्यात्मिक आलोक, ऊर्जा या तेज़ कहीं और नहीं है। वह याद करते हैं, मानसरोवर के नीले–हरे जल में सूर्यास्त का जो दृश्य दिखता है, वह सृष्टि में शायद अनोखा है। ऐसा लगता है कि दो भव्य पर्वतों, उत्तर कैलास और दक्षिण गुरुला मान्धाता के बीच कोई बड़ी मणि या पन्ना अस्त हो रहा है। अस्त होते सूर्य की वे देदीप्यमान किरणें मानसरोवर की सतह पर अलौकिक व रहस्यपूर्ण तरंगें व दृश्य

पैदा करती हैं। दुनिया में कहीं इससे सुन्दर जगह नहीं। स्थानीय लोकोक्ति है कि महाबोधि अब भी सूक्ष्म शरीर में यहाँ रहते हैं। यहाँ का जीवन्त आध्यात्मिक माहौल आत्मविभोर कर देता है। मस्तिष्क शान्त हो जाता है। इस माहौल में अपने आप आनन्द विभोर हो जाता हूँ। इस कारण साधना के लिए श्रेष्ठ बौद्ध मठ, मानसरोवर के तट पर ही बने हैं। प्रणवानन्द जी पॉल ब्रंटन को कहते हैं कि इस बार आप मेरे साथ चले होते, तो अलौकिक आनन्द के सागर में होते।

तिब्बत तो रहस्यों–तन्त्रों का मुल्क माना जाता रहा है। कैलास–मानसरोवर, तो सन्तों–तपस्वियों के लिए सबसे पूज्य, कठिन व रहस्य से भरा तीर्थ स्थल है। चीन से रिश्ते ख़राब होते ही '62 में यह यात्रा रुक गयी थी। उन दिनों बिमल दे ने एकाकी यात्रा, जिन परिस्थितियों में की, व जो चीज़ें देखीं, अनुभव किया, जिनसे गुज़रे, वे उन्हीं के शब्दों में पढ़कर इनसान को हैरत होती है। तिब्बत के रहस्यों व चमत्कारों को जानकर। 'महातीर्थ के अन्तिम यात्री (ल्हासा–कैलासनाथ–मानसरोवर)' पुस्तक में महान यात्री बिमल दे ने अनूठे साधु–सन्तों से मुलाक़ात का ब्योरा दिया है। कुछेक सन्त थे। कुछेक के बारे में आधिकारिक कहना कठिन होगा। यह रहस्यों का संसार है। एक बार रात में यात्रा करते हुए बिमल दे एक मठ में दाख़िल हुए। उन्होंने इसका रोमांचक अनुभव दर्ज किया है–

> *'मैं मठ में दाख़िल हुआ। मन्दिर का भारी दरवाज़ा ठेलते ही वह भीतर की ओर खुल गया। अन्दर दीवाल के कोने पर रखे दीपाधार में एक दीया जल रहा था। दरवाज़ा बन्द कर मैं दीपक के पास पहुँचा। उसे हाथ में उठाना चाहा, तो वह उठा नहीं, लगता था कि सैकड़ों वर्षों से वह घी जम–जम कर दीपाधार और दीपक को वहाँ सीमेंट की तरह जकड़ लिया था। झटका देने से दीपक बुझ जाता। फ़िर भी यहाँ एक जलता हुआ दीया था, यही तसल्ली थी। इधर–उधर तलाशता हुआ मैं, प्रधान वेदी के सामने पहुँचा, वहाँ सहस्र दीये का एक बुझा हुआ दीपाधार*

भी था। अन्दाज़ से मैं प्रार्थना वेदी पर पहुँचा, सोने के लिए यही उत्तम स्थान होगा। कम्बल ओढ़कर मैं लेट गया। और दिनों की तुलना में मैं, आज उतना थका हुआ नहीं था। सारा दिन बच्चों की टोली के बीच मैंने मज़े में खाते–पीते विश्राम करके बिताया था। एक तो थकावट नहीं थी, दूसरे ठण्ड से मैं इस तरह ठिठुर रहा था कि सोना दूभर हो गया। दो बार उठकर मैंने दीपक की क्षीण लौ में हाथ सेंका। मैंने हर मुद्रा में सोने का प्रयत्न किया, किन्तु लगा कि मैं किसी मठ में नहीं, साँपों के बीच में हूँ। क्रमशः मैं ठकठका कर काँपने लगा था। जब किसी भी तरह सोना सम्भव नहीं हुआ, तो मैं अपनी झोली लेकर उठा, सोचा कि ठण्ड में इस तरह सिकुड़ते रहने से, तो अच्छा यही होगा कि आगे का रास्ता नापूँ। चलने से ठण्ड भी कम लगेगी। जब मैं कमरे में आया था, दीपक दरवाज़े से दायें में मिला था, यह मुझे स्पष्ट याद था। मैंने तभी इस पर ध्यान दिया था कि इस अँधेरे कमरे से निकलने के लिए दीपक से बायें जाने पर दरवाज़ा मिलेगा। मैं अपने हिसाब से बढ़ा, किन्तु दरवाज़ा नहीं मिला। टटोलते हुए दीवार पर लटकते तंखाओं पर हाथ पड़ने लगा, किन्तु दरवाज़ा नहीं मिला। सोचा कि शायद मैं ग़लत दिशा में आ गया हूँ, अतः दीये के पास लौटा। एक ही दीया था अतः मुझे भूल नहीं होना चाहिए। दुबारा भी प्रयत्न करने पर दरवाज़ा नहीं मिला, तो सोचा कि ग़लती हर इनसान से होती है। शायद दीया दरवाज़े से बायें था। मैंने दायें समझा था। अतः विपरीत दिशा में बढ़कर दरवाज़ा ढूँढ़ता रहा, किन्तु अँधेरे में मैं, विभिन्न मूर्तियों को स्पर्श कर रहा था। काफ़ी देर तक दीवालों को टटोलकर भी मैं दरवाज़ा नहीं पा सका। निराश होकर मैं प्रार्थना वेदी पर वापस आ गया। सुबह देखा जायेगा, अब यहीं पड़े रहने के सिवाय उपाय ही क्या है? अँधेरे में उस दीये की रौशनी इतनी अपर्याप्त थी कि कुछ समझ में नहीं आ रहा था

कि दरवाज़ा किस ओर है। किन्तु बैठते ही फ़िर कँपकँपी छूटने लगी। मैं वक्रासन, मयूरासन और पश्चिमोत्तासन करने लगा, इसका फल अच्छा हुआ। ठण्ड से कुछ राहत मिली और झपकी भी आ गयी। नींद खुली, तो सुखद आश्चर्य हुआ कि कमरे में से ठण्ड की ठिठुरन ग़ायब हो गयी थी। भोर में तो ठण्ड की मात्रा बढ़ती ही है, फ़िर यह कैसे सम्भव हुआ? दुख भरी रातें अधिक लम्बी होती हैं। क्या मैं गाढ़ी नींद सो गया था, सूरज चढ़ गया है। वह दुखद रात इतनी जल्दी कैसे ख़त्म हो गयी। मैंने कम्बल से सर निकाला। आँखें खोलीं, तो मेरे विस्मय का ठिकाना न रहा। वेदी के जिस गद्दी पर मैं लेटा था, उसके बगल में एक साधु बैठे थे और उनके सामने एक कड़ाही में लाल–लाल तपते अंगार थे। मैंने उठकर उनके पाँव छुये, फ़िर मैं उनकी बगल में बैठकर बोरसी (अँगीठी) की आग का स्वर्गीय ताप लेने लगा। उस आँच में संन्यासी का सुन्दर मुखड़ा चमक रहा था। वे किसी देवता की तरह लग रहे थे। मुझे सोचना अच्छा लगा कि वे शायद महातीर्थ के यात्री हैं। देर रात में यहाँ आश्रय लिये होंगे। आँच पाकर मैं धन्य हो गया।'

(साभार : 'महातीर्थ के अन्तिम यात्री', बिमल दे)

फ़िर बिमल दे ने क्या महसूस किया, उन्हीं के शब्दों में–

'मैंने मुस्कराकर अपनी कृतज्ञता जतायी। जटाधारी संन्यासी के बाल बहुत लम्बे थे, तिब्बत में ऐसा साधु मुझे पहली बार दिखा। उनसे बातें करने की इच्छा हो रही थी, किन्तु आग सेंकते हुए मुझे नींद ने धर दबोचा। साधु ने भी मुझे इशारे से सोने को कहा। मैं सो गया। सुबह गाँव के बच्चों ने आकर मुझे जगाया। ये बच्चे थे, जो पिछली शाम पिकनिक स्थल से मेरे साथ आये थे और मुझे मठ के बाहर छोड़ गये थे। उनके साथ दो लड़कियाँ भी आयी थीं जो मेरे लिए मक्खन, रोटी और गुड़ ले आयी थीं। सुबह उठकर ऐसा खाना मिले तो और क्या चाहिए? मैंने तृप्त होकर खाया, उनके लिए प्रार्थना की। वे बच्चे भी समवेत कण्ठ

में प्रार्थना करने लगे, तो वह कमरा प्राणवन्त हो उठा। सहसा मुझे रात वाले जटाधारी संन्यासी की याद आयी। सम्भवतः वे तड़के ही चले गये थे। खुले दरवाज़े से बाहर का प्रकाश अन्दर आ रहा था जिससे कमरा आलोकित हो गया था। दरवाज़ा इतना क़रीब था और रात में इसे मैं, ढूँढ़ ही नहीं पा रहा था। मैंने सोचा कि कमरे से निकलने के पहले निश्चय कर लूँ कि दीपक दरवाज़े से दायें था या बायें, मुझे रात में भ्रम क्यों हुआ। किन्तु इस अनुसन्धान से मुझे एक और झटका लगा, कमरे में न कहीं दीपक था, न दीपाधार! मेरे शरीर में झुरझुरी–सी दौड़ गयी, यह कैसा तिलस्मी कमरा था?'

(साभार : 'महातीर्थ के अन्तिम यात्री', बिमल दे)

बिमल दे की दूसरी किताब है–'महातीर्थ के कैलासबाबा'। इसमें कैलासबाबा के साथ अपना अनुभव वह साझा करते हैं। वह एक बार कैलासबाबा के साथ गंगाचु (गंगाछ्चु) नाम की एक नदी के संगम में पहुँचे। वह बताते हैं–

'इस गंगा का भारत की गंगा नदी के साथ कोई सम्पर्क नहीं था। गंगाचु ने राक्षस सरोवर (राकसताल) व मानसरोवर को मिलाया था। मानसरोवर में पानी अधिक हो जाता तो अतिरिक्त पानी गंगाचु से होकर राक्षस सरोवर में चला जाता। गंगाचु के किनारे खड़े होकर बाबा बोले–'चल, कपड़े उतार कर पानी में उतर जा।' उनके इस आदेश से मैं घबराया, मन–ही–मन सोचा कि यदि मैं उस पानी में उतरा तो फ़िर जीवित दशा में पानी से बाहर नहीं आ पाऊँगा। किन्तु यह आदेश शिव तुल्य कैलासबाबा का था, उनके प्रति मन में शंका उदय होना भी पाप है। बाबा की आज्ञा है, वे मेरे सामने हैं, अतः काहे का भय? हिम्मत बाँधकर मैंने चादर उतारी, फ़िर कपड़े उतारने लगा, और इसी बीच मुझे आश्चर्य में डालते हुए बाबा ख़ुद उस पानी में कूद गये। वे आनन्द के साथ नहा रहे थे। कपड़े उतारकर मैं धीरे–धीरे पानी में उतरा। अद्‌भुत था वह पानी। पानी ठण्डा तो नहीं ही था,

बल्कि कुछ गरम था। चारों ओर बर्फ़ का साम्राज्य और गंगाचु नदी के उस भाग का पानी इतना गरम, इससे अधिक आश्चर्य की और क्या बात हो सकती थी। इसी को दैवी व्यवस्था कहते हैं। थके हुए यात्रियों की थकान मिटाने के लिए प्रकृति ने क्या अनुपम व्यवस्था कर रखी थी। मैं आनन्द से डुबकियाँ लगाने लगा। बाबा ने बताया कि कैलास खण्ड के इस पुण्यस्नान से नास्तिक भी आस्तिक बन जाते हैं।'

(साभार : 'महातीर्थ के कैलासबाबा', बिमल दे)

इसी कड़ी में मुझे सत्यानन्द जी का एक छोटा लेख याद आता है। मैं संन्यासी हूँ।' 'योग वेदान्त' (अंक–मार्च, 1954) में छपा–

'देवों पर मनुष्य ने विजय पायी, समुद्रों को उसने पार किया, आकाश की असीमता को नापा, समुद्र की गहराई खोजी, प्रकृति के तत्त्वों को पहचाना, धर्मों को धारण किया, दुखों पर विजय पाई, जीवन और मृत्यु के दोनों किनारों को जीवन की कड़ी से जोड़ा, देवत्व को पहचाना, अनन्त जीवन के परमाधार तत्त्व को खोज लिया। सब कुछ पाया, सब कुछ खोया, सब कुछ देखा। फ़िर भी मनुष्य अधूरा है, उसका जीवन अपूर्ण है, उसकी आशाएँ असन्तुष्ट हैं। मृत्यु उसके अन्त में है; और जन्म उस मृत्यु का अभियान। जीवन के लिए मरण है, और मरण के लिए जीवन। न धर्म, न कर्म, न योग, न विज्ञान, न मन्त्र, न तन्त्र–कुछ भी नहीं, जो जीवन को पूर्ण बना सके। आत्मनिष्ठ जीवन के नाम पर, योगनिष्ठ जीवन के नाम पर मानी गयी पूर्णता भी बँधुआ पुत्र के समान सम्पन्न और शिक्षित है (अर्थात है ही नहीं)। यह अभी तक समस्या है, इसका समाधान करने वाला अभी तक हुआ नहीं। योगी, तपस्वी, ज्ञानी, महात्मा, वैज्ञानिक सभी हार गये। अनन्त की असीमता के समान यह भी एक रहस्य है। हम या तो जीवन की व्यक्तिगत खोज में खो गये, या जीवन की भौतिक खोज में हार गये, या जीवन की आनन्दमयी सत्ता में सब कुछ भूल गये। किसी ने आत्मा को पहचाना, किसी ने

परमात्मा को। किसी ने ईश्वर को जाना, कोई प्रकृति में भटकता रह गया। कोई अनन्त ब्रह्माण्ड को खोजने चला, किसी ने विशाल जलराशि के अन्दर छिपे हुए संसार को खोजा, तो किसी ने विशाल वायुमण्डल की परिधि को। किसी ने शान्ति खोजी, किसी ने विप्लव मचाया। पर, जीवन की अनन्तमुखी खोज आज तक किसी ने नहीं की। जीवन का विकास कुछ ही कोनों तक सीमित रहा। हिन्दू मुसलमान नहीं बन सका, न मुसलमान हिन्दू। न गृहस्थ संन्यासी बना, न संन्यासी गृहस्थ। किसी ने संसार को सत्य बताया, किसी ने असत्य। किसी ने कहा—एक है, तो किसी ने कहा—बहुत, तो किसी ने कहा—है ही नहीं। ज्यों—ज्यों हम खोजते गये, त्यों—त्यों हम खोते गये। जैसे—जैसे हमें ज्ञान मिला, वैसे—वैसे हम अज्ञानी बने। आज युगों की खोज के बाद भी, योगियों, ज्ञानियों, वैज्ञानिकों और महात्माओं की सम्पन्न परम्परा के बावजूद भी जीवन का रहस्य खुला नहीं। पर, आज हमें इस जटिलता को दूर करना है। हम समझ गये कि जीवन महान है, जटिल नहीं, किन्तु अत्यन्त सरल। हम समझ गये, जीवन पवित्र है, कलंक नहीं, अभिशाप नहीं, किन्तु एक सुन्दर वरदान। इन योगियों, वैज्ञानिकों, दार्शनिकों, ब्रह्मवेत्ताओं, तत्त्व ज्ञानियों, भक्तों और शास्त्रकारों ने जीवन को सँवारना चाहा। पर, इससे क्या? जीवन का असली स्वरूप तो छिप गया न? हम जीवन के ऊपर चढ़े हुए युगों—युगों के इन रंगों को निकालेंगे, इनको बहा देंगे—धर्म रूपी उपाधियों को, वेदों और शास्त्र की युक्तियों को, सन्तों की अनुभूतियों को। और हम देख लेंगे जीवन का वास्तविक स्वरूप। जीवन सरल है, सादा, पवित्र। कण—कण में ओत—प्रोत और अनुप्राणित है। जीवन व्यापक है और सत्यनिष्ठ। इसके ऊपर चढ़े हुए आवरण तो आडम्बर हैं, दम्भ और पाखण्ड हैं। अरे, जीवन को चलने दो, जैसे चलता है, चलना चाहता है। रहने दो अपना ज्ञान, अपनी फ़िलॉसफ़ी, अपनी आध्यात्मिकता, अपना सामाजिक

नियम और अपनी धार्मिकता। चलने दो मेरा जीवन, जैसे सुन्दर बचपन। मुझे पक्षियों की तरह उड़ना अच्छा लगता है। रहने दो मुझे अज्ञानी, मुझे नहीं चाहिए तुम्हारा ज्ञान। नहीं चाहिए तुम्हारी विद्वात्ता। मुझे तो जंगल में बसना ही प्रिय है। पक्षियों के कल–कूजन के साथ गा लेने दो, मुझे रोको मत। सूखे पत्ते की चरमराहट में मुझे दौड़ने दो। रोको मत। उगते हुए सूरज के सामने मुझे प्रकृति की ओर दृष्टिपात करने दो। वृक्षों के पत्तों, सरिता के जल और आकाश की वायु पर मुझे जीने दो। रहने दो अपनी सभ्यता, रहने दो अपना बड़प्पन, रहने दो अपनी कीर्ति और अपना धर्म। मुझे बाँधो मत, मुझे जाने दो, जहाँ मैं चाहूँ। अपने सामाजिक नियमों के बन्धन में मुझे मत बाँधो, अपने धार्मिक विश्वासों में मुझे मत भुलाओ, अपनी वैज्ञानिक खोज से मुझे हराओ मत।

मैं उन्मुक्त गगन का पंछी, मैं अजस्र अमृत धारा,
मैं प्रशान्त सामोद सनातन, मैं खुशियों का दीप्त सितारा।
जा रे क्रन्दन विरह वेदन, ध्वस्त हुई कष्टों की कारा,
कहाँ रहे अब काँटे पथ पर, फूलों से पथ गया सँवारा
मैं संन्यासी हूँ! मैं संन्यासी हूँ!'

(साभार : 'योग वेदान्त', अंक–मार्च, 1954)

कैलास–मानसरोवर यात्रा पर क्यों आया? क्या मन में सहज जिज्ञासा थी, सिर्फ़ देखने की या फ़िर रुचि थी? क्या पारिस्थितिक व पर्यावरण अध्ययन से प्रेरित था, या फ़िर हिमालय के ऐतिहासिक–सांस्कृतिक पक्षों को जानना था? क्या बौद्ध धर्म का आकर्षण था, या फ़िर सामाजिक–धार्मिक–आर्थिक पहलुओं में रुचि थी? क्या भूगर्भ या भूगोलशास्त्र अध्ययन–मनन से प्रभावित था, या फ़िर आध्यात्मिक आकर्षण था? क्या यात्रा साहित्य से उपजे आकर्षण के कारण मन में यह सहज व स्वाभाविक उपज थी, या फ़िर राहुल सांकृत्यायन, भगवतशरण उपाध्याय, काका कालेलकर, कृष्णनाथ जी, शेखर

पाठक एवं उनकी सम्पादित पत्रिका 'पहाड़' के समृद्ध आलेखों समेत देश–विदेश के अन्य जाने–माने लेखकों के यात्रा–वृत्तान्तों ने यहाँ आने की पृष्ठभूमि तैयार की? क्या हिमालय के साधु–सन्तों–संन्यासियों के आत्म–विवरण, जीवन वृत्तान्त–अनुभव, पढ़ने–सुनने की ललक की वजह से यहाँ आना हुआ?

सही स्वीकारोक्ति यह है कि निजी स्तर पर यह 'भाव यात्रा' थी। हिमालय के प्रति। भारत की समृद्ध आध्यात्मिक जिज्ञासा के प्रति गहरी आस्था रही है। जन्मना। बचपन से ही कैलास–मानसरोवर दर्शन के माहात्म्य और महत्त्व की विरासत, भारतीय परिवेश में औसत इनसान को मिलता है, उसके प्रति। आस्तिक परिवारों में जन्मने के बावजूद, युवापन का मानस, अविश्वास और नकारने में गुज़रा। शायद बर्ट्रेंड रसेल ने कहा था, युवापन में जो साम्यवादी नहीं हो और वयस्क होते ही यथार्थवाद के कारण उसका इससे मोहभंग न हो, वह जीवन का सही रूप नहीं देख पाता।

बचपन, गंगा–घाघरा दो नदियों से घिरे गाँव या दियारे–दोआब में गुज़रा। गाँव के आगे ही लोक मानस की इन पवित्र नदियों का संगम है। इस कारण यह क्षेत्र साधु–सन्तों का प्रिय था। कच्ची उम्र की स्मृतियों में है, साधु–सन्तों का आना। साथ में सिर्फ़ कमण्डल, भिक्षापात्र, कौपीनधारी। गेरुआ रंग के कपड़े। कन्धे में एक झोली टँगी। इससे अधिक कोई वस्तु साथ नहीं। न संचय, न सम्पदा। न भविष्य की चिन्ता। आग्रह पर कहीं एकाध दिन एकान्तवास करते। फ़िर कहते रमता योगी, बहता पानी। सब ऐसे नहीं थे। पर, कुछेक विलक्षण होते। कई दक्षिण भारत के बताये जाते। कुछेक की साधना, उपस्थिति, चेहरे की भव्यता का अहसास उनकी उपस्थिति कराती। न कोई चाहत, आकांक्षा या माँग। जो खाने को मिला, उससे ही सन्तोष या तृप्ति। न धन, न यश, न दुनियावी कामना। यह भाव–जीवनशैली मानस पर छाप छोड़ती। आज के मठाधीश सन्तों की तरह नहीं। अध्यात्म का अपढ़ परिवेश में उदार स्वरूप था। धर्म की रूढ़ियों से आबद्ध नहीं। उपनिषदों के अर्थ में जीवन रहस्य या संसार को जानने की लालसा।

उन्हीं दिनों एक सन्त आये। त्यागी बाबा। वह गाँव से दूर, सरयू किनारे रहने लगे। लोगों ने आग्रह कर फूस की कुटिया बना दी। घोर, बियाबान जंगल जैसी जगह। मीलों–मील सुनसान। सामान्य दिनों में भी वहाँ से दिन में अकेले गुज़रना भय पैदा करता। वह वहीं रहे। कुछेक दिनों बाद चुपचाप कहीं चले गये। बिन बताये। एक गृहस्थ सन्त, चाचा (जिन्हें हम 'लाला' पुकारते) के साथ जा कर उनका दर्शन किया था। जाड़े के दिन थे। रास्ते में बरसात मिली। एकमात्र पैदल यात्रा ही गाँव का जीवन था। लम्बा रास्ता। हम भीग गये थे। कुटिया पर पहुँचे। वहाँ आग जली (धूनी) हुई थी। मौजूद लोगों से बाबा ने पहले ही बता दिया था, कुछेक लोग आ रहे हैं। भीग गये हैं। आग जला कर रखो। फ़िर नदिया (मिट्टी के छोटे बर्तन) से प्रसाद हमें दिया गया। पता चला, दिन में जब भारी भीड़ हो जाती है, तब भी इस नदिया से प्रसाद सबको बाँटा जाता है, घटता या ख़त्म नहीं होता।

बाबा उस सुनसान, भय पैदा करने वाली जगह में रात में अकेले रहते। किसी को साथ नहीं रखते। यह सरयू प्रवाह का किनारा था। पूजा–पाठ, एकान्त साधना। रात में अकेले। सुबह गाँव के लोग आते। बाबा कभी अपने बारे में नहीं बताते थे। महज़ कहते, सन्तों–साधुओं–संन्यासियों का अतीत नहीं होता। एक बार लोगों ने पूछा, क्या आपने ईश्वर को देखा है? वह साधना–तप–भ्रमण क्रम में पैदल ही काफ़ी घूमे थे। तीर्थों–धार्मिक स्थलों की यात्रा में। कुम्भ स्नान में। लगभग देश भ्रमण किया था। उन्होंने गाँव के लोगों को अपने जीवन के तीन सर्वाधिक कठिन, संकट के क्षणों–परिस्थितियों की घटनाएँ सुनाईं। बताया, ईश्वर को प्रत्यक्ष नहीं देखा। पर, उन संकटों में कोई अनजान उन्हें अयाचित हल या रास्ता, मिल कर बता गया। आधी रात के निर्जन पहर में यात्रा क्रम में, जब उनसे विदा हुआ, तब चेतना जगी कि अचानक आधी रात, मिलने वाले, मदद करने वाले यह थे, कौन? इन घटनाओं से मेरा यक़ीन पुष्ट हुआ कि यह जगत, किसी सर्वशक्तिमान शक्ति से ही संचालित है। यहाँ अनायास या आकस्मिक कुछ भी नहीं।

त्यागी बाबा कहाँ से अचानक आये और किन क्षणों में कहाँ चले गये, किसी को पता नहीं चला। पर, ऐसे सन्तों की छाप छूट जाती। बहुत वर्षों बाद हिन्दी लेखक बल्लभ डोभाल का संस्मरण पढ़ा। 'राष्ट्रीय सहारा' में। उसमें एक अवधूत बाबा की चर्चा थी। वह अवधूत गाँव (हिमाचल) की आबादी से कुछ दूर रह रहे थे। गाँव के आसपास फैले जंगल–झाड़ियों के बीच अवधूत के रहने की बात ने मन में उत्सुकता पैदा कर दी। अवधूत को देखने की ललक मन में बनी रही। एक दिन अपने हम उम्र साथियों को लेकर हम (श्री डोमाल) उस ओर चल पड़े। दूर–दूर तक झाडियों को छान मारा, पत्थरों और चट्टानों की तहों में झाँक कर देखा, अवधूत का कहीं पता नहीं चला।

श्री डोभाल बताते हैं–

> *'उनके पिता जाने कब से अवधूत के पास आया–जाया करते थे। एक दिन जब उनके पिता जाने लगे, तो उनके उनके पीछे हो लिये। बाबा की गुफा में जब वह पहुँचे, तो वहाँ आसपास के वातावरण को देखकर मन में दहशत हो आयी। उस बीहड़ में एक चट्टान के नीचे की मिट्टी निकाल कर बाबा ने रहने की जगह बना ली थी। वहीं धूनी लगाया था। आपस में जुड़ी लम्बी जटाओं ने बाबा को लगभग समूचा ढँक रखा था। उनके पिता ने बताया कि इनकी उम्र सौ के आसपास है, लेकिन उस अवस्था में बाबा पच्चीस–पैंतीस से ज़्यादा के नहीं लग रहे थे। बड़ी–बड़ी आँखें चिलम खींचते रहने से लाल रहने लगी थीं।'*

वह बताते हैं–

> *'मुलायम चमड़े जैसी लँगोटी में सारे शरीर पर भस्म लगाये अवधूत को पहली बार देखकर डर ही गया। मन में तरह–तरह के सवाल। इस जंगल में अकेले कैसे रहता होगा। क्या खाता है, बर्फ़ बरसात से कैसे बचता है? पिता के अलावा और किसी को अपने पास आने भी नहीं देता। अवधूत की शंका भरी नज़रें उनके ऊपर उठीं, तो पिता बोले, यह मेरा बालक है, आपको देखना*

चाहता था, इसलिए साथ ले आया हूँ। सुना तो बाबा आश्वस्त हो लिए। पिता कुछ फल लेकर गये थे, जाकर आगे रख दिये। थोड़ी देर बाद हम लौटने लगे, तो थोड़ी भस्म निकालकर बाबा ने पिताजी की हथेली पर रख दिया और मुझसे पूछा, 'अब इधर आने में डरोगे तो नहीं?' जैसे कि मुझे वहाँ आते रहने का निमन्त्रण दिया हो। मैंने कोई उत्तर नहीं दिया तो खुद ही बोल पड़े, 'देखो, कभी डरना नहीं, जो डर गया, समझो मर गया।'

वह बताते हैं–

'बाबा से अन्तरंगता बढ़ी, तो उनके चमत्कार भी सामने आने लगे। एक शाम जब बड़े मनोयोग से चिलम खींच रहे थे, तो मैं उनके सामने जा बैठा। जाते ही मेरी नज़र धुने के पास एक लाल गमछे पर पड़ी। लगा कि जैसे गमछे से किसी चीज़ को ढँक रखा है। तभी मुस्कुराते हुए बाबा बोले, 'बम भोले का दर्शन करोगे?' अनजाने में हामी भर दी। 'डरोगे तो नहीं?' मन–ही–मन शंका हुई। बाबा हैं, जाने क्या कर दें। सोचकर कहा, 'जब आप हैं, तो मुझे डर किस बात का।' बाबा ने गमछे को उठाया, तो देखते ही मेरी साँस रुक गयी। भयंकर काले नाग को वहाँ पाकर मैं भागने को हुआ कि बाबा चिल्ला पड़े, 'देखो, हिलना नहीं। चुपचाप वहीं बैठे रहो।' मेरी नज़रें बमभोले के बदन पर फिसलने लगीं। उसकी चमक ने आँखों को चौंधिया दिया। 'देख लिया न? अब चलो।' कहते हुए बाबा ने चिमटा बजाया, तो वह धीरे–धीरे सरकता हुआ वहीं पत्थरों के नीचे अदृश्य हो गया। बाबा बोले, 'यह बमभोले है, सब समझता है, जब इसे ठण्ड लगती है, तो चुपचाप धूने पर आ बैठता है। तुम समझते हो कि मैं अकेला हूँ? बाबा के पास तो सभी का आना–जाना है।' उन दिनों बाबा के कई चमत्कार देखने को मिले।'

वह आगे बताते हैं–

'सर्दियों की एक शाम जब मैं बाबा के साथ धूने पर बैठा था कि गाँव के दो आदमी वहाँ आ पहुँचे। जंगल में मकान के लिए

लकड़ी चीरने वालों में एक आदमी बुरी तरह काँप रहा था। उसे देखते ही बाबा हँस दिये। बोले, 'बुखार आया है, मैं जानता हूँ, पिछले कई महीनों से बुख़ार तुम्हारे अन्दर पड़ा हैं, डॉक्टरी इलाज से भी आराम नहीं होता।' सुना तो दोनों हैरान रह गये। बिना जान पहचान के बाबा को कैसे मालूम हो गया। बाबा ने धूने के पास बिठाकर उसे एक चुटकी भभूत दे दी। बोले–'जा ठीक हो जा।'

तभी उसका साथी बोल उठा, 'इस वक़्त इसे थोड़ी चाय मिल जाती बाबा, तो यह ठीक हो जाता।' चाय वहाँ जंगल में कहाँ मिलती? चाय के विषय में बाबा ने सुना भी नहीं होगा। बोला, 'बैठ जा वह भी मिल जायेगी। बाबा ने पीतल के बर्तन में थोड़ा पानी धूने पर रख दिया। मैं मन–ही–मन सोचने लगा, पानी तो उबल जायेगा। पर, दूध, चीनी, चायपत्ती का क्या होगा? सोच ही रहा था कि बाबा ने सामने वाली झाड़ियों में से उसमें पत्तियाँ डाल दीं। फ़िर चिमटे से एक चुटकी भभूत उठा कर डाली तो उबलता पानी सफ़ेद दिखने लगा। देखते ही देखते चाय बन गयी। बाबा ने उबलती चाय को चार बर्तनों में उड़ेल दिया और ख़ाली लोटे को वहीं धूने के पास रख दिया। चाय पीने में संकोच हुआ तो बोले, 'पी ले बच्चा, चाय है कोई ज़हर तो नहीं पिला रहा। पीयेगा तो याद करेगा बाबा की चाय को।' उन दिनों लिप्टन चाय काफ़ी लोकप्रिय थी। चाय पीने से पता चला कि बिल्कुल वैसा ही स्वाद। वही मिठास और दूध की मात्रा भी उसी अनुपात में। जैसा कि मैं पीता रहता था।'

फ़िर श्री डोभाल आगे बताते हैं–

'यह सब कैसे हो गया? मन में प्रश्न उठता ही था कि बाबा बोल पड़े, 'यह सब कैसे हुआ जानने की ज़रूरत नहीं है। तू मज़े से चाय पीता रह। और चाहिए तो वह भी मिल जायेगी।' लेकिन ख़ाली लोटे को धूने पर रखने के कारण मैंने पूछ ही लिया तो

उत्तर मिला कि एक और आदमी यहाँ आने वाला है। इसी बीच वह आदमी भी यहाँ आ पहुँचा। बाबा ने ख़ाली लोटे को एक कटोरे में उलटा किया तो कटोरा ऊपर तक भर आया। अपनी आँखों से वह सब देख मेरे आश्चर्य का ठिकाना न रहा। मुझे पिता की अन्नपूर्णा वाली बात याद हो आयी। लगा कि बाबा के पास कोई शक्ति ज़रूर है। शायद उसी का नाम अन्नपूर्णा है।'

उनके (डोभाल के) पिता चाहते थे कि वह गाँव में रहकर खेती की देखभाल करें। पढ़ाई ख़त्म करने के बाद वह गाँव वापस आये। खेती–किसानी करने लगे। बाद में खेती के काम से मन ऊबने लगा। फ़िर उन्होंने सोचा, क्यों न शहर में कहीं नौकरी कर लूँ। जाने के पूर्व वह बाबा से मिलने गये। श्री डोभाल लिखते हैं–

'बाबा लोग प्रायः निर्मम होते हैं। लेकिन उस दिन मेरी बात सुनकर बाबा का मन अपनत्व से भर आया। बोले, 'तू हमें छोड़कर चला जायेगा?' मैंने कहा, जाना तो नहीं चाहता, लेकिन यहाँ जंगल में रहकर भी क्या करूँगा। इतनी मेहनत करता हूँ, फ़िर भी कुछ नहीं मिलता। 'तू चाहता क्या है? ...जो चाहता है, यहीं मिल जायेगा। बता, क्या चाहिए?' अक्सर वह क्षण याद आता है, जब बाबा बहुत कुछ देने के मूड में थे। किन्तु तब कुछ भी पाने की इच्छा कहाँ थी। कुछ न मिलने के बाद, तो वहाँ से निकल भागने का एक बहाना था। चलते हुए बाबा ने कहा, 'तू जा तो रहा है, पर नौकरी तेरे वश में नहीं, समझ ले कि नौकरी तू कर ही नहीं सकता। जायेगा कहाँ? ...लौट कर यहीं आयेगा।'

वह आगे फ़िर बताते हैं–

'बाबा की भविष्यवाणी सच हुई। नौकरी बँध जाने का नाम है। काम हो या न हो, नौकरी करने वाले पर समय का बन्धन ज़रूरी है, जो कभी मेरे वश का नहीं रहा। बार–बार इस बन्धन में बन्धना और मुक्त हो जाना। यही सिलसिला कुछ वर्ष तक

चलता रहा और अन्त में एक दिन नौकरी पेशे के प्रति मोहभंग हो ही गया। तब बाबा की भविष्यवाणी याद आयी। निश्चय ही बाबा भविष्यद्रष्टा हैं। सोचा, अब जाकर अपने भविष्य के बारे में पूछताछ करूँगा, बाबा से पूछूँगा कि मुझे क्या करना चाहिए। लेकिन वापस लौटने पर मालूम हुआ कि इधर कुछ समय से वह बीमार रहने लगे हैं। कुछ समय से लोगों का वहाँ आना–जाना बन्द है। बाबा नहीं चाहते कि ऐसे समय में कोई हाल–चाल पूछने आए। लोगों का कहना था कि बाबा ने वहाँ रास्ते में ज़बरदस्त रोक लगा रखा है। उनका साथी बमभोले वहाँ रास्ते में पसरा रहता है। किसी ने ज़ोर–ज़बरदस्ती की, तो फन फैलाकर खड़ा हो जाता। सुना तो मेरी उत्सुकता और बढ़ गयी। अगले दिन तड़के उठकर उस ओर चल पड़ा। सावधानी के साथ दायें–बायें झाडियों के बीच देखता–सुनता धीरे–धीरे क़दम बढ़ाता चलता रहा। मन में डर था, कहीं घास के बीच से बमभोले एकाएक आकर रास्ता न रोक ले। बमभोले से सभी डरते थे। सबको मालूम था कि वह बाबा का अन्तरंग साथी है। अंगरक्षक भी। बाबा स्वयं उसका परिचय दिया करते कि यह तो संन्यासी प्रकृति का है। काटना क्या होता है, जानता ही नहीं। डरते–डरते मैं गुफा तक पहुँच तो गया। देखा कि गुफा ख़ाली पड़ी है। अखण्ड धूने की आग भी बुझ चुकी थी। वहीं पास में चिलम, चिमटा और भाँग की पत्तियों वाला डिब्बा ख़ाली पड़ा था। वहीं पीतल का लोटा और मिट्टी के दो–चार बर्तन। सबको यथावत वहीं छोड़ बाबा कहीं निकल चुके थे। कहाँ चले गये। पता नहीं। इस जर्जर अवस्था और बीमारी की हालत में कहाँ जा सकते हैं? थोड़ी देर वहीं गुफा के बाहर एक पत्थर पर बैठा रहा। शायद उनके जाने का कोई संकेत मिल जाये, कहीं बमभोले ही आसपास सरकता दिखाई दे। लेकिन देर तक प्रतीक्षा करने के बावजूद कहीं कुछ दिखने में न आया। सब तरफ़ जंगल का सूनापन, वहीं सन्नाटा

और मेरे भीतर फैलता एक पश्चात्ताप। उसके बाद बाबा कहीं, किसी के दिखने में नहीं आये।'

इसी तरह काका कालेलकर ने खाकी बाबा से अपनी भेंट का वर्णन किया है। उसे जानकर आश्चर्य होता है। खाकी बाबा की कमर में मूँज की एक मोटी रस्सी पड़ी थी, और उस पर एक बित्ता भर चौड़ी कौपीन। सारा शरीर भस्म–चर्चित था। दाढ़ी और मूँछ के लम्बे–लम्बे बाल तप–तपकर लाल हो गये थे। वह बताते हैं कि घड़ी भर में ही हमने देख लिया कि हिन्दुस्तान के भूगोल और धार्मिक इतिहास के बारे में खाकी बाबा का ज्ञान 'इम्पीरियल गजेटियर्स' से बढ़कर था। और यह सब स्कूल या कॉलेज में बिना गये और बिना 'रॉयल एशियाटिक सोसायटी' के सदस्य बने प्राप्त किया गया था। खुद हनारे ज्ञान को लगभग समाप्त होते देख उन्होंने हमें ज़्यादा सवाल पूछकर लज्जित नहीं किया।'

आगे वह बताते हैं–

'बाद में हमने कहा–'हम गंगोत्री, जमुनोत्री, केदार, बदरी आदि तीर्थस्थानों की यात्रा करना चाहते है। और स्वामी को तो कैलास भी जाना है।' फ़िर क्या था। उन्होंने हिमालय के सभी तीर्थों का वर्णन करना शुरू कर दिया! हमें परेशान–सा देखकर उन्होंने अपनी बगल में पड़ी हुई लकड़ी की एक तख्ती उठायी और सफ़ेद मिट्टी की एक डली लेकर झट से एक कामचलाऊँ नक्शा बना दिया। उसमें बदरी नारायण जाने के चार रास्ते दिखाये गये थे। वे कहने लगे– 'ज़्यादा–से–ज़्यादा रेल की यात्रा करके कम–से–कम पैदल चलना हो, तो यह रास्ता है; खाने–पीने का सुभीता चाहते हो, तो यह रास्ता है; जल्दी पहुँचना हो, तो यह तीसरा रास्ता है। लेकिन इस रास्ते के लिए आपको अपने साथ काफ़ी खुदरा (चिल्लर) रखना होगा। आपके 'नोट' वहाँ नहीं चलेंगे, और ग़रीब लोगों के पास काफ़ी चिल्लर भी नहीं

मिलेगी।' चौथा रास्ता उन्होंने अपने रास्ते के नाम से बतलाया। उसमें जंगल और सृष्टि शोभा अधिक–से–अधिक थी। यह रास्ता बिल्कुल निर्जन था, और किन्हीं दो बस्तियों के बीच कम–से–कम चालीस मील का फ़ासला रहता था।

मैंने पूछा–'महाराज, आप बदरीनारायण कब पधारे थे?' उन्होंने कहा–'कुल मिलाकर सत्रह बार गया हूँ।' स्वामी को कैलास जाना था, इसलिए मैंने बाबाजी से पूछा– 'आप कैलास भी गये होंगे?' उन्होंने कहा–'आठ बार!' और, वे इस तरह वहाँ का वर्णन करने लगे, मानो सारे रास्ते का चित्र ही उनकी आँखों के सामने मौजूद हो। इसके बाद कैलास के रास्ते पर रहने वाले मोरपंखी बाबा नामक एक साधु का वर्णन शुरू हुआ, जो हर साल कैलास–यात्रा करते थे।'

कालेलकर जी जैसे मनीषी, ज्ञानवान, गाँधीवादी के संस्मरण व अनुभव ने भारत के समृद्ध आध्यात्मिक पक्ष के प्रति उत्सुकता पैदा की। काशी में विद्यार्थी रहा। बाबा विश्वनाथ की नगरी, मणिकर्णिका पर न बुझनेवाली चिता की लपटों का मन पर असर होता रहा। सारनाथ में बुद्ध का धर्मोपदेश, काशी के महान सन्तों की परम्परा से दरस–परस। दार्शनिक कृष्णमूर्ति और उनके राजघाट स्थित सेंटर की अनुगूँज भी रहती। पर, इन सब पर भारी पड़ता युवा ऊर्जा, उत्साह, उमंग और आत्मविश्वास। तब यक़ीन था, संकल्प व बुलन्द इरादे इनसान–समाज की नियति बदलते हैं। भविष्य, तो इनसान की मुट्ठी में है। उसके कर्म, आत्मविश्वास और संकल्प, उसकी नियति तय करते हैं। निजी व सामाजिक स्तर पर भी। साम्यवादी, समाजवादी विचारों के आकर्षण ने विश्वास दिया। यह जगत मिथ्या है। जीवन है, तो जगत है। आँखें बन्द, संसार ख़त्म। परम्परा, परिवार या परिवेश से जो आस्था की सौगात जन्मते मिलीं, युवा होते ही संशयग्रस्त हो गयी। चीन, रूस, चेग्वेरा, नक्सल आन्दोलन से ऊर्जा, दृष्टि व दिशा मिलने लगी। लगा मुक्ति मार्ग यही है। फ़िर आन्दोलन, धरना, जुलूस, जेपी आन्दोलन

का आकर्षण, यथास्थिति बदलाव की बेचैनी का दौर रहा। कांग्रेस विरोध मानस में नया समाज बनते दिखा। किशोर वय में आपातकाल का सदमा आया। फिर जनता पार्टी प्रयोग की विफलता, वैकल्पिक व्यवस्था–दुनिया गढ़ने की चाहत पर ही तुषारापात। लगा शायद जीवन यही है, सृष्टि बार–बार स्वर्ग के द्वार खड़ा होने का भ्रम पैदा करती है। पर, इतिहास मनुष्य की नियति से छल करता है। शायद वह स्वर्ग यथार्थ है ही नहीं! मानव की नियति है, सदा–सर्वदा छले जाने की, इस जगत–संसार का मूल भी यही है।

शायद यही वजह रही होगी कि महर्षि अरविन्द, अच्युत पटवर्द्धन, रामनन्दन मिश्र जैसे अनेक विलक्षण लोग अन्ततः अध्यात्म में गये। हम जैसे युवाओं पर प्रो. कृष्णनाथ जी के बौद्धदर्शन का जिज्ञासु बनना असर डाला। जिद्दू कृष्णमूर्ति के दर्शन पर उनके विचार जानने की ललक हुई। प्रो. कृष्णनाथ, हम युवाओं के प्रिय थे। उनका संघर्ष, अध्ययन, जीवन, विचार रास्ता दिखाता था। लगा कि महज़ राजनीतिक उग्रता–संघर्ष से ही समाज नहीं बदलता। सृष्टि का अपना भी तानाबाना है।

उन्हीं दिनों विवेकानन्द–रामकृष्ण परमहंस रुचि के विषय बने। यह मानना सही होगा कि आधुनिक भारतीय चेतना के सूर्य विवेकानन्द थे। पर, उन्हें इस राह पर चलने की ऊर्जा–दिशा मिली, उस महान सन्त से, जो लौकिक दृष्टि में साक्षर नहीं थे। फिर रामकृष्ण परमहंस में कौन–सी शक्ति थी? इसे अक्षर ज्ञान की दुनिया नहों बता सकती। एम (रामकृष्ण परमहंस के विलक्षण आरम्भिक अनुयायी, जो एम के नाम से लिखते थे) की चर्चित किताब 'श्री रामकृष्ण कथामृत' (1902, पहला खण्ड) ने इस सृष्टि के कई अनजाने पहलुओं के प्रति उत्सुकता बोध जगाया। बहुत बाद में पॉल ब्रंटन ने भी एम से भेंट की। उनके संसार के विदा होने से ठीक कुछ दिनों पहले। उस यादगार मुलाक़ात से 'एम' की विलक्षण आध्यात्मिक ऊँचाई का अहसास हुआ।

राँची आने से (1989) बहुत पहले ही परमहंस योगानन्द की अनूठी आत्मकथा 'ऑटोबायोग्राफ़ी ऑफ़ ए योगी' पढ़कर मानवीय सीमा का

अहसास हुआ। शायद दुनिया में सर्वाधिक बिकने वाली किताबों में से एक है, यह आत्मकथा। यह पुस्तक जीवन का हिस्सा बन गयी। असाधारण सन्त थे, परमहंस योगानन्द जी। उनकी गुरु परम्परा व महाअवतार बाबाजी, लाहिड़ी महाशय, सन्त युक्तेश्वर जी के बारे में ढूँढ़–ढूँढ़ कर पढ़ने की आदत हुई। योगदा में आयोजित होने वाले वार्षिक शरद संगम में चुपचाप जाकर शरीक होता। राँची आने के बाद दशकों तक, दफ़्तर के अलावा कहीं आना–जाना नहीं होता था। कठिन संघर्ष, चुनौती और मानसिक उथल–पुथल के वे निजी दिन थे। चुनौतियाँ असम्भव थीं। पर, जब–जब समय मिलता, तो चुपचाप जाकर योगदा आश्रम में बैठता। सुकून देने वाली अनुभूति होती। अच्छा लगता। निराशा और उदासी के पल कमज़ोर होते। आगे चलते रहने की ताक़त मिलती। धीरे–धीरे वहाँ के लोगों से परिचय भी हुआ। शुरू से संकोची प्रवृत्ति रही। मिलने–जुलने या नये परिचय में संकोच होता। पर, योगदा आश्रम का शान्त परिवेश सारी चुनौतियों के बीच अद्भुत सुकून देता। इस आश्रम की स्थापना (1917) ख़ुद परमहंस योगानन्द जी ने की थी। बच्चों का एक स्कूल आरम्भ किया था। यहीं से उन्हें अमेरिका जाने का संकेत हुआ। 'योगी कथामृत' में जीवन और संसार के बारे में, कई विशिष्ट सन्तों के बारे में अनेक तथ्य हैं, जो इस सृष्टि की व्यापकता, रहस्य और ऊर्जा पर रोशनी डालते हैं। तब यहाँ हर वर्ष (प्रायः नवम्बर में) शरद संगम का आयोजन होता। पूरी देश–दुनिया से योगदा के साधक और सन्त आते। साधना पथ से लेकर जीवन के गूढ़ सवालों पर चर्चा होती। हमें इस वार्षिक आयोजन की प्रतीक्षा रहती। इससे बहुत कुछ सीखा और समझा। इसमें एक–से–एक पढ़े अपने विषय, क्षेत्र की पारंगत प्रतिभाएँ उपस्थित होतीं। पर, प्रचार–प्रसार से दूर उन्होंने अध्यात्म का रास्ता अपनाया।

उन्हीं दिनों तिरुवनामल्लय, रमण आश्रम जाना हुआ। रमण महर्षि को जाना। उनके आश्रम के सात्विक परिवेश से अलग अनुभूति हुई। वहाँ दोबारा गया। उनका साहित्य पढ़ा। पांडिचेरी व महर्षि अरविन्द

ने भी बार–बार आकर्षित किया। 23–24 वर्षों तक लगातार महर्षि अरविन्द अपने कोठरी से निकले ही नहीं, साधनारत रहे। उनके कमरे को देख, उनके सीमाहीन संकल्प की झलक मिली। स्वामी सत्यानन्द जी (मुंगेर योग स्कूल के संस्थापक) का रिखिया आश्रम (देवघर) बार–बार खींचता रहा। पर, परमहंस सत्यानन्द जी पंचाग्नि और साधना में ही समय बिताते। कई बार आश्रम गया, पर मुलाक़ात नहीं हो पायी। पर, मिलने की प्रबल आकांक्षा बनी रही। हाँ, किसी भी आश्रम में साधारण जिज्ञासु की तरह ही गया, अख़बारनवीस का बाना धारण कर नहीं। अन्ततः एक बार मुलाक़ात हुई। फ़िर कई बार उनसे मिलने का संयोग हुआ। वह विलक्षण विभूति थे। योग व अध्यात्म के योग को देश–विदेश में लोकप्रिय बनाने का मूल श्रेय उनको है। प्रचार की दुनिया से विरत रह कर स्वामी निरंजनानन्द जी का तप, साधना, अध्यात्म में लीन रहना, बार–बार आकर्षित करता है। स्वामी सतसंगी का अध्यात्म और ग़रीबों के लिए निःस्वार्थ सामाजिक कल्याण का काम आदर्श की झलक देता है।

जीवन के अलग–अलग मोड़ों पर पॉल ब्रंटन को पढ़ना हुआ। सैकड़ों वर्ष पहले भारत आकर दुर्गम जंगल–पहाड़ घूम कर, भारत की असल ताक़त, अध्यात्म और विलक्षण सन्तों–साधुओं से मिले। उन पर लिखा। उनका साहित्य व्यापक है। पर, उनकी पुस्तक 'ए सर्च इन सीक्रेट इंडिया', महर्षि रमण पर उनकी पुस्तक और 'ए हरमिट इन द हिमालयाज' में भारत के सन्तों पर काफ़ी सूचनाएँ हैं। सैंकड़ों वर्ष पहले के हिमालय का अक्षत सौन्दर्य। वहाँ के आध्यात्मिक परिवेश ने कैसे विदेशी पॉल ब्रंटन को प्रभावित किया, इसका सजीव चित्रण है। इसी पुस्तक में योगी प्रणवानन्द से उनकी मुलाक़ात का दिलचस्प वर्णन है। स्वामी प्रणवानन्द जी उनसे मिलते हुए कैलास जा रहे थे। पॉल भी तिब्बत जाने के इच्छुक थे। प्रणवानन्द जी के साथ कैलास–मानसरोवर दर्शन की उनकी योजना भी बनी। पर, तिब्बत के सख़्त नियमों (ब्रिटिशवासियों का प्रवेश वर्जित था) के कारण वह जा न सके। स्वामी प्रणवानन्द ने कैलास मानसरोवर की अपनी यात्राओं का मोहक वर्णन किया है। पहले ही राहुल सांकृत्यायन की तिब्बत यात्रा प्रसंग, उनके

साथ गये फ़ोटोग्राफ़र का संस्मरण पढ़ कर तिब्बत–कैलास दर्शन की तीव्र इच्छा जगी। तिब्बत में अध्यात्म ऊँचाई तक पहुँचा है, यह स्वअनुभव ऐसे साधकों, यात्रियों और जिज्ञासुओं ने बताया है। इन्हें पढ़ व जान कर सहज मानवीय प्रेरणा हुई, मानसरोवर और कैलास देखने की।

यात्रा संस्मरण में कावागुची का लिखा 'तिब्बत में तीन वर्ष' बहुत ही रोचक है। वह अत्यन्त साहसी, बौद्ध धर्म के आचार्य व भौगोलिक–तत्त्वान्वेषक रहे। शायद उनकी तरह तिब्बती समाज–जीवन का मर्म कोई दूसरा पश्चिमी यात्री नहीं बताता। वह मंगोली सभ्यता से थे। असाधारण विपरीत परिस्थितियों में तीन वर्ष तिब्बत (1897–1900) में रहे। बाद में कई वर्ष संस्कृत अध्ययन में काशी में बिताया। उन्हें अंग्रेज़ी नहीं आती थी। जापान प्रेम, अपनी भाषा के प्रति प्रतिबद्धता, उनकी रगों में था। उन्होंने अपनी पुस्तक में तिब्बत के एक गुफावासी साधु का उल्लेख किया है। वह उनकी पुस्तक से ही पढ़ना बड़ा रोचक है–

> *'गेलांग रिंग पाँच साधारण साधु नहीं थे। सौ मील के आसपास के लोग इनके भक्त थे और इष्टदेव की भाँति मानते थे। सोने के पहले वे लोग नीचे लिखे मन्त्र का तीन बार जप करते थे और तीन बार उनकी गुफा को नमस्कार करते थे।*
>
> *'मैं गेलांग महाशय अपने त्राणकर्ता की शरण हूँ।'*
>
> *साधु महाशय के दर्शन करने के लिए बीस मनुष्य खड़े थे। प्रायः इतने लोग प्रतिदिन उनके दर्शन के लिए आया करते थे। रात को इस गुफावाले पहाड़ के नीचे खेमे में ठहरते थे और सवेरे दर्शन करने आते थे। साधु महाशय सिवाय इस समय के और किसी समय दर्शन न देते थे।*
>
> *बारह बजने से कुछ पहले मैं अन्य लोगों के साथ गुफा के द्वार पर पहुँचा। गुफा का द्वार बन्द था। मेरे पहुँचने के थोड़ी देर बाद द्वार खुला और एक सत्तर वर्ष के वृद्ध हम लोगों के पास आये। सब लोगों ने अपनी–अपनी बारी से जिसको जो*

कुछ भेंट करनी थी उनके सामने रख दी। वृद्ध महाशय ने भेंट स्वीकार कर सबको 'ॐ मणि पद्मे हूम् मन्त्र सुनाया! थोड़ी दूर आगे साधु महाशय एक मेज़ के पास बैठे थे। सब लोग हाथ जोड़कर जिह्वा निकाले सिर झुकाये हुए आगे बढ़े। लामा महाशय ने प्रत्येक के सिर पर अपना हाथ रख कर आशीर्वाद दिया। जो लोग पदवी धारी थे, उनके सिर पर साधु जी दोनों हाथ रखकर आशीर्वाद देते थे। उन्होंने मेरे सिर पर दोनों हाथ रखकर आशीर्वाद दिया। उनका मुख देखने से प्रतीत होता था, वे साधारण मनुष्य नहीं हैं। उनमें कोई दैवी शक्ति अवश्य थी। उनके हृदय में मनुष्य मात्र के लिए दया थी। मुझे देखते ही उन्होंने कहा—तुम ऐसे जंगलों में फिरने योग्य मनुष्य नहीं हो। यहाँ क्यों आये हो?' मैंने उत्तर दिया, 'मैं बौद्ध पुरोहित हूँ, तीर्थ यात्रा को निकला हूँ। आपका नाम सुनकर आपसे कुछ शिक्षा ग्रहण करने आया हूँ।'

'मुझसे क्या चाहते हो?'

'आप सैकड़ों जीवों को मुक्ति देते हैं, इसी गूढ़ तत्त्व को मैं जानना चाहता हूँ।'

'यह तो पहले ही से तुम में वर्तमान है। बौद्ध धर्म के तुम पूरे पण्डित हो। मुझसे कोई बात सीखने की नहीं है।'

'आपका कहना ठीक है आत्मा सर्वतोपूर्ण है। पर, प्राचीन युग में जोजाई दोजी तिरपने पण्डितों की तलाश में इधर—उधर मारा—मारा फ़िर कर कितना कष्ट उठाया था। बौद्धों को उन्हीं का अनुसरण करना चाहिए। मेरी उनसे कोई तुलना नहीं। पर, मैं उनका अनुकरण कर सकता हूँ। और यही कारण है कि मैं यहाँ तक आया हूँ।'

'आपका साहस सराहनीय है। मेरे पास युक्ति ग्रन्थ है और उसी से मैं सहायता किया करता हूँ।'

'क्या मैं यह पुस्तक देख सकता हूँ?'

'अवश्य', यह कहकर साधु महाशय गुफा के भीतर गये और एक पुस्तक लाकर मेरे सामने रख दिये। इस पुस्तक को मैंने पढ़ा, तो ज्ञात हुआ कि सूत्र सद्धर्म पुण्डरीक से यह पुस्तक निकाली गयी है।

दूसरे दिन वह पुस्तक मैंने साधु महाशय को लौटा दी। उस समय उनसे बहुत देर तक धर्म की चर्चा होती रही। उनका विषय बौद्ध धर्म था और मेरा चीनी तथा जापानी।

7 जुलाई को मैंने साधु महाशय से विदा माँगी। उन्होंने रोटी मक्खन इत्यादि प्रायः बीस पौंड वज़न का सामान मुझको दिया। और कहा कि यदि तुम्हारे पास खाद्य सामग्री यथेष्ट न होगी, तो तुम अवश्य ही राह में मर जाओगे। मैं आठ तारीख़ को सब मिला कर 95 पौंड बोझ अपनी पीठ पर लाद कर यहाँ से विदा हुआ।'

(साभार : 'तिब्बत में तीन वर्ष', कावागुची)

फ़िर कावागुची ने मानसरोवर देखने का उल्लेख भी अपनी यात्रा संस्मरण में किया है–

'6 अगस्त को हम लोग एक बहुत ही ढालू पहाड़ पर चढ़ने लगे। मेरे साथियों ने सवारी के लिए मुझे एक याक दिया। मेरा बोझा भी मेरे साथियों ने अपने ज़िम्मे ले लिया। इस तरह हम लोग आगे बढ़े। तेरह मील पर मानसरोवर झील दिखाई पड़ी। यह झील अठपहलू है। इसका पानी बहुत ही स्वच्छ है। उसके उत्तर–पश्चिम में कैलास पर्वत मानो पहरा दे रहा है।

मानसरोवर संसार भर में मीठे पानी की सबसे बड़ी झील समझी जाती है। यह झील समुद्र की सतह से 15,500 फ़ीट ऊपर है। तिब्बत में इसका नाम माप हाम यूमत्सी है। इसके विषय में एक कथा है कि इस झील के बीच में एक वृक्ष है जिसके फल से सब दुख दूर हो जाते हैं और उस फल की खोज में देवता और मनुष्य दोनों ही रहते हैं। एक और भी कथा है कि इस झील से

चार नदियाँ निकली हैं। एक मोर के मुख से, एक साँड़ के मुख से, एक घोड़े के मुख से और एक सिंह के मुख से। यह चारों नदियाँ भारतवर्ष में गयी हैं। इन नदियों में से एक की चाँदी की, दूसरी की सोने की, तीसरी की हीरे की और चौथे की लाल की रेतें हैं। पर, इस कथा का कोई आधार नहीं है। क्योंकि वास्तव में एक भी नदी मानसरोवर से नहीं निकली है, बल्कि उनका उद्‌गम स्थान आस–पास के पर्वत हैं।'

(साभार : 'तिब्बत में तीन वर्ष', कावागुची)

बचपन में नाथपन्थी जोगियों को गाँव में हम गाते सुनते। गोपीचन्द और भरथरी के गीत। सारंगी पर। गेरुआ रंग की पगड़ी और कपड़े पहने। कन्धे पर कन्था लिये। कहते, रमता जोगी, बहता पानी। वह एक रात से अधिक कहीं ठहरते नहीं थे। भरथरी और गोपीचन्द के गीत सुनकर महिलाएँ रोतीं। दरवाज़े–दरवाज़े वे जोगी घूमते। बचपन था, बहुत समझ नहीं। पर, जब जोगी कहते–दोहराते कि यह संसार मोह माया है। चार दिन का खेला। सब छूट जाने वाला है। तब लगता कि कुछ अच्छी बातें कह और गा रहे हैं। उम्र बढ़ने पर ऐसे जोगियों–सन्तों को न संचय करते पाया, न अपनी चिन्ता। विद्यानिवास मिश्र जी ने साधु शब्द का सुन्दर अर्थ बताया है। 'साधु में साधु व्यवहार, साधु संकल्प, साधु वाणी और साधु आचरण ही साधु बनने के लिए पर्याप्त है। साधु के लिए कोई गुण अपेक्षित नहीं। कुल, जाति, पद–प्रतिष्ठा, धन–सम्पदा और देश–विदेश का होना इन सबसे अप्रभावित है। वह अच्छा है, इसका सबूत उसका अच्छाई साधने का निरन्तर प्रयत्न है, अच्छा बने रहने की लगातार प्रवृत्ति है... जो ब्रह्म परायण होता है जो ब्रह्म से तादात्मय स्थापित करना चाहता है, वही अपने को स्वेच्छा से समाज से बाहर कर लेता है। वह विशेष से राग का सम्बन्ध तोडकर सामान्य, अपरिभाषित से विशेष राग का सम्बन्ध जोड़कर वीरागी हो जाता है।'

तिब्बत की धरती पर पाँव रखते ही लगा, हवा नहीं हिम (बर्फ़) बहता है, हिमालय में। पर, कैलास–मानसरोवर में तो हिम हवा भी नहीं, बर्फ़ की फौहारें, हवा में तैरती हैं। कैसे निहंग, बिना वस्त्र साधक–सन्त यहाँ रहते रहे हैं? स्वामी रामतीर्थ ने भी एकान्तवास और कठोर साधना के लिए हिमालय ही चुना। उन्होंने कहा भी है, 'भारतवर्ष मेरा शरीर है। कोमोरिन मेरे पैर और हिमालय मेरा सिर है...'

महाराष्ट्र के अकोला में जन्मे थे, स्वामी राम। अनूठे सन्त व देश प्रेमी। 18 बार उन्होंने अमरनाथ की यात्रा की। उनकी साधना, तप–तपस्या में भी हिमालय की सात्विक आबोहवा की लौ थी। काका साहब कालेलकर ने हिमालय के बारे में जो कहा है, उसकी स्मृति इस यात्रा में बार–बार उभरती रही। वह बताते हैं–

> *'पृथ्वी की सतह पर ऐसी कोई जगह है, जहाँ हिन्दू धर्म का रहस्य प्रकट होता हो, तो वह हिमालय ही है। श्री वेदव्यास ने अपना ग्रन्थसागर हिमालय की ही गोद में बैठकर रचा था। श्रीमन्त शंकराचार्य ने अपनी विश्व विख्यात प्रस्थानत्रयी हिमालय में ही लिखी थी। स्वामी विवेकानन्द और स्वामी रामतीर्थ ने भी हिमालय में ही इस बात का विचार किया था कि सनातन धर्म के तत्त्व आधुनिक युग पर (में) किस तरह घटाये (उतारा) जाये। हिमालय–आर्यों का यह आद्य स्थान, तपस्वियों की यह तपोभूमि पुरुषार्थी लोगों के लिए चिन्तन का एकान्त स्थान, थके–माँदों का विश्राम स्थल, निराश बने हुओं का सान्त्वना–धाम, धर्म का पीहर, मुमूर्षुओं की अन्तिम दिशा, साधकों का ननिहाल, महादेव का धाम और अवधूत की शय्या है। मनुष्य को तो ठीक, पशु–पक्षियों को भी हिमालय का अपूर्व आधार है। सागर से मिलने वाली अनेक नदियों का वह पिता है। उसी सागर से उत्पन्न बादलों का वह तीर्थ स्थान है। कविकुल–गुरु ने 'देवतात्मा नगाधिराज' को पृथ्वी का मानदण्ड जो कहा है, सो अनेक अर्थों में यथार्थ है।*

हिमालय भूलोक का स्वर्ग और यक्ष–किन्नरों की निवास भूमि है। वह इतना विशाल है कि उसमें संसार के सभी दुख समा सकते हैं; इतना शीतल है कि सब प्रकार की चितारूपी अग्नि को वह शान्त कर सकता है; इतना धनाढ्य है कि कुबेर को भी आश्रय दे सकता है; और इतना ऊँचा है कि मोक्ष की सीढ़ी बन सकता है। हम ठेठ अपने बचपन से हिमालय का नाम सुनते रहते हैं। बालकथा, बालगीत, प्रवास या यात्रा–वर्णन, इतिहास या पुराण, कहीं भी क्यों न देखें, सर्वत्र अन्तिम आश्रय तो हिमालय का ही मिलेगा। बचपन से जो आदर्श रमणीय स्थान कल्पना सृष्टि में प्रत्यक्ष हुआ होगा, उसकी कल्पना हिमालय से ही आयी होगी।'

(साभार : 'काका साहब ग्रन्थावली', भाग–एक, प्रवास–भारत)

पुराने ऋषियों–सन्तों का तो 'घर' ही हिमालय माना जाता है। ऐसे साधु–सन्त, वीतरागी, पहाड़ों–कन्दराओं में प्रायः एकान्तवास करते हैं। हिमालय उनकी प्रिय स्थली है। यह सब पढ़ता या सुनता, तो ऐसे लोगों से मिलने की इच्छा बलवती होती।

तिब्बत में जीवन के अनजाने पहलुओं को देखने–जानने, भारत के सन्त व अध्यात्म में रुचि रखने वाले हज़ारों वर्ष से जाते रहे हैं। लामाओं की साधना और तप का संसार भी अलग है। इसी क्रम में महान विद्वान और साधक गोपीनाथ कविराज की रचनाओं ने बार–बार आकर्षित किया। 'साधु दर्शन एवं सत्प्रसंग', 'ज्ञानगंज समेत उनकी अनेक कृतियाँ हैं। वे तिब्बत समेत समृद्ध भारतीय अध्यात्म के बारे में बहुत कुछ कहती और बताती हैं। बाद में अमेरिकी मूल के स्वामी राधानाथ की पुस्तक 'द जर्नी होम, ऑटोबायोग्राफ़ी ऑफ़ अमेरिकन स्वामी' बार–बार पढ़ी, तो हिमालय के सन्तों, उनकी साधना के अद्‌भुत और अनजाने स्वरूप से दरस–परस हुआ। उसके बाद श्री एम की पुस्तक 'अप्रेसिएटेड टू ए हिमालयन मास्टर (ए योगी ऑटोबायोग्राफ़ी)' पढ़ी। वह मूलतः केरल के साधक हैं। मुस्लिम परिवार में पैदा हुए। आधुनिक दौर में भी हिमालय में ऐसे सन्त–महर्षि–ऋषि हैं, जिनका

उल्लेख परमहंस जी ने अपनी पुस्तक 'योगी कथामृत' में किया है, इसका प्रमाण है श्री एम की यह जीवनगाथा। फ़िर श्री एम की अनेक किताबें आयीं। भारतीय साधु–सन्तों और हिमालय की योगी परम्परा पर। अपनी दूसरी पुस्तक 'श्री एम द जर्नी कंटीन्यूअस : ए सीक्वल टू ए हिमालयन मास्टर' में श्री एम ने भी कैलास दर्शन की अनुभूति का जो वर्णन किया है, वह कैलास–मानसरोवर की महिमा और गरिमा पर नयी परत है। विश्वनाथ मुखर्जी ने 'भारत के महान योगी श्रृंखला' लिखी। लगभग आठ–नौ खण्डों में। इसमें भी हिमालय, मानसरोवर, कैलास में साधना कर लौटे अनेक सन्तों के जीवन का रोचक विवरण है। ये सन्त आज के सन्तों की तरह मठाधीश नहीं, विलक्षण आध्यात्मिक ताकत से सम्पन्न ऋषि परम्परा के लोग हैं।

'इफ ट्रुथ वी टोल्ड : ए मांक'स मेमॉयर' जैसी पुस्तक लिखने वाले ओम स्वामी ने युवा उम्र में ही अपने बूते दुनिया में जगह बनाई, संघर्ष कर। अपनी प्रतिभा, संघर्ष और संकल्प से। ऑस्ट्रेलिया में पढ़ाई की। 18 वर्ष की उम्र में। 26 वर्ष की उम्र में उनकी वार्षिक आय ढाई लाख डॉलर थी। वह मल्टी मिलेनियर (करोड़पति) थे। अपना व्यवसाय भी पूरी दुनिया में फैलाया। अप्रत्याशित भौतिक सफलता हासिल की। पर, कुछ ही वर्षों में सांसारिक दुनिया और उपभोक्तावादी बाज़ार से मानस भर गया। लगभग सब कुछ छोड़ भारत लौटे। संन्यास ले लिया। अपने संस्मरण 'इफ ट्रुथ वी टोल्ड : ए मांक'स मेमॉयर' में वह हिमालय की समृद्ध सात्विकता का उल्लेख करते हैं। बद्रीनाथ से भी आगे तिब्बत सीमा पर (माना गाँव से आगे) एक गुफा में उन्होंने साधना की।

हिमालय का वह महत्त्व बताते हैं–

> *'मुझे देवत्व व दिव्यता की यहाँ अनुभूति होती है। यहाँ जो भी चुनौतियाँ मिलती हैं, पहाड़ में रहने या हिमालय के कठिन मौसम की वजह से, वे तर्कों से परे हैं। पर, यह ध्यान (मेडिटेशन) के लिए सबसे श्रेष्ठ जगह है। हिन्दू परम्परा में मान्यता है कि हज़ारों*

वर्षों से ऋषि–मुनि हिमालय में तप करते रहे हैं। उनकी वह सात्विक या ईश्वरीय ऊर्जा आज भी महसूस की जा सकती है।'

ओम स्वामी स्वअनुभव के साथ कहते हैं–

> *'इसकी पुष्टि के लिए मेरे पास कोई प्रमाण नहीं। पर, मैंने दुनिया देखी–घूमी है। बग़ैर हिचक मैं साफ़–साफ़ कह सकता हूँ, जो आध्यात्मिक स्पन्दन (वाइब्रेशन) व सात्विक शुद्धता यहाँ है, दुनिया में कहीं और नहीं। स्विट्जरलैंड के पहाड़, न्यूजीलैंड की पहाड़ी झाड़ियाँ, उत्तरी अमेरिका के मोहक परिदृश्य या प्राकृतिक छटा, ऑस्ट्रेलिया के समुद्री तट या सेसेल्स द्वीप की सुन्दर धूप या ख़ूबसूरत फ्रांस के देहाती क्षेत्र... इन सब जगहों पर गया हूँ। पर, हिमालय में जो देवत्व सात्विकता, परिवेश और पवित्रता है, इन जगहों पर ऐसा कुछ भी नहीं है। हाँ, इन जगहों का सौन्दर्य निस्सन्देह उत्कृष्ट है। कभी–कभार वे हिमालय से शानदार और आलीशान लगते हैं। उनका अबाध सौन्दर्य है। वैराग्य का बोध भी होता है। लेकिन आध्यात्मिक यात्रा में जो मदद आपको हिमालय की अनदेखी व अवर्णनीय शक्तियों से मिलती है, वह कहीं और नहीं मिलता।'*
>
> *(साभार : 'इफ ट्रुथ वी टोल्ड : ए मांक'स मेमॉयर', ओम स्वामी)*

आगे एक जगह वह बताते हैं–

> *'सच यह है कि इस प्रकृति में कुछ भी अचानक या दुर्घटनावश नहीं है। इस सृष्टि की उत्पत्ति या यह आकाशगंगा या जीव–जन्तु, पशु–पक्षी, पेड़–पौधे या पंचतत्त्व एक बिल्कुल सही सम्पूर्ण पारिस्थितिकी का निर्माण, यह सब महज़ संयोग नहीं है। बरसात, तूफ़ान या पर्वत श्रृंखलाएँ, समुद्र, पेड़... इन सब के पीछे वजह है। कुछ भी कैजुअल या अनौपचारिक नहीं है। सबके पीछे एक बड़ा तर्क है। इस तरह इस हिमालय के होने का भी इस सृष्टि में महत्त्व है। यह भारत के जीने का हिस्सा ही है। इसी हिमालय का श्रेष्ठ रत्न है, कैलास–मानसरोवर।'*

साभार : 'इफ ट्रुथ वी टोल्ड : ए मांक'स मेमॉयर', ओम स्वामी)

इस तरह बचपन से ही हिमालय, मानसरोवर और कैलास अवचेतन मन में रहस्य रहे। पर, बार–बार कोशिश के बावजूद भी यहाँ जाने का मक़सद पूरा हुआ, 2011 में। यह तृप्त करने वाली यात्रा रही। कठिनाइयों के बावजूद बार–बार पुनः कैलास–मानसरोवर बुलाते हैं। प्रकृति का वह सौन्दर्य, मानसरोवर की अव्यक्त सात्विक ख़ूबसूरती और भव्य कैलास का मोहक रूप, कभी विस्मृत नहीं होता। पर, उम्र और शरीर की सीमा है। यात्रा के दौरान संकल्प था, दोबारा पुनः कुछ ही दिनों बाद लौटने का। कुछ ही दिनों बाद बद्रीनाथ में अचानक स्वामी माधवानन्द जी से मुलाक़ात हुई। 2013 में पुनः जाने की योजना बनी। इस बार भारतीय रास्ते होकर। पर, वह हो नहीं सका। जो भी यह यात्रा कर लौटते हैं, उनका विवरण और यात्रा–वृत्तान्त सुन या पढ़कर अनिर्वचनीय तृप्ति होती है। उसी कैलास–मानसरोवर का यह यात्रा–वृत्तान्त है, जहाँ बार–बार जाकर भी पुनः अगली बार आने की ललक होती है। शायद यही शिव का सौन्दर्य है। अलौकिक प्रकृति का रहस्य है। जीवन रट से हटकर, कुछ अलग जीने की ऊर्जा देने के लिए शायद कैलास–मानसरोवर, तिब्बत और हिमालय बार–बार बुलाते हैं।

हाल के वर्षों में हेमन्त शर्मा जी की 'द्वितीयोनास्ति', तरुण विजय की पुस्तक 'साक्षात् शिव से संवाद' और शेखर पाठक का आर एस टोलिया स्मारक व्याख्यान के तहत अत्यन्त जानकारी पूर्ण 'अतुल्य कैलास–मानसरोवर' पढ़ा। ये सभी हिमालय, कैलास, मानसरोवर व तिब्बत के अलग–अलग स्वरूपों पर पाठकों की चेतना क्षितिज को विस्तार देते हैं।

इसी पावन कैलास खण्ड से उतरा हूँ, यह बोध प्रायः ही रहता है। इसी धरती पर वह प्राकृतिक स्वर्ग है, जो भारतीय आध्यात्मिक पुंज की विरासत है।

❑❑❑

सन्दर्भ ग्रन्थ

1. *मेरी कैलास–यात्रा*, स्वामी सत्यदेव परिव्राजक, प्रकाशक : सत्य ज्ञान निकेतन
2. *कैलास–मानसरोवर*, स्वामी प्रणवानन्द, हिन्दी साहित्य सम्मेलन, प्रयाग
3. *गुप्त भारत की खोज*, पॉल ब्रंटन, प्रकाशक : भारती भण्डार, लीडर प्रेस, इलाहाबाद
4. *महातीर्थ के अन्तिम यात्री*, बिमल दे, प्रकाशक : लोकभारती प्रकाशन, इलाहाबाद
5. *महातीर्थ के कैलासबाबा*, बिमल दे, प्रकाशक : राजकमल प्रकाशन, नयी दिल्ली
6. *मैंने फ़िराक़ को देखा था*, रमेशचन्द्र द्विवेदी, प्रकाशक : वाणी प्रकाशन, नयी दिल्ली
7. *यात्रा का आनन्द*, काका साहब कालेलकर, प्रकाशक : बिहार राष्ट्रभाषा परिषद्, पटना
8. *काका कालेलकर ग्रन्थावली*, खण्ड–1, प्रवास (भारत), प्रकाशक : गाँधी हिन्दुस्तानी साहित्य सभा, दिल्ली
9. *राममनोहर लोहिया रचनावली*, सम्पादक–मस्तराम कपूर, प्रकाशक : अनामिका
10. *अवाक्* (कैलास–मानसरोवर : एक अन्तर्यात्रा), गगन गिल प्रकाशक : वाणी प्रकाशन, नयी दिल्ली
11. *वाचिक कविता : भोजपुरी*, विद्यानिवास मिश्र, प्रकाशक : भारतीय ज्ञानपीठ, नयी दिल्ली
12. *कालिदास का भारत*, भगवतशरण उपाध्याय, प्रकाशक : भारतीय ज्ञानपीठ, नयी दिल्ली

13. *कैलास–मानसरोवर एक अनन्त यात्रा,* चितरंजन कुमार खेतान
14. *कैलास–मानसरोवर दैनन्दिनी,* शान्तिलाल त्रिवेदी
15. *अतुल्य कैलास–मानसरोवर,* शेखर पाठक
16. *वसन्त आ गया,* विद्यानिवास मिश्र
17. *कैलास–मानसरोवर तीर्थयात्रा,* के.टी.एस. सराओ
18. *भये कबीर–कबीर,* प्रो. शुकदेव सिंह, प्रकाशक : विश्वविद्यालय प्रकाशन, वाराणसी
19. *कैलास–मानसरोवर यात्रा,* रामचन्द्र छारिया
20. *A Hermit in the Himalayas,* Paul Brunton, Publisher: RHUK
21. *Kailash Mansarovar : A Sacred Journey,* Veena Sharma Publisher : Roli Books
22. *Limping to the Centre of the World,* Timeri N. Murari, Publisher : Penguin Random House India Pvt-Ltd
23. *Leaving Microsoft to Change the World : An Entrepreneur's Odyssey to Educate the World's Children*, John Wood, Publisher : Harper Collins
24. *Apprenticed to a Himalayan Master : A Yogi's Autobiography*, Sri M, Publisher : Westland
25. *Tibet : Land Of Snows*, Giuseppe Tucci, Publisher : Stein and Day, New York
26. *The Way of the White Clouds,* Lama Anagarika Govinda Publisher : Random House, New York
27. If Truth be Told : A Monk's Memoir, Om Swami, Pulisher : Element.